中国轻工业"十四五"规划立项教材
"互联网+"新形态立体化教学资源特色教材

学前儿童艺术教育

主　编◎卢晓静
副主编◎孟凡桥　王　婧
　　　　魏慧珺　杨　光　王　欣

中国轻工业出版社

图书在版编目（CIP）数据

学前儿童艺术教育 / 卢晓静主编. -- 北京：中国轻工业出版社, 2025.8. -- ISBN 978-7-5184-5565-2

Ⅰ.G613.5

中国国家版本馆CIP数据核字第2025R0A973号

责任编辑：崔丽娜　　责任终审：李建华　　设计制作：锋尚设计
策划编辑：崔丽娜　　责任校对：吴大朋　　责任监印：张京华

出版发行：中国轻工业出版社（北京鲁谷东街5号，邮编：100040）
印　　刷：艺堂印刷（天津）有限公司
经　　销：各地新华书店
版　　次：2025年8月第1版第1次印刷
开　　本：787×1092　1/16　印张：12.5
字　　数：300千字
书　　号：ISBN 978-7-5184-5565-2　定价：49.80元
邮购电话：010-85119873
发行电话：010-85119832　010-85119912
网　　址：http://www.chlip.com.cn
Email：club@chlip.com.cn
版权所有　侵权必究
如发现图书残缺请与我社邮购联系调换
241470J1X101ZBW

前　言

"学前儿童艺术教育"是普通高等学校、高职高专院校及幼儿师范院校学前教育专业的必修课，专门研究学前儿童艺术能力的发生、发展和教育教学活动。为适应成果导向教育理念在高校教育工作中的应用，凸显师范教育重视学生专业能力培养的优势，我们编写了本教材。

本教材根据《幼儿园教育指导纲要（试行）》《3～6岁儿童学习与发展指南》和《幼儿园教师专业标准（试行）》的要求，把握教育改革的新动向，融合先进的专业思想、专业理论和专业技能，增加了思政内容，针对学生的学习特点，关注学生的兴趣和经验，为学生提供充分的创造性思维空间和实践空间，突出对学生岗位职业能力及可持续发展能力的培养。

本教材共十一个单元，基本涵盖了学前教育艺术领域的全部内容，既注重理论的前沿性，又注重实用性和可操作性，主要包括艺术与儿童艺术概论、学前儿童艺术教育概述、学前儿童音乐教育概述、学前儿童歌唱活动、学前儿童韵律活动、学前儿童节奏乐活动、学前儿童音乐欣赏活动、学前儿童美术教育概述、学前儿童绘画活动、学前儿童手工活动、学前儿童美术欣赏活动，各单元既相互独立，又相互联系，保证了知识体系的完整，利于课程改革的深化，也利于各学校依据本校的特点做适当取舍。

本教材的特点主要体现在以下几个方面。

1. 数字技术与纸质教材相结合

本教材依托编者建设的在线课程，在教材的每个章节内容中都配有视频讲解，便于学生课前预习、课后复习，增强教材的可读性、易懂性，提高课堂教学效率。

2. 积极推行课堂思政

本教材通过图片、视频、案例等形式自然融合思想政治教育、弘扬中华优秀传统文化，着力将教书育人落实到课堂教学中，充分发挥课程的育人功能。

3. 注重案例分析，加强技能训练

本教材辅以幼儿园典型教学案例和实践题目，旨在充分释放学生的创造性思维潜能与实践能力。

本教材由多年从事学前教育专业教学的一线教师和具有幼儿园实践经验、计算机实践经验的教师共同编写而成，最后由卢晓静统稿。本教材既适合高职高专院校、本科学校学前教育专业的师生学习，也可供学前教育工作者及学前儿童家长参考。

由于编者水平有限，书中难免存在不足之处，敬请广大读者批评指正。

编　者

目 录

001 第一单元 艺术与儿童艺术概论
- 003 第一节 艺术的起源与发展
- 006 第二节 艺术的本质与基本特征
- 008 第三节 儿童艺术及其特点

014 第二单元 学前儿童艺术教育概述
- 016 第一节 学前儿童艺术教育的含义与特点
- 017 第二节 学前儿童艺术教育的意义
- 020 第三节 学前儿童艺术教育的目标与内容
- 023 第四节 学前儿童艺术教育活动的实施与评价

031 第三单元 学前儿童音乐教育概述
- 033 第一节 学前儿童音乐教育的含义
- 035 第二节 学前儿童音乐教育的目的与任务
- 037 第三节 学前儿童音乐教育实施的途径和方法

046 第四单元 学前儿童歌唱活动
- 048 第一节 学前儿童歌唱活动概述
- 051 第二节 学前儿童歌唱活动的目标与选材
- 056 第三节 学前儿童歌唱活动的设计与指导

065 第五单元 学前儿童韵律活动
- 067 第一节 学前儿童韵律活动概述
- 071 第二节 学前儿童韵律活动的目标与选材
- 073 第三节 学前儿童韵律活动的设计与指导

微视频
艺术的起源与发展	003
艺术的本质与基本特征	006
儿童艺术及其特点	008
学前儿童艺术教育概述	016
学前儿童艺术教育的目标与内容	020
学前儿童艺术教育的实施与评价	023
学前儿童音乐教育概述	033
学前儿童音乐教育实施的途径和方法	037
学前儿童歌唱活动概述	048
学前儿童歌唱活动的目标与选材	051
学前儿童歌唱活动过程的设计	056
学前儿童韵律活动概述	067
学前儿童韵律活动的目标与选材	071
学前儿童韵律活动过程的设计	073

082 | 第六单元
学前儿童节奏乐活动

- 084　第一节　学前儿童节奏乐活动概述
- 090　第二节　学前儿童节奏乐活动的目标与选材
- 093　第三节　学前儿童节奏乐活动的设计与指导

102 | 第七单元
学前儿童音乐欣赏活动

- 104　第一节　学前儿童音乐欣赏活动概述
- 106　第二节　学前儿童音乐欣赏活动的目标与选材
- 109　第三节　学前儿童音乐欣赏活动的设计与指导

119 | 第八单元
学前儿童美术教育概述

- 121　第一节　学前儿童美术教育的含义与特点
- 122　第二节　学前儿童美术教育的意义与任务
- 123　第三节　学前儿童美术教育实施的原则和方法

132 | 第九单元
学前儿童绘画活动

- 134　第一节　学前儿童绘画活动概述
- 140　第二节　学前儿童绘画活动的目标与内容
- 147　第三节　学前儿童绘画活动的设计与指导

156 | 第十单元
学前儿童手工活动

- 158　第一节　学前儿童手工活动概述
- 160　第二节　学前儿童手工活动的目标与内容
- 166　第三节　学前儿童手工活动的设计与指导

173 | 第十一单元
学前儿童美术欣赏活动

- 175　第一节　学前儿童美术欣赏活动概述
- 178　第二节　学前儿童美术欣赏活动的目标与内容
- 183　第三节　学前儿童美术欣赏活动的设计与指导

194 | 参考文献

微视频

学前儿童节奏乐活动概述	084
学前儿童节奏乐活动的基本知识	086
学前儿童节奏乐活动的目标与选材	090
学前儿童节奏乐活动过程的设计	093
学前儿童音乐欣赏活动概述	104
学前儿童音乐欣赏活动的目标与选材	106
学前儿童音乐欣赏活动过程的设计	109
学前儿童美术教育概述	121
学前儿童美术教育实施的原则和方法	123
学前儿童绘画活动概述	134
学前儿童绘画活动的目标与内容	140
学前儿童绘画活动过程的设计	147
学前儿童手工活动概述	158
学前儿童手工活动的内容	162
学前儿童手工活动过程的设计	166
学前儿童美术欣赏活动概述	175
学前儿童美术欣赏活动的内容	179
学前儿童美术欣赏活动过程的设计	183

第一单元 艺术与儿童艺术概论

❶ 知识目标
了解艺术的起源与发展，明确艺术的本质与基本特征，理解儿童艺术及其特点。

❷ 技能目标
能够运用相关理论知识对艺术与儿童艺术现象进行客观的评价分析。

❸ 情感目标
树立辩证唯物主义的艺术观，理解艺术与社会的关系，传承中华优秀传统文化。

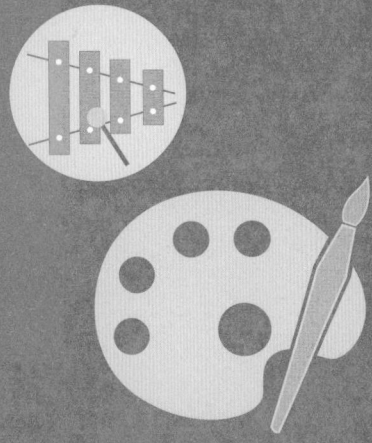

内容图解

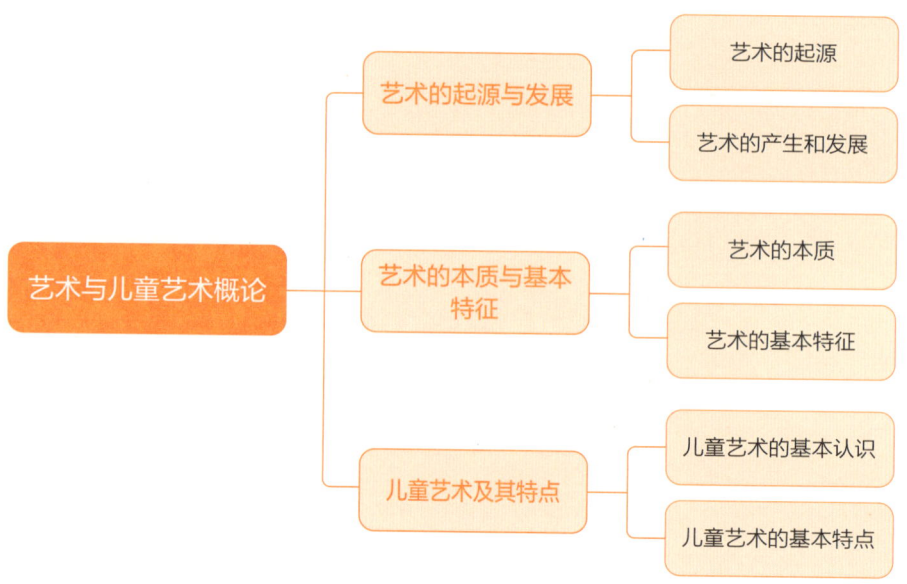

引导案例

春风拂面

由安娜·格里巴诺娃创作的《春风》(图1-1)画作,散发出浓郁的乡村气息。画面中的河流平静而清澈,倒映着蓝天白云。草地上新生的绿意象征着春天的到来,几件洁白的衣物悬挂在木桩之间,仿佛在迎接春风的洗礼。远处的房屋和树林显得宁静而安详,给人一种心旷神怡的感觉。画家细腻的笔触不仅描绘出了自然景物的真实感,还通过色彩的搭配,传达出春天的温暖与希望。画家通过春天的景色,不仅表达了对自然的热爱,也寄托了对美好生活的向往,充分体现了艺术与生活的诗意交融。

图1-1 《春风》

作为人类特有的一种文化现象，艺术是人类感受美、表现美和创造美的重要形式，也是人们表达自己对周围世界的认识和情绪态度的独特方式。艺术是人们现实生活和精神世界的形象反映，也是艺术家知觉、情感、理想、意念等综合心理活动的有机产物。作为一种社会意识形态，艺术主要是满足人们多方面的审美需要，从而在社会生活尤其是人类精神领域起到潜移默化的作用。根据表现手段和方式的不同，艺术可分为表演艺术（音乐、舞蹈）、造型艺术（绘画、雕塑、建筑）、语言艺术（文学）、综合艺术（戏剧、影视）。根据表演的时空性质，又可分为时间艺术（音乐）、空间艺术（绘画、雕塑、建筑）和时空并列艺术（文学、戏剧、影视）。

第一节　艺术的起源与发展

一、艺术的起源

关于艺术的起源，古今中外的哲学家、美学家和文艺理论家们作出了许多不同的解释，其中影响较大的有以下四种。

艺术的起源与发展

（一）模仿说

模仿说认为，艺术来源于对客观的自然界和社会现实的模仿，这或许可以算作是最古老的一种说法。早在两千多年前，古希腊哲学家德谟克里特就认为艺术是对于自然的"模仿"。亚里士多德更是认为模仿是人的本能："艺术模仿的对象是实实在在的现实世界，艺术不仅反映事物的外观形态，而且反映事物的内在规律和本质。艺术创造靠模仿能力，而模仿能力是人从孩提时就有的天性和本能。"继古希腊哲学家后，达·芬奇、狄德罗、车尔尼雪夫斯基等人都不同程度地继承和发展了这一学说。直到19世纪末，模仿说仍然具有极大的影响。

在模仿说看来，所有的艺术都是模仿，差别只在于模仿使用的媒介不同，虽然如今在艺术起源方面仍坚持模仿说的美学家不多了，但模仿说还是具有一定的价值，因为它揭示了人类一种比较原始的心理倾向，这种倾向与艺术是相通的。

（二）游戏说

游戏说主要是由18世纪德国哲学家席勒和19世纪英国哲学家斯宾塞提出来的，人们也因此把游戏说称为"席勒-斯宾塞理论"。他们认为，艺术活动和审美活动起源于人类所具有的游戏本能，人的这种"游戏"本能和冲动，就是艺术创作的动机。在这种无功利、无目的、自由的艺术活动中，人的过剩精力得到了宣泄，同时获得了快乐，即美的、愉快的享受。

（三）巫术说

巫术说在19世纪末20世纪初逐渐兴起，后来影响越来越大。巫术说的代表人物有泰勒、弗雷泽、雷纳克等。巫术说认为，艺术起源于人类早期原始文化的图腾歌舞、巫术礼仪等。按照这种理论，原始人在洞穴中创作的壁画（图1-2）虽然有许多在如今看来是美丽的动物形象，但在当时却是出于一种与审美无关的动机，即巫术的动机。例如，这些洞穴壁画所处的位置之所以在洞穴最黑暗和难以接近的地方，是因为这些壁画并不是为了欣赏而创作的，而是史前人类企图以巫术为手段来促使动物繁殖或保证狩猎成功。

(四)表现说

表现说认为,艺术起源于艺术家的主观想象和情感的表现,情感表达是艺术最主要的功能,也是艺术发生的主要动因。这种理论在东西方都有着悠久的历史,代表人物主要有英国诗人雪莱、俄国文学家托尔斯泰,还有欧美的一些现当代美学家。在他们看来,原始人所有的艺术活动中主要的推动力就是通过各种艺术来表达情感,从而促进了艺术的产生和发展。

在《呐喊》(图1-3)画作中,蒙克所用的颜色虽然与自然颜色的真实性是一致的,表现方式上却极度夸张,展现出了他自己的感受,画作里的线条扭曲,与桥的粗壮、挺直形成鲜明对比,蒙克将画面中沉闷、焦虑并且孤独的情感表现到了一种极致。《呐喊》是表现主义绘画的代表作品。

关于艺术起源的这四种理论和说法都从某个角度、某个侧面探讨了艺术的产生。它们有一定的合理性,有助于揭示艺术起源的奥秘。但是,它们却忽略了艺术产生的最根本原因。艺术的产生归根结底离不开人类社会的实践活动。艺术是人类文化发展的必然产物,其起源是一个多元多因的、漫长的历史过程。

图1-2 史前洞穴壁画

图1-3 《呐喊》

二、艺术的产生和发展

艺术的产生和发展是与人类历史的产生和发展同源同生的,经历了原始社会的艺术、奴隶社会的艺术、封建社会的艺术、资本主义社会的艺术与现代艺术五个阶段。

(一)原始社会的艺术

人类社会还处在原始社会时就产生了原始艺术。原始社会的人们在强大的自然力面前感到自己的软弱无力时,便转向对外部力量的依赖和祈求,从而产生了原始的宗教。于是,艺术品成了崇拜对象的替代物。这在新石器时期的艺术和近代原始民族的艺术中有很多例证。

现已发现的人类最早的美术遗产中,最重要的是旧石器时代晚期人类的一些装饰品,例如:我国现已发现的"山顶洞人"佩戴过的石珠、穿孔砾石、鹿牙、鱼骨等。原始人类还用赤铁矿作颜料,把装饰品染成红色。这些都足见原始人对美的追求和创造才能。同样,原始社会的音乐也是从人类社会生活的各个非审美领域萌发并逐步分化、再综合起来的,它是一种称作"乐舞"的集音乐、诗歌、舞蹈于一体的艺术形式。

（二）奴隶社会的艺术

当人类社会由原始社会进入奴隶社会以后，人类的艺术也随之发展。奴隶社会艺术的典型代表包括中国后母戊鼎（图1-4）、古罗马角斗场、埃及金字塔、巴比伦空中花园、奥古斯都的和平祭坛等。这些代表作品在各自的文明中占有重要地位，体现了当时社会的法律、宗教和艺术审美。

后母戊鼎作为中国奴隶社会艺术的典型代表之一，以其端庄、优美的外部造型和精湛的工艺技术，展现了奴隶社会时期青铜器艺术的最高成就。它不仅是青铜器设计的杰出代表，也是中国古代艺术和工艺美术的瑰宝。

（三）封建社会的艺术

进入封建社会后，拜占庭艺术、基督教艺术（罗马式艺术、哥特式艺术）逐渐兴起。欧洲文艺复兴时期，又出现了达·芬奇、米开朗基罗、拉斐尔等艺术巨匠。17世纪，欧洲巴洛克艺术盛行。18世纪，欧洲洛可可艺术备受欢迎。

以中国古代音乐艺术的发展轨迹来看，大致经历了雅乐音乐时期、清乐音乐时期、燕乐音乐时期和俗乐音乐时期。早在先秦时期我国就出现了由朝廷制定的"雅乐"和流行于民间的俗乐"郑卫之音"，并且乐器也较原始社会有了更大的进步和发展，出现了堪称我国古代最庞大的乐器——编钟；到了汉魏时期，音乐进一步发展，北方的相和歌以及南方的清商乐都达到了很高的艺术水准；而隋唐时期在大量吸收西域音乐的基础上，更出现了新俗乐"燕乐"，各类音乐艺术形式获得了更为充分而自由的发展；宋元明清时期音乐的一个重要发展特征就是音乐中心的转移，从以宫廷音乐活动为中心转向世俗的民间音乐，尤其是元杂剧及南北曲、昆曲的诞生。

曾侯乙编钟（图1-5），是战国早期文物，是由65件青铜编钟组成的庞大乐器。它高超的铸造技术和良好的音乐性能，改写了世界音乐史，被中外专家、学者称为"稀世珍宝"，是我国古人伟大智慧的结晶。

（四）资本主义社会的艺术

到了19世纪，当人类社会进入资产阶级革命时期后，在艺术形式方面有了更高度、更细致的分化和发展，诞生了歌剧、芭蕾舞剧、音乐剧等综合音乐、戏剧、美术、舞蹈等新的艺术形式，同时出现了新古典主义艺术、浪漫主义艺术、现实主义艺术等各种不同的艺术流派，呈现出精彩纷呈、繁荣发达的发展局面。

以西方近代音乐的发展为例，这个时期不但涌现了许多著名的音乐家，创作了一系列优秀的

图1-4　后母戊鼎

图1-5　曾侯乙编钟

音乐作品，还产生了各具特色的音乐艺术流派：以海顿、莫扎特和贝多芬为代表的古典乐派，推崇理性和情感的统一，追求艺术形式的完美和严谨，注重创作手法上的对比、冲突和发展；以舒伯特、李斯特、肖邦、勃拉姆斯等为代表的浪漫乐派，强调激情，强调抒发主观情感、表现个性；以格里格、德沃夏克等为代表的民族乐派，主张音乐鲜明的民族风格和民族特色，主张将传统音乐成果与本民族音乐密切结合起来；等等。

（五）现代艺术

进入20世纪后，艺术更是发展到一个新的顶峰，现代艺术的发展既遵循不断分化、不断融合的规律，同时艺术形式本身也在不断地吸取外部新的生命动力，成为相对独立的艺术形式，展现出更广阔的发展天地，也诞生了更为缤纷缭乱的现代艺术流派，呈现出繁荣的发展态势。

从艺术产生和发展的历史可以看出，艺术不是人类生活中偶然发生的现象，也不是可有可无的装饰品，而是人类在改造客观世界、争取自由的社会实践中的天才创造，并且满足着人类的一种基本需求，即审美。很难设想，如果有一天人类突然失去了艺术——没有音乐，没有文学，没有美术，没有戏剧和电影……人类的生活将会变得何等的暗淡和沉寂。人类在其发展过程中所创造的灿烂的艺术，就是文化宝库中一份十分珍贵的财富。

第二节 艺术的本质与基本特征

一、艺术的本质

艺术是人类在生产生活中对世界的认识和反映。绘画是艺术，音乐、小说、舞蹈等也是艺术。艺术的本质是指艺术这一事物的根本性质，以及艺术与其他诸如政治、经济、哲学、宗教、文学等的内在联系。这是许多思想家、美学家和艺术家们很早就意图探索的问题。

艺术的本质与基本特征

马克思主义对艺术从不同角度进行了整体把握，分别从艺术的社会本质、认识本质和审美本质三个层面分析了艺术在社会关系中的地位和作用。

（一）艺术具有社会本质

艺术来源于社会，能全面地反映社会生活。艺术家对于题材、表现对象和表现手法的选择并不能规定艺术的本质，但他们的任何选择都是在某个方面，以某种方式反映社会生活的。艺术不仅可以反映社会的经济关系、生产关系和阶级关系，也可以反映处在一定社会生活中的人们的政治观点、法律观点、道德观念、宗教观念、哲学思想和文艺思想，以及人们的各种梦想、幻想、情感、情绪、愿望、审美趣味和审美理想等。

（二）艺术具有认识本质

艺术是社会生活的反映，实际上就是人们对社会生活、对世界的一种认识。而艺术作品，是"社会生活在人类头脑中反映的产物"，所以艺术其实是人类对社会生活或对世界的一种认识的物化形态。艺术认识世界、反映社会生活的方式是运用视觉或听觉形象进行创造性想象活动，认识的重点是事物的特征、个性和美，以高度概括的、具体可感的视觉或听觉形象揭示事物的本质。

（三）艺术具有审美本质

艺术既能反映现实美，又能创造艺术美。现实美，是指现实中各种事物的美，分为自然美与社会美两大类。自然美是指自然界中存在的美，即自然事物的美；社会美是指人类社会关系中的美，即社会事物的美。如：音乐反映社会生活，但不是对社会生活的直接描绘，而是音乐家把个人对社会生活的理想、态度、体验等高度概括、提炼并通过有组织、有意识的具体音响形式加以表达的结果，它是一种社会审美生活的主观反映。同样，美术作品也是美术家根据美的现实创造出来的，具有艺术美，这是一种"艺术生产"，是一种自由的精神生产和审美创造。

二、艺术的基本特征

（一）形象性

形象性是各艺术门类共同的特征，也是艺术区别于其他社会意识的基本特征。没有形象，就没有艺术，失掉形象性这一基本特征的作品，也就不能称为艺术作品。不论是美术、音乐，还是文学等艺术形式，其形象性都有其自身显著的特点。美术作品的形象性往往表现得更为突出和直接，体现为形象的直观性、确定性和可视性。文学作品中的形象是不能凭感官直接把握的，需要通过语言这一中介，再经过读者的联想与想象才能得以实现。对于歌曲或是标题性音乐，人们可以借助歌词和标题文字说明来确定音乐作品反映的内容；而对于无标题的纯器乐，往往更多地需要借助个人的生活经验、音乐经验、艺术修养、认知能力等，通过联想再造形象，因而，这种音乐形象往往能体现出个人的、个性化的水平和特点，表现出人在听觉感受能力上的明显差异。由此可见，形象性作为艺术的共同性特征，在不同的艺术形式中既可以表现为直接可感知到的形象，也可以表现为通过其他媒介间接展现的形象，从而通过作品传达出形神兼备、情景交融的意境。

（二）主体性

艺术的主体性主要表现在艺术创作、艺术作品、艺术欣赏这几个方面。

1. 艺术创作的主体性

艺术创作的主体性集中表现为艺术家的创作活动具有能动性和独创性。社会生活是艺术创作的源泉，艺术家往往是从生活实践中获得创作动机和创作灵感，尤其是艺术创作的内容，更是来源于社会现实生活。艺术创作又是一种创造性的劳动，作家、艺术家作为创作主体，对艺术创作起着决定性的作用。与此同时，艺术创作具有独创性的特点，每一件优秀的艺术作品，总是凝聚着艺术家独特的审美体验和审美情感，带有艺术家个人的主观色彩与艺术追求。

2. 艺术作品的主体性

艺术作品作为艺术家创造性劳动的产物，必然被打上艺术家作为创作主体的鲜明烙印。艺术作品作为审美对象，其主体性体现在它不仅是客观世界的反映，更是艺术家主观情感的表达和创造力的展现。任何优秀的艺术作品，都应当是独一无二、不可重复的，具有艺术的独创性。

3. 艺术欣赏的主体性

由于每个人的生活经验、性格气质、审美能力以及艺术素养不同，从而形成了每个欣赏者在审美感受上的鲜明差异，使艺术欣赏被打上欣赏主体的烙印。俗话说，"有一千个读者，就有一千个哈姆雷特"，正说明了这个道理。艺术欣赏的主体性主要体现在欣赏者对艺术作品的解读和理解上，这种解读和理解因人而异。

(三)审美性

艺术具有其独特的美学特性,这主要表现在形式美与内涵美两个方面:①形式美。形式美对于绘画艺术来说主要体现在线条、构图、色彩等方面,对于音乐艺术来说主要体现在音色、节奏、旋律等方面,它们均体现了艺术作品的整体艺术结构和独特的艺术审美特征;②内涵美。内涵美是由创作主体按照一定的审美目标、审美实践要求和审美认识的指引,根据美的规则创造的一种艺术美,这种艺术美是艺术家根据美的现实,运用独特的艺术语汇创造出来的。

第三节 儿童艺术及其特点

艺术对各个年龄段的人来说都具有无穷的魅力,对儿童更是如此。艺术能丰富儿童的生活,调动儿童的心智、感官、肢体功能,挖掘儿童的潜能。儿童进行艺术创作的过程是一种展示个人体验、表达情绪感受与观念的方式,它反映了儿童对周围世界的认识、情感和思想。

儿童艺术及其特点

一、儿童艺术的基本认识

(一)儿童艺术发端于艺术输入

儿童充满着好奇心和探索的意愿,展现在他们眼前的不仅有色彩斑斓、五彩缤纷的图案和景象,还有不绝于耳、丰富多变而美妙的声音。我们常常听到孩子们在游戏、玩耍的时候本能地哼着歌;也常常看到蹒跚学步的婴儿一听到音乐就扭动身体,手舞足蹈;还不会准确拿握画笔的孩子在纸上洋洋洒洒地"涂鸦"……可以毫不夸张地说,艺术是孩子自发的表现,是孩子自由天性的展现。热爱艺术,正是儿童的天性使然。

儿童的生活环境中充满了颜色、声音、运动、符号,虽然并没有谁统一地要求他们如何去做,但他们的艺术发展却体现出令人惊讶的跨文化的普遍性:孩子们都愿意,甚至是无意识地用"涂鸦"来表达自己的所见、所想、所感,这几乎是每个儿童的天性;儿童好想象、爱幻想,对于一些形象生动的音乐旋律与节奏,结构工整、旋律优美的童谣,他们不需借助任何外部工具,张嘴就能模仿。正是因为幼儿知觉和感觉系统协同作用的发展,促使他们在早期的艺术活动中已经表现出了自由、大胆而充满生命力的特征。

(二)儿童艺术关乎个体的自我表达

儿童艺术是儿童自我表达的一种语言。艺术可以使他们把自己的想象、愿望变成可见的作品表达出来。其中,绘画就是幼儿表达自己对周围事物的感受和内心意愿的主要方式之一,儿童的画、泥塑、雕塑、手工作品以及其他表征物都可看作儿童的一种语言。这种语言表现了儿童对外部世界的感知、理解、建构,以及他们内心的情绪波动。艺术是幼儿朴素地表现和探索生活的形式,幼儿在观察模仿事物的过程中已经逐渐出现了一些稚拙的艺术符号(如学习小花猫的叫声与走路的姿势),这正是儿童艺术个体创作的开始。

(三)儿童艺术融于生活

艺术来源于生活,儿童在生活中有许多机会接触艺术。他们在生活中观察、模仿、感知各种丰富的艺术材料，这些都为他们的艺术感受与表达奠定了基础。因此，为儿童创造有艺术感的生活环境是至关重要的。

生活有着俯拾皆是的美的素材，在自然与社会这片广阔的天地之中，充满了儿童艺术教育的素材，是一座天然的宝库。如何挖掘生活素材，发现美好，可从孩子们的生活中随处可见的事物开始，各种植物、果实、树叶、种子、石头、湛蓝的天空、无边的大海、金黄色的沙滩和奇异的贝壳都可以是孩子们艺术想象力的天然素材，不仅能激发他们创作的灵感和欲望，提升对美术创作的兴趣，发展创造能力、动手能力，也可以使他们学会观察生活，发现生活中的美。

（四）儿童艺术源于儿童游戏

艺术与游戏，在儿童生命的初期具有同一性，或者换句话说，儿童艺术的本质是儿童游戏。儿童艺术和儿童游戏的关系可以形象地用"蝴蝶"和"蛹"的关系来比喻，儿童游戏是"蛹"，儿童艺术是"蝴蝶"。正是在儿童游戏（也就是"蛹"）的不断滋生和孕育成长中，才破茧而出，形成了儿童艺术这只"蝴蝶"。

儿童艺术教育应坚持并体现儿童游戏的本质精神，将追求自由、愉悦及无功利目的作为终极目的。在儿童艺术教育中通过游戏的方式形成个体的完满人格。

正如奥地利美术教育家弗兰兹·西泽克所说："既然儿童的绘画与成人的不一样，甚至比成人的更纯真、更富创造性，对儿童的美术教育就不能简单化地按照成人的意志、以成人的标准教给儿童成人的画法，儿童美术教育应以儿童的自由表现为主。重在发展儿童与生俱来的创造本能与创造热情。"

二、儿童艺术的基本特点

（一）愉悦性

儿童艺术的愉悦性主要体现在其能够吸引儿童积极参与音乐和其他艺术活动，通过轻松、愉快和活泼的内容和形式，让儿童在欣赏中获得精神上的快乐与满足，同时培养感知美、欣赏美、创造美的能力。

儿童艺术作为一种特殊的艺术表现形式，其愉悦性是其吸引儿童的重要特征之一。这种愉悦性不仅体现在音乐艺术上，还贯穿于各种儿童艺术形式中。音乐艺术的愉悦性、娱乐性特点，是吸引儿童积极参与音乐活动的重要原因之一。而对于绘画、舞蹈等其他艺术形式，它们的愉悦性则体现在通过多样的美使儿童在欣赏中获得精神上的满足和快乐，陶冶情操、启迪智慧。儿童艺术的愉悦性还与其教育性紧密相关。在艺术活动中，儿童不仅能够享受到审美上的愉悦，还能在无形中接受到审美教育，这种教育比仅仅从生活与自然中获得的要深刻、强烈得多。通过艺术活动，儿童能够在快乐中学习，实现个体的完满人格发展。

此外，儿童艺术的愉悦性还表现在其无功利性、直觉性、创造性和超越性上。儿童进行艺术活动没有任何的功利目的，他们主要依靠自己的直觉进行创作，这种创作充满了情感色彩，具有唯一性和独创性。儿童的创作不受真实局限，可以翱翔在想象的世界里，这种想象并不是天马行空的奇思妙想，而是依据个人的生活体验，通过"移情"、联想创造出超越现实的艺术构想。

（二）教育性

艺术不仅具有愉悦性和感染力，还有育情冶性、潜移默化的教育作用。教师利用儿童艺术的愉悦性、娱乐性特点，可以引导儿童在玩中学、乐中学，而寓教育于愉快的艺术感受和表现、创作活动之中，更能使儿童学有所得。这也是儿童艺术教育性的体现。

曾经有学者说过："对于受到更大激励的儿童来说，几何图形不光是可见的概念，而且还是外在世界的客体，是神秘力量的象征。成人几乎再也理解不了一对有意义的直线会有怎样惊人的力量。但对于成长中的儿童来说，他所得出的简单轮廓——与一切低于人类的动物形成对照即意味着一个完整的世界。"儿童艺术的教育性可以从儿童在艺术活动中获得的发展得到体现。因此，艺术是对儿童实施审美教育的一条重要途径。对儿童实施的审美教育，不能以抽象的说理去灌输，而应以直观的艺术形象去打动儿童的心灵，唤起儿童内在的审美情感，使他们在美的感受和熏陶下受到潜移默化的审美教育。

（三）个体性

儿童艺术是个体性表达的一种形式，它反映了儿童对世界的独特理解和感受。每个儿童都有自己独特的视角和表达方式，他们的艺术作品不仅是技能和知识的展现，更是情感、想象力和个性的体现。儿童在艺术创作过程中，通过绘画、雕塑、舞蹈等多种形式，表达自己的内心世界和对周围环境的感知。这种表达是自发的、自然的，并不受外界强制的影响，真正体现了"每个孩子都是天生的艺术家"这一说法。儿童艺术的个体性特点主要体现在以下几个方面。

1. 个体性认知

儿童通过自己的感官和经验来认知世界，这种认知是独特的，因此他们的艺术作品也反映了这种个性化的认知过程。

2. 情感表达

儿童的艺术作品往往充满了情感色彩，他们通过艺术来表达自己的喜怒哀乐，这种情感的表达是真诚而直接的，具有强烈的个人色彩。

3. 创造性思维

儿童的思维活跃，富有想象力，他们的艺术创作往往充满了创意和新颖性，这种创造性思维是儿童艺术个体性特点的重要组成部分。

4. 自我表达

儿童通过艺术来表达自己的个性和情感，这种自我表达是自由而多样的，不受成人世界的规制和约束。

由此可见，儿童艺术是儿童发展的一种个体性表现，每个儿童都是独一无二的艺术家，他们的作品反映了他们的认知、情感、想象力和个性，是儿童精神世界和生命体验的真实流露。

案例展示 1-1

小班美术活动：欣赏名画《红太阳吞噬蜘蛛》

活动意图

视觉艺术活动旨在培养儿童具有敏锐的观察力和创造力。教师应帮助学前儿童积累丰富的感知经验，来发展学前儿童的创造力和表达能力。抽象作品的夸张和变形，与学前儿童作品的表达方式相似，它的符号、色彩更便于学前儿童的理解和模仿。小班初期，教师可尝试介绍抽象派画家波洛克、米罗的作品，使学前儿童对不同风格的抽象画有一个初步的感知经验。

活动目标

（1）能仔细欣赏名画并发现其色块造型，大胆猜想米罗画上的故事。

（2）尝试用线条和图形创作自己的抽象画。

活动重难点

活动重点：在感知活动中能大胆表达自己对米罗作品的猜想；在创意活动中能使用棉签勾画色块。

活动难点：能沿着色块的轮廓进行勾画；能有创意地对色块进行添画。

活动准备

米罗作品《红太阳吞噬蜘蛛》、黑色颜料、棉签。

活动过程

1. 游戏1："猜画家"

欣赏名画《红太阳吞噬蜘蛛》，让学前儿童猜猜是哪位画家的作品。

指导1：与感知过的米罗作品、波洛克作品比较，引导学前儿童用敏锐的目光去辨别不同画家作品的风格。

指导2：寻找米罗作品中的"星星"标志，帮助学前儿童巩固对米罗作品特征的辨认。

2. 游戏2："猜画谜"

指导1：鼓励学前儿童从不同角度猜想《红太阳吞噬蜘蛛》的故事，并启发学前儿童产生不同的想法。

指导2：告诉学前儿童作品名称，让学前儿童根据作品中的角色去猜想，这样可引导学前儿童感悟画家的心灵。

3. 游戏3："寻找色宝宝"

请学前儿童用棉签将"色宝宝"找出来，看看它们到底是谁。

指导1：请学前儿童按红、黄、蓝、绿的色彩顺序勾画色块。

指导2：观察"色宝宝"的造型，猜猜它是谁。

指导3：为"色宝宝"添画其身体缺失的部位（例如：为"小兔宝宝"添画耳朵，为"汽车宝宝"添画车轮等）。

指导4：启发学前儿童为自己的新作品起名字，并引导他们讲一讲自己画上的故事。

活动评析

这是一个设计得十分有趣的活动，以欣赏代替教学，并且体现了学前儿童美术活动中3个非常重要的因素。①具有艺术性，选用了米罗的作品《红太阳吞噬蜘蛛》（图1-6），此画作色彩艳丽、生动简洁、童趣盎然，是富有一定艺术价值的名家名作。②具有科学性，为小班学前儿童设计的活动，符合小班学前儿童正处于涂鸦期、象征期美术能力发展阶段的特点。③具有游戏性，活动中的"猜画谜""寻找色宝宝"的游戏，寓艺术技巧于学前儿童的游戏活动和实践活动中。

图1-6 米罗作品《红太阳吞噬蜘蛛》

教师能够在小班设计以欣赏为前提的美术活动，是非常有价值、有胆量的尝试。同时，能看出教师本身对现代派艺术有着很高的热情与了解，对于小班学前儿童的发展特点也考虑得十分周到，从中巧妙地搭建了学前儿童与大师的"沟通桥梁"，是非常可贵的创新活动案例。

拓展阅读 1-1

艺术的价值

艺术的价值和意义是人类社会长期探索的领域。它既是一种文化现象，也是人类对美、善、真的追求。从古至今，艺术在人类生活中扮演着重要的角色，它不仅丰富了人们的精神世界，还为社会发展注入了源源不断的活力。

1. 艺术具有审美价值

艺术作品通过形象、声音、色彩等手段，展现了生活中的美好景象，使人们在欣赏过程中产生愉悦感。艺术作品的审美价值在于它能够引导人们关注生活中的美好事物，提升人们的审美能力，丰富人们的精神生活。同时，艺术作品的审美价值还体现在它能够激发人们的想象力和创造力。艺术家通过对现实生活的观察和体验，创造出独特的艺术作品，这些作品往往具有超越现实的美感，使人们在欣赏艺术作品的过程中产生共鸣，从而激发人们的想象力和创造力。

2. 艺术具有教育价值

艺术作品往往具有很强的教育性，它们通过生动的形象和情节，传递了丰富的思想观念。艺术作品的教育价值主要体现在3个方面：①培养人们的道德品质。许多艺术作品都具有很强的道德内涵，它们通过讲述感人至深的故事，传递正义、勇敢、善良等美好的品质，对人们的道德观念产生了深远的影响。②提高人们的认知能力。艺术作品往往具有很强的象征性和隐喻性，它们通过抽象的形象和情节，表达了深刻的道理。人们在欣赏艺术作品的过程中，需要运用自己的认知能力去理解作品的内涵，从而提高自己的认知能力。③培养人们的人际交往能力。艺术作品往往具有很强的感染力，它们能够引起人们的共鸣，使人们在欣赏过程中产生情感交流。这种情感交流有助于增进人与人之间的理解和友谊，提高人们的人际交往能力。

3. 艺术具有社会价值

艺术作品往往具有很强的时代特征和社会背景，它们反映了社会的发展和变迁，记录了人们的生活和历史。艺术作品的社会价值主要体现在3个方面：①传播民族文化。艺术作品是一个民族文化的重要载体，它们传承和发扬了民族的优秀传统文化。②推动社会进步。艺术作品往往具有很强的批判性和社会关怀，它们揭示了社会的矛盾和问题，对社会的不公和不义进行了有力的抨击。这种批判性和社会关怀有助于推动社会的进步和发展。③促进文化交流。艺术作品具有很强的普遍性和国际性，它们跨越国界和文化差异，成为各国人民交流和沟通的桥梁。人们对艺术作品的欣赏和交流，可以了解不同国家和民族的文化，增进相互的理解和友谊。

4. 艺术具有文化价值

艺术作品是一个民族文化的象征和标志，它们体现了一个民族的历史、传统、信仰等方面的特点。艺术作品的文化价值主要体现在3个方面：①传承民族文化。艺术作品为民族文化的发展提供了源源不断的动力。②弘扬民族精神。艺术作品往往具有很强的民族特色和民族精神，它们展示了一个民族的精神风貌和信仰追求。通过艺术作品的传播和欣赏，人们可以更好地了解和认识一个民族的精神世界。③促进文化创新。艺术作品具有很强的创新性和创造性，它们为文化创新提供了丰富的素材和灵感。艺术家通过对现实生活的观察和体验，创造出新的艺术形式和风格，为文化的创新提供动力。

实践活动

小组讨论，分享个人在艺术学习生活中印象深刻的故事，以说明理想中的艺术教育应该是什么样的。

思考与练习

1. 结合艺术起源的几种学说，谈谈你对艺术的认识。
2. 如何理解艺术的社会本质？
3. 举例说明儿童艺术与儿童游戏二者之间的关系。
4. 儿童艺术的教育性特点对幼儿园教育实践工作有什么启示？

第二单元　学前儿童艺术教育概述

① 知识目标

了解学前儿童艺术教育的含义、特点及意义，明确学前儿童艺术教育的目标与内容，掌握学前儿童艺术教育实施与评价的基本策略。

② 技能目标

能够运用相关理论知识对学前儿童艺术教育进行客观的分析与评价。

③ 情感目标

增强对儿童艺术的保护和支持意识，关注儿童艺术成长。

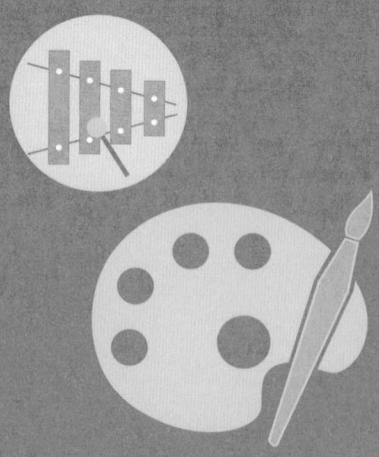

内容图解

- 学前儿童艺术教育概述
  - 学前儿童艺术教育的含义与特点
    - 学前儿童艺术教育的含义
    - 学前儿童艺术教育的特点
  - 学前儿童艺术教育的意义
    - 促进儿童大脑潜能的发展
    - 促进儿童身体机能和运动能力的发展
    - 促进儿童感知和记忆能力的发展
    - 促进儿童想象和思维能力的发展
    - 促进儿童情感和意志力的发展
    - 促进儿童个性和社会性的发展
  - 学前儿童艺术教育的目标与内容
    - 学前儿童艺术教育的目标
    - 学前儿童艺术教育的内容
  - 学前儿童艺术教育活动的实施与评价
    - 学前儿童艺术教育活动的实施
    - 学前儿童艺术教育活动的评价

引导案例

孩子画中的妈妈

《美术,另一种学习语言》一书中记述了这样一件事:一群幼儿园的孩子被要求用蜡笔画自己眼中的妈妈,大多数孩子都以常见的视角表现了妈妈的形象,唯有一个孩子将自己的妈妈画成了图2-1的样子,令老师大惑不解。

有一天,这个孩子的妈妈来幼儿园访问,老师站着与其交谈,不慎将手中的笔掉在地上。当这位妈妈俯身拾起笔欲站起来时,老师从下往上打量着这位身材肥胖高大的妈妈时,顿时感觉这位妈妈此时的形象的确很像她女儿画中的样子。这一偶然事件令这位老师获益匪浅,不仅理解了那个孩子的画,而且发现了从下往上看世界的奇妙。

由以上案例可见,幼儿看待世界的眼光和对世界的理解与成人世界是不同的。他们用直接的、单纯的、不受世俗的功利性和概念化的框框所制约的心态来感受艺术,以天真而独特的视角来观看和表现眼前的世界。那么,儿童艺术世界到底还有什么与众不同之处?我们应该如何针对这些特点对他们进行引导与教育呢?

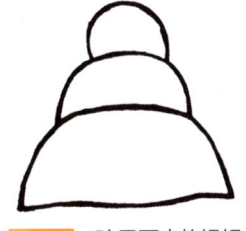

图2-1 孩子画中的妈妈

《3~6岁儿童学习与发展指南》中指出，每个幼儿心里都有一颗美的种子。幼儿艺术领域学习的关键在于充分创造条件和机会，在大自然和社会文化生活中萌发幼儿对美的感受和体验，丰富其想象力和创造力，引导幼儿学会用心灵去感受和发现美，用自己的方式去表现和创造美。学前儿童艺术教育要承担起在学前阶段对幼儿进行艺术教育的责任。

第一节　学前儿童艺术教育的含义与特点

艺术是文化的重要组成部分。艺术作品不仅是个人的创造物，也是产生艺术的文化制度和文化观念影响的产物。儿童艺术教育是人类社会进步特有的一种社会活动，是儿童发展的需要。

学前儿童艺术教育概述

一、学前儿童艺术教育的含义

学前儿童艺术教育是指教育者遵循学前教育的总体要求，根据幼儿身心发展的规律，有目的、有计划地通过艺术欣赏和艺术表现活动感染幼儿，并培养幼儿的审美能力和艺术表现能力，最终促进幼儿人格和谐发展的一种审美教育。学前儿童艺术教育是幼儿园素质教育的重要组成部分，它通过音乐、舞蹈、美术等多种形式，激发幼儿对美的感受和体验，丰富其想象力和创造力，引导幼儿学会用心灵去感受和发现美，用自己的方式去表现和创造美。学前儿童艺术教育旨在提高幼儿的审美素质，而不是单纯地发展智力，从而促进幼儿的全面和谐发展。

二、学前儿童艺术教育的特点

（一）形式美与形象性相结合

形式美与形象性是艺术的表现特征，艺术教育是通过艺术作品呈现的审美意象来诱发和感染人的，它和其他教育有明显的区别。这一点恰好与幼儿的认知选择具有一致性，即幼儿是借助于形状、颜色、声音来认识世界，而不是依靠语言交往获得的知识来认识，他们的认知具有外观性和直觉性的特点。艺术以具体的、可感或可触的方式存在，离开了具体的、可感触的形象就不能发挥其作用。艺术教育就是以它特有的、特定的意向来激发和感染审美主体，达到情感交流和教育的目的。学前儿童艺术教育正是要利用和正确把握住这一特点，诉诸幼儿的感觉器官，借助有趣的形式进行交流和对话，引起他们强烈的感受，充分调动他们的主动性。

（二）情感宣泄与净化相结合

艺术活动是幼儿情感宣泄的一种方式，表现为形式化的无害释放。例如，幼儿可以把他们在现实生活中没有实现的愿望通过绘画表现出来，以抚慰自己不平衡的心境。艺术活动的目的不仅在于为情感宣泄寻找合适的途径，更在于情感净化作用的发挥。它使幼儿生理、心理获得健康发展，并为其健康发展注入净化的精神动力，为幼儿心灵的自由、创造性的发展拓宽空间。

（三）创造与操作相结合

在艺术活动中，操作与艺术行为是必不可少的。艺术活动提供的操作机会，使幼儿运用艺术能力表达和交流，将具体的艺术操作规程、技能和自身的感受体验融合在一起，会产生许多灵感及感悟的生发点，为新的意象创造提供创意和素材，也使幼儿以更高的热情主动投入学习中。

（四）游戏与其他活动相结合

幼儿的意志力还很薄弱，他们尚不能清晰地意识到自己行动的目的和意义，也不能很好地主动设计、支配和调整自己的计划。因此，如果活动过程本身不能激起他们的兴趣并使他们产生快乐的体验，成人很难说服和强制他们真正全身心地投入活动中。因此，在学前儿童艺术教育实践中，不仅强调必须选用一定比例的游戏作为游戏内容，而且更加强调所有的活动都要具有一定的游戏性。总的来说，有效而高标准的学前儿童艺术教育活动都应该是生动活泼和富有教育意义的。

（五）自由与引导相结合

艺术教育是对受教育者进行规范的、有目的、有计划的引导。对幼儿的引导既要按照学前教育的一般规律进行，又要尊重艺术活动的特殊性。艺术创造需要自由的创作空间和轻松愉悦的创作氛围，如果没有自由就称不上艺术，但是，只有自由也不能成为教育。因此，要正确认识和把握自由与引导之间的关系，让学前儿童艺术教育达到最好的效果。

第二节　学前儿童艺术教育的意义

艺术教育作为全面发展教育中不可或缺的部分，能对儿童的艺术审美能力、情感和意志力的发展、良好个性的形成和身心健康发展起到积极作用。

一、促进儿童大脑潜能的发展

学龄前期是个体大脑生长发育最为关键的时期，在此时期，大脑获得积极活动的机会越多，就越有可能获得充分的发展。但是在传统教育观念影响下，儿童的教育活动较为强调以训练逻辑思维和抽象思维能力为主要目的的语言、数学等学习活动，忽视对以发展整体形象感知、整体思维加工和整体情感理解为主要目的的艺术领域的学习，以至于儿童大脑右半球的潜力不能得到应有的开发，最终影响整个大脑潜能的发展。科学家研究发现，人脑细胞之间的棘突触数量和大脑皮层的分化都与其是否从事艺术活动有一定的联系。因此，丰富的学前儿童艺术教育活动能够促进大脑左右半球机能的有效开发，使大脑各中枢神经经常处于积极的活动状态，从而促进大脑潜能的全面发展。

二、促进儿童身体机能和运动能力的发展

学前阶段是身体迅速发展的第一个阶段，也是最为关键的一个阶段，身体各部分机能的发育和运动能力的发展，对这一阶段的儿童来说尤为重要。儿童的艺术教育活动就承载着促进儿童身体机能和运动能力发展的特殊使命。我们经常会看到，在音乐、美术等艺术活动中，儿童往往需要借助嗓音、身体大肌肉和小肌肉动作等方式来表达对艺术的感受和体验，就是在这样的表达过程中，儿童既锻炼了身体各相应部位的大小肌肉、骨骼和韧带，又提高了神经系统的反应速度和协调能力，并提高了心肺等器官的耐受力。由此可见，学前儿童艺术教育为儿童提供了大量身体运动的机会，并不断地促进儿童身体机能和运动能力的发展。

三、促进儿童感知和记忆能力的发展

（一）艺术教育能促进儿童感知能力的发展

学前儿童艺术教育活动能够为儿童听觉和视觉能力的发展提供丰富的锻炼机会，从而提升儿童视听的敏感性。苏联心理学家列昂节夫对一些缺乏艺术才能的儿童使用了特殊的训练方法，让他们在各种艺术活动中逐渐获得了基本的艺术视听能力。可见，只要为儿童提供尽可能多的参与艺术活动的机会，并在活动中引导他们集中注意力进行听觉、视觉探究和训练，他们的视听觉感知能力就能够得到有效提高。此外，多种感官共同参与也是儿童艺术活动的一个重要特征。在艺术活动中，不仅需要借助听觉和视觉，更可以通过与运动知觉和言语知觉等感知器官的协同活动，丰富和加强视觉、听觉感受。

（二）艺术教育能促进儿童记忆能力的发展

艺术教育对儿童记忆能力发展的促进作用尤其表现在听觉方面。在音乐教育中，听觉能力的培养不仅涉及听觉感知、听觉辨别、听觉注意能力，更表现在听觉记忆能力方面。所谓听觉记忆能力，是指记忆音乐、再现音乐的能力。音乐是在时间的流动中展开音乐形象、深化音乐表达内容的，因此任何音乐的表演、欣赏或创作活动都不可能脱离对音乐表象的记忆、再认和再现。伟大的作曲家贝多芬之所以能在失聪后创作出《第九交响曲》，正是因为在他的头脑中储存着大量的听觉表象，这些听觉表象为音乐家的创作提供了充分的准备资料。此外，听觉记忆与听觉感知、注意能力是密切相关的。听觉感知、注意能力制约着记忆表象的形成，听觉的记忆表现又直接影响对音乐的感受和理解。众多的研究表明，学前阶段是培养听觉能力的最佳时期，儿童的音乐学习和体验能使他们在这种活动中提高听觉的敏感性、发展听觉感知和记忆表象的能力。

四、促进儿童想象和思维能力的发展

（一）艺术教育能促进儿童想象能力的发展

想象是在人脑中对已有表象进行加工改造而创造新形象的过程，是由表象深入发展而形成的一种比较高级的思维能力，是被爱因斯坦认为"要比知识更重要"的一种能力，和感知、记忆、思维等共同构成了一个完整的心理过程。在艺术活动中，儿童获得审美愉悦是最重要的心理环节（即想象）。同样，通过艺术活动可以让儿童接触到更多的富有感染力、表现力的艺术作品，从而为儿童的自由想象提供更宽广的舞台。例如，当儿童在欣赏富有感染力的音乐作品时，往往会情不自禁地陶醉于想象之中，对音乐产生一定的共鸣；而当他们在绘画时，随着画笔的走动、色彩的碰撞，也会让他们的大脑中产生无限多的遐想空间，如图2-2中所画，一个4岁左右的幼儿在绘画时，常常会对自己所画的一些线条、图形进行漫无目的的想象，弯弯的一条线可能是一只在奔跑的小狗，也可能是一条躲藏在草丛中的蛇；两三个重叠的圆可能是宝宝的玩具，也可能是一条小青虫……

图2-2 幼儿绘画时的想象

（二）艺术教育能促进儿童思维能力的发展

儿童的艺术思维方式以外化的、直觉的、整体的、形象的把握方式为主。儿童能在不断的艺术活动体验中逐渐积累初步的概括能力、判断能力，比如：分辨音乐的风格、性质，知道这首歌曲或乐曲是活泼的还是宁静的，是快乐的还是忧伤的；能对不同风格、体裁和情绪性质的绘画作品作比较，进行大致的分类，而这些形象思维包含的判断、分类、概括、推理等一般认知活动的能力，都能在艺术教育活动中得到发展和提高。

五、促进儿童情感和意志力的发展

（一）艺术教育能促进儿童情感的发展

学前儿童的艺术活动中充满了情感色彩。一首好的音乐作品，一次成功的音乐教育活动，都能使儿童产生对音乐的情感共鸣，培养和激发儿童良好的情绪、情感。此外，在音乐教育活动中，儿童能广泛接触到表现不同情感、内容的音乐，由此，他们的情感世界会逐渐变得丰富而充实。例如：乐曲《洋娃娃的葬礼进行曲》是柴可夫斯基写给儿童的一首童话题材作品，表现儿童在认识、体验成人情感世界后的悲伤和无奈。欣赏、感受这样一首充满哀伤气氛的乐曲，能使儿童的情感体验更加丰富和深化。

同样，美术是儿童表现自我、抒发情绪情感的重要途径，是外化儿童情感的有效方式之一。儿童可借由线条、形象和色彩，直接地表达自己的喜怒哀乐。美术作为一种视觉语言，比文字更直接，也更具有包容性。当一个孩子发现笔可以在纸上或者画板上制造出运动轨迹的那一刻，他的兴奋只有身在其中的自己才可以理解。有人曾说："孩子的绘画作品中，即使是一根非常简单的线条，也表达了他们的情绪、情感。"

（二）艺术教育能促进儿童意志力的发展

意志是人根据一定的目的对自己的行为进行激发、维持、抑制等调节的一种心理过程，是个人成才的重要非智力因素之一。艺术教育在某种程度上也具有一定的促进学前儿童意志品质得到发展的潜力。艺术教育活动是一种有目的、有计划的教育实践活动，无论是按照自己意愿的绘画，还是学唱一首歌曲，都包括一定的艺术技能的学习。然而，掌握一种艺术技能并不容易，必须要有坚持不懈的精神和克服困难的勇气，这都离不开顽强的意志力。日本小提琴家铃木镇一创建的儿童音乐教育体系强调要坚持不懈地大量练习，其看中的教育价值不仅在于技能的习得和娴熟，应在于锻炼坚忍不拔的意志品质。此外，还有不少研究表明：受过良好的艺术教育的儿童能够在学习中表现得比一般儿童更具有目的性、坚持性和自制力。因此，艺术教育活动是培养和发展儿童意志品质的有效手段。

六、促进儿童个性和社会性的发展

（一）艺术教育能促进儿童个性的发展

个性是个体在物质活动和交往活动中形成的具有社会意义的稳定的心理特征系统，是区别于他人的稳定的、独特的、整体的特征。艺术教育对儿童个性发展的促进作用主要表现为：①艺术作为一种与儿童关系最为密切的活动形式，以其丰富的色彩、造型、音响等让儿童从中感受到快乐，从而培养其对艺术的兴趣，促进儿童个性倾向性的发展。②儿童在感受和表现艺术时，也需要有意识地认识到自己的活动状况，有意识地使自己的表现与艺术一致，并不断地反省由艺术引起的想象联想和情感体验，获得个性的进一步发展。

（二）艺术教育能促进儿童社会性的发展

音乐和美术是沟通情感、表达思想的艺术活动，人们可以借助它们进行思想沟通，并建立情感上的和谐关系。对于儿童来说，艺术教育能够为他们提供大量的人际交往和合作交流的机会，从而培养他们的交往观念和技巧。在各种集体或分组形式的艺术活动中，都需要儿童有一定的合作和交流的能力，通过教师的引导和协调，儿童逐步懂得与集体保持协调一致的重要性，并掌握了一些与集体协调一致的方法，在与集体合作的艺术活动中感受到快乐。此外，儿童在艺术活动中养成的自觉遵守活动规则的自律性和责任感也是其今后社会交往活动必须具备的素质。

第三节　学前儿童艺术教育的目标与内容

教育是人类的一种有目的、有计划的社会实践活动。这种目的性、计划性是任何教育都必须具备的一种特性，首先表现在实施教育之前就对其结果有了某种期望，而这种期望就是教育目标。可以说，教育目标是伴随教育实践活动的产生而产生的，它指导和支配整个教育过程，不仅决定着教育内容、方法、手段和组织形式，也影响着教师的观念和行为。因此，教育目标是一切教育实践活动的起点和归宿。

学前儿童艺术教育的目标与内容

一、学前儿童艺术教育的目标

学前儿童艺术教育的目标就是对学前儿童艺术教育所能达到效果的合理期望，只有明确了教育目标，才能顺利地进行学前儿童艺术教育。而在制定目标时，目标的制定者往往又会受到所处的社会时代背景、政治、经济、科学、文化以及对教育价值的定位和要求等诸多因素的影响。因此，目标的制定就成为一项整合学术性和政策性的工作，必须考虑儿童能力发展的特点和规律、社会对儿童教育的要求以及学科本身的特性等。

（一）学前儿童艺术教育目标的结构体系

学前儿童艺术教育的目标结构是指学前儿童艺术教育目标较为稳定的组织形式，其结构体系可以从纵向和横向两个角度来看。从纵向的角度来看，学前儿童艺术教育的目标具有一定的层次性；从横向的角度来看，其目标具有一定的分类性。

1. 学前儿童艺术教育目标的纵向结构

从纵向角度来看，学前儿童艺术教育目标可以分为4个层次。

（1）学前儿童艺术教育总体目标

这是对学前儿童艺术教育最终结果的期望。它规定了学前阶段艺术教育的总体内容和要求；同时，作为学前儿童教育内容的一个独立领域和组成部分，它与学前儿童的总体教育目标要求是相一致的。

（2）学前儿童艺术教育年龄阶段目标

这是指某一年龄阶段的艺术教育目标。在幼儿园，一般以一年为界，艺术教育目标可分为小、中、大班艺术教育目标。它在融合儿童艺术心理发展的规律和艺术学科本身特点的基础上，把学前儿童艺术教育的目标转化为循序渐进的每一年龄阶段的具体目标。它能为儿童的艺术学习和艺术能力的发展提供更具体的要求和方向。

（3）学前儿童艺术教育单元目标

单元目标一般有两种：一种是指"时间单元"，即在某一时间段（如一个月）内所要达到的艺术教育目标；另一种是指"主题单元"，即在一组有关联的主题活动中要达到的艺术教育目标。

（4）学前儿童艺术教育活动目标

这是指某一具体的艺术教育活动所要达到的目标，它是单元目标的具体化和展开，因此，活动目标是最具体的目标，必须具备可操作性。

通过上述4个目标层次的分析，我们能清楚地看到艺术教育目标体系的有序性，因此在制定目标时应思考如何将高层次目标转化为低一层次的目标，如何把握各层次目标的内涵以及相互间的关系，如何加强活动目标、活动内容和活动形式之间的联系，从而推动和促进艺术教育目标的有效达到。

2. 学前儿童艺术教育目标的横向结构

从横向角度来看，学前儿童艺术教育的目标可以分为认知、情感与态度、操作技能3个方面。

（1）认知目标

认知目标表述的是学前儿童艺术教育中各种有关的艺术知识，以及认识能力方面的发展要求。如："能正确地感知和理解歌曲中歌词和曲调所表达的内容、情感""能认识并辨别各种常用打击乐器及其音色特点"等。

（2）情感与态度目标

情感与态度目标包括在学前儿童艺术教育中儿童情感的体验和表达能力的发展，以及对艺术活动的兴趣和爱好的发展。如："乐意参与美术欣赏活动，体验并享受美术欣赏过程的快乐""喜欢摆弄打击乐器，喜欢参加集体的打击乐演奏活动"等。

（3）操作技能目标

操作技能目标是指在学前儿童艺术教育中儿童运用身体动作进行艺术体验和表达的技能。如："能够较自如地运用身体动作进行简单的随乐动作和表演""能够用圆形、方形、长方形、三角形等简单图形表现物体的轮廓特征"等。

（二）学前儿童艺术教育目标的指向

我国学前儿童艺术教育的目标，可参照2001年教育部颁布的《幼儿园教育指导纲要（试行）》和2012年教育部颁布的《3～6岁儿童学习与发展指南》。

1.《幼儿园教育指导纲要（试行）》

《幼儿园教育指导纲要（试行）》（简称《纲要》）把幼儿园教育划分为健康、语言、社会、科学、艺术五个领域。《纲要》明确规定了幼儿园艺术教育的目标：

①能初步感受并喜爱环境、生活和艺术中的美。
②喜欢参加艺术活动，并能大胆表现自己的情感和体验。
③能用自己喜欢的方式进行艺术表现活动。

根据《纲要》精神，艺术教育活动是对儿童实施美育的主要途径，应充分发挥其情感教育的功能，目的是引领儿童在艺术活动中感受美、体验美、表现美，最终促进儿童健全人格的形成。

2.《3～6岁儿童学习与发展指南》

《3～6岁儿童学习与发展指南》（简称《指南》）分别从健康、语言、社会、科学、艺术五个领域阐述了3~6岁儿童的学习和发展特点。《指南》中在艺术领域也提出了相应的健全和完善儿童人格的审美教育要求：

（1）感受与欣赏

①喜欢自然界与生活中美的事物。

②喜欢欣赏多种多样的艺术形式和作品。

（2）表现与创造

①喜欢进行艺术活动并大胆表现。

②具有初步的艺术表现与创造能力。

二、学前儿童艺术教育的内容

（一）对学前儿童艺术教育的内容要求

《纲要》中明确提出了幼儿园艺术领域教育活动的内容要求，具体如下：

①引导幼儿接触周围环境和生活中美好的人、事、物，丰富他们的感性经验和审美情感，激发他们表现美、创造美的情趣。

②在艺术活动中面向全体幼儿，要针对他们的不同特点和需要，让每个幼儿都得到美的熏陶和培养，对有艺术天赋的幼儿要注意发展他们的艺术潜能。

③提供自由表现的机会，鼓励幼儿用不同的艺术形式大胆地表达自己的情感、理解和想象，尊重每个幼儿的想法和创造，肯定和接纳他们独特的审美感受和表现方式，分享他们创造的快乐。

④在支持、鼓励幼儿积极参加各种艺术活动并大胆表现的同时，帮助他们提高表现的技能和能力。

⑤指导幼儿利用身边的物品或废旧材料制作玩具、手工艺品等来美化自己的生活环境或开展其他活动。

⑥为幼儿创设展示自己作品的条件，引导幼儿相互交流、相互欣赏、共同提高。

（二）学前儿童艺术教育的具体内容

按照学科特点，学前儿童艺术教育可分为音乐教育和美术教育两部分。

1. 学前儿童音乐教育

音乐是以声音塑造形象的听觉艺术，它以一定的节奏和旋律通过听觉影响幼儿的情感，同时使幼儿的听觉在音乐中获得更好的发展。音乐教育对于开发幼儿智力，发展其想象力、记忆力、活跃思维及培养良好的道德情操具有积极的促进作用。学前儿童音乐教育的内容包括歌唱活动、韵律活动、节奏乐活动和音乐欣赏活动。

2. 学前儿童美术教育

美术是一门艺术，也称造型艺术、视觉艺术或空间艺术，是运用一定的物质材料和手段，通过自己独特的艺术语言（线条、形状、结构和色彩等）塑造的可视的、平面的或立体的视觉形象来完成作品，表达作者对客观世界具体事物的情感和美化生活的一种艺术形式。学前儿童美术是儿童感知世界的一种方式，也是儿童自我表达的一种语言。学前儿童美术教育内容可分为绘画活动、手工活动和美术欣赏活动。

第四节　学前儿童艺术教育活动的实施与评价

一、学前儿童艺术教育活动的实施

下面将从学前儿童艺术教育活动实施的原则、注意事项两方面进行阐述。

（一）学前儿童艺术教育活动实施的原则

1. 审美性原则

审美性原则是指幼儿教师在学前儿童艺术教育中，无论是活动目标的制定、活动内容的选择，还是活动的实施都应该注意审美性。即活动目标应以幼儿审美心理结构的建构为主，活动的内容是有潜在的审美价值的，活动实施中应注意审美环境的创设，审美对象的感知、理解与创造，审美情感的陶冶等。

2. 参与性原则

学前儿童艺术教育应该是幼儿教师创设良好的艺术氛围，把学习任务转化为幼儿主动地、全身心地、全方位地参与体验艺术的活动过程。活动以幼儿为中心，把想与说、想与做、说与做结合起来，使艺术成为激发幼儿积极表达和创作的"心灵体操"，幼儿在快乐参与中完成学习任务，获得艺术审美的愉悦体验，进而培养他们对艺术的兴趣与爱好，提高他们的艺术审美能力。

例如，在开展中班音乐欣赏活动"小牧民"时，可以先让幼儿谈谈听到音乐的感受，头脑中会联想到什么样的景象，再让幼儿根据音乐的内容变换各种骑马动作，可以时而快、时而慢、时而轻、时而重、时而随音乐表演摔跤的动作，用语言、动作等多种方式让幼儿真正参与到音乐欣赏中，发展幼儿的音乐感受能力、表现能力与创造能力。

3. 愉悦性原则

遵循愉悦性原则，即将艺术教育与游戏这一幼儿学习的主要方式结合起来，用游戏的方式设计、组织学前儿童艺术活动，使原本枯燥的技能、技巧变得更容易掌握，唤起幼儿参与活动的兴趣。该原则一方面表现为在活动过程中，教师与幼儿共同沉浸于愉快的审美体验中，获得情感共鸣；另一方面表现为教师通过与幼儿共鸣的情感，通过艺术的魅力吸引、感染幼儿，使其自觉自愿、主动积极并富有创造性地在无拘无束、轻松愉快的氛围中参与艺术活动，在个性的空气解放中获得极大的享受和愉快。

4. 融合性原则

融合性原则是指在学前儿童艺术教育中运用各种教育与艺术形式所能提供的手段与方法，把各种艺术形式巧妙地融合在一起，把同一种艺术形式的各个方面融合在一起，把艺术学科和五大领域其他相关学科适当地融合在一起，把活动内容与环境有机地融合在一起，渗透于幼儿一日活动的各个环节中，极大地丰富活动内容，拓宽幼儿的艺术视野，激发幼儿的艺术学习兴趣，全面提高幼儿的艺术修养。

例如，在开展大班绘画活动"大家来做操"时，教师可以先带领幼儿观察欣赏小朋友做操的图片，分析他们的动作表情，然后再邀请几个小朋友到活动室中央表演各种做操的动作，使幼儿更直观地观察同伴做操的动态形象，为接下来的创作表现提供思路。同时，教师可以为幼儿提供用硬卡纸制作的四肢皆可活动的"小人"，方便幼儿亲自动手摆弄"小人"，自由变化出各种动态，进一步丰富幼儿的创作体验，提升幼儿对绘画主题的表现能力。在这一过程中，绘画这一艺术活动自然地和体育、科学等领域进行了巧妙的结合，给幼儿提供了更多更丰富的体验，极大调动了幼儿的绘画兴趣，提高了幼儿的艺术表现力和创造力。

5. 赏拙性原则

赏拙性原则要求幼儿教师能用欣赏的眼光来看待幼儿在艺术活动中稚拙的表现。幼儿用自己的思维方式和理解方式去看待周围的一切，解释周围的一切，尽管在成人看来这些理解往往是稚气的。幼儿教师要了解幼儿的这一特点，当他们大胆地表现时，要以欣赏的态度鼓励、肯定一切稚拙的表现，提高幼儿的自信心，激励他们创造、表现的欲望，并把幼儿的体验、经验放在首位，让幼儿自己去发现和理解，培养他们独立学习的习惯和能力。

（二）学前儿童艺术教育活动实施的注意事项

1. 建立平等宽松的师幼关系，给幼儿提供艺术创造的自由空间

在艺术活动过程中，幼儿教师的支持、鼓励，尊重幼儿的想象力、创造力是非常重要的。因此，幼儿教师要学会营造宽松的活动氛围，让幼儿展开想象的"翅膀"，画自己想画的，做自己想做的，说自己想说的，不要过分强调写实和表现技巧，不能用成人的眼光去看待幼儿的作品。好的作品往往来自想象和灵感，幼儿教师应肯定和鼓励幼儿大胆想象和表现的愿望，尽量启发幼儿表达自己对作品的构思并耐心倾听，善于发现他们的进步和独特之处，从而增强幼儿的自信心，萌发他们自由创作的愿望。

2. 支持和引导幼儿为实现自己的艺术表现而学习必要的技能

幼儿的艺术表达与表现需要相应的技能，而技能只有在表达与表现活动中才能获得，并为表达和表现服务。因此，要将技能、技巧的学习在幼儿感兴趣的艺术活动中转化为幼儿的需要，在幼儿有需要和兴趣时，帮助他们获得必要的技能。

当幼儿教师能够给幼儿创设宽松的环境，让他们在探索中积累经验，并在他们对学习艺术技能、技巧产生需要时运用观察、记忆、体验、联想、欣赏等方法进行指导，将会收到事半功倍的效果。

3. 通过多种途径进行艺术教育

（1）将艺术教育贯穿一日生活之中

幼儿艺术感知能力和创造能力的培养是长期的，是在充满艺术氛围的环境中和参加无数次的艺术活动中得到发展的。因此，学前儿童艺术教育不能仅局限于教师组织的艺术活动，应贯穿幼儿的一日生活之中。幼儿教师既可以带领幼儿到大自然和社会生活中积累感性经验，寻找艺术要素，培养艺术感知能力，也可以通过其他领域活动渗透艺术教育。

（2）创设良好的艺术教育环境

幼儿园艺术教育环境是一个广泛的概念，既包括较为抽象的组织文化环境，也包括显性的物质文化环境。一般而言，幼儿园创设的艺术环境更多的是关注如何在现行的物质环境中渗透审美元素，注重对幼儿园内、外环境进行整体的设计与规划，突出自然美、生活美和艺术美，并提供相应的与幼儿学习有关的支持，使幼儿时时刻刻都能感受到环境中蕴含的艺术气息，让幼儿在直接感受、体验和互动过程中形成审美的情趣和能力。

（3）加强幼儿园同家庭、社区间的协同合作，充分发挥艺术教育的作用

学前儿童艺术教育的健康发展，需要整合社会、家庭、幼儿园的艺术教育资源，强化大众的意识，让美的意识在纵向和横向两方面贯穿幼儿的人生。幼儿园与家庭的互动，从家庭方面增加了幼儿艺术教育的广泛性，使家长理解并最大限度地为幼儿提供接受艺术教育的条件。幼儿园与社会的互动，可以让幼儿了解社会文化基础，通过让幼儿参加各类社会文化艺术活动，有更多的机会去观摩、欣赏、表演和展示，并在其中体验艺术的魅力，培养美好的情操。

二、学前儿童艺术教育活动的评价

学前儿童艺术教育活动评价是指在系统、科学和全面地收集、整理学前儿童艺术教育信息的基础上,对学前儿童艺术教育的整体规划的评价,对学前儿童艺术教育目标、内容、组织形式和方法,幼儿艺术能力的发展,以及对提供艺术指导的幼儿园教师及其相关工作人员进行整体规划性评价。

对学前儿童艺术教育活动进行评价的目的:为幼儿教师修订和改进现有的艺术教育活动提供客观的依据;帮助幼儿教师提高教育水平,使幼儿教师将最有价值的艺术教育活动呈现给幼儿,最大限度地促进幼儿的发展。

(一)学前儿童艺术教育活动评价的原则

1. 方向性原则

方向性原则是指确定学前儿童艺术教育评价目标、构建学前儿童艺术教育评价指标体系以及进行评价活动。遵循方向性原则,要做到与学前儿童艺术教育总目标相一致,与党和国家的教育方针、政策和法律、法规的规定相一致。

2. 全面性原则

全面性原则是指评价的项目要全面、收集的信息要全面,不能片面强调评价指标中的某一项目。只有遵循了全面性原则,才能保证评价标准的全面性和在评价过程中收集信息的全面性,从而使评价工作更加科学、准确。

3. 激励性原则

激励性原则是指评价应促使评价对象继续努力或在进一步的活动中克服不足之处,增强活动效果的动机或期望。

4. 评价与指导相结合的原则

评价与指导相结合的原则是指要将评价与指导结合起来,通过指导把评价的结果上升到一定的理论高度加以认识,帮助评价对象更好地了解自己,扬长避短,争取更大的进步。

(二)学前儿童艺术教育活动评价的方法

1. 观察法

观察法是教师根据幼儿的特点和指标内涵的要求,有目的、有计划地在自然状态下(自然观察法)或控制状态下(实验观察法)观察幼儿并获取评价信息的方法。观察法主要是听和看,可充分利用录像机、照相机等作为辅助工具。观察法适用面广,收集资料的机会较多。例如,教师在组织幼儿使用各种美工材料进行某个主题的创作活动时,教师就可以用观察法了解不同幼儿使用工具的能力、美术技能、想象力、创造力等多方面的表现。

2. 作品分析法

作品分析法是指教师通过与幼儿一起分析作品,以获取有关信息的方法。例如,教师通过和幼儿合作收集幼儿不同时期具有代表性的美术和音乐作品,如泥塑、绘画、各种记录单、唱歌时的录像、一张反映几个幼儿正在合作探究某一事物时的摄影作品等,把作品和教师的文字记录放在一起,从而了解幼儿的发展情况,确认幼儿进步的情形。

3. 谈话法

谈话法是指教师与幼儿进行直接的交流,以获取有关信息的方法。谈话法适用于了解幼儿的心理状态,它不受文字能力的限制。谈话的方式可以是提问,也可以是讨论等其他比较自由的形式。

4. 档案评估法

档案评估法是一种综合性的评价方法，它融过程与结果于一体，兼容了多种具体评价法，如观察记录法、谈话法、作品分析法等。

档案评估法包括纸质档案袋记录法与电子档案袋记录法。纸质档案袋记录法是指将收集到的幼儿绘画资料、草图、歌曲、图谱，与对一些艺术作品的简单评论收集在档案袋中的方法。电子档案袋记录法是指教师在幼儿进行艺术活动的过程中，用相机拍摄或录制艺术活动的情况、艺术活动的步骤与艺术作品等。

5. 测试法

测试法是通过标准化的测量工具或教师自行设计和编制的艺术能力测验，对幼儿的艺术能力发展作出科学评价的一种方法。由于测试法多引用权威机构或者专家编制的标准化测验项目和试题，因而能比较真实而客观地反映幼儿的原始情况。这种评价方法的优势在于其科学性较强，有效度较高，特别适用于不同年龄幼儿或个别幼儿艺术能力发展水平、特点、趋势和差异的评估，以及用来收集教育前后幼儿发展变化的资料，从而作出客观的评价。

（三）学前儿童艺术教育活动评价的内容

1. 学前儿童艺术教育活动的评价

学前儿童艺术教育活动的评价包括活动设计、活动过程、活动效果评价。

（1）活动设计的评价

活动设计的评价主要是针对活动目标的制定、活动准备、活动内容与活动方法的选择、活动过程的安排进行评价。这一评价的进行有利于判断活动设计是否合理，活动是否取得预期效果等。

（2）活动过程的评价

活动过程的评价主要通过对教师的教和幼儿的学进行评价。

对教师教的评价主要从教师能否科学、合理地安排和组织活动，活动中能否成为幼儿的支持者、合作者、引导者，活动中的指导是否有效等方面进行。

对幼儿学习的评价主要从幼儿在艺术学习中表现出来的主动性、兴趣、专注性、独立性与创造性等方面进行。

（3）活动效果的评价

活动效果的评价主要是针对幼儿反映出来的教育结果进行评价，具体包括以下几个方面的评价：①评价幼儿在活动过程中的参与和学习态度——注意力是否集中，表现是否积极、主动等；②评价幼儿在活动中的情绪反应——精神是否饱满，情绪是否愉快、轻松等；③评价幼儿对活动预期目标的达成情况。

2. 学前儿童艺术学习与发展的评价

对学前儿童艺术学习与发展的评价应是多元的，既要关注幼儿在艺术领域知识技能的获得，也要关注幼儿的学习兴趣、情感体验、沟通能力的发展；既要了解某个幼儿一段时间内的兴趣、个性特点、学习方式、发展优势等，也要了解全体幼儿在艺术领域或某一个具体活动中的发展情况。《指南》分别对3~4岁、4~5岁、5~6岁3个年龄段末期幼儿在艺术活动中应该知道什么、能做什么、大致可以达到什么发展水平提出了合理期望。教师可以以此为标准来评价学前儿童艺术学习与发展。

（1）感受与欣赏（表2-1、表2-2）

表2-1　目标1　喜欢自然界与生活中美的事物

3～4岁	4～5岁	5～6岁
1. 喜欢观察花草树木、日月星辰等大自然中美的事物 2. 容易被自然界中的鸟鸣、风声、雨声等好听的声音吸引	1. 在欣赏自然界和生活环境中美的事物时，关注其色彩、形态等特征 2. 喜欢倾听各种好听的声音，感知声音的高低、长短、强弱等变化	1. 乐于收集美的物品或向别人介绍发现的美的事物 2. 乐于模仿自然界和生活环境中有特点的声音，并产生相应的联想

表2-2　目标2　喜欢欣赏多种多样的艺术形式和作品

3～4岁	4～5岁	5～6岁
1. 喜欢听音乐或观看舞蹈、戏剧等表演 2. 乐于观看绘画、泥塑或其他艺术形式的作品	1. 能够专心地观看自己喜欢的文艺演出或艺术品，有模仿和参与的愿望 2. 欣赏艺术作品时会产生相应的联想和情绪反应	1. 欣赏艺术作品时常常用表情、动作、语言等方式表达自己的理解 2. 愿意和别人分享、交流自己喜爱的艺术作品和美感体验

（2）表现与创造（表2-3、表2-4）

表2-3　目标1　喜欢进行艺术活动并大胆表现

3～4岁	4～5岁	5～6岁
1. 经常自哼自唱或模仿有趣的动作、表情和声调 2. 经常涂涂画画、粘粘贴贴并乐在其中	1. 经常唱唱跳跳，愿意参加歌唱、律动、舞蹈、表演等活动 2. 经常用绘画、泥塑、手工等多种方式表现自己的所见所想	1. 积极参与艺术活动，有自己比较喜欢的活动形式 2. 能用多种工具、材料或不同的表现手法表达自己的感受和想象 3. 艺术活动中能与他人相互配合，也能独立表现

表2-4　目标2　具有初步的艺术表现与创造能力

3～4岁	4～5岁	5～6岁
1. 能模仿学唱短小歌曲 2. 能跟随熟悉的音乐做身体动作 3. 能用声音、动作、姿态模拟自然界的事物和生活情景 4. 能用简单的线条和色彩大体画出自己想画的人或事物	1. 能用自然的、音量适中的声音基本准确地唱歌 2. 能通过即兴哼唱、即兴表演或给熟悉的歌曲编词来表达自己的心情 3. 能用拍手、踏脚等身体动作或可敲击的物品敲打出节拍和基本节奏 4. 能运用绘画、手工制作等表现自己观察到或想象的事物	1. 能用基本准确的节奏和音调唱歌 2. 能用律动或简单的舞蹈动作表现自己的情绪或自然界的情景 3. 能自编自演故事，并为表演选择和搭配简单的服饰、道具或布景 4. 能用自己制作的美术作品布置环境、美化生活

> **📖 案例展示 2-1**
>
> 中班歌唱活动：学唱《小黑猪》
>
> **活动目标**
>
> （1）感受歌曲幽默风趣的特点，通过图谱、动作理解歌词内容。

（2）根据教师的手势暗示，学习有起落地演唱副歌部分并能与同伴配合边唱边表演歌曲。

（3）体验小黑猪憨厚可掬的形象，懂得要坚持锻炼才不会肥胖的道理。

活动准备

知识准备：幼儿对双簧表演已有初步了解。

材料准备：歌曲《小黑猪》《健康歌》；根据歌词的内容制作成的多媒体画面4张（画面内容分别为"小黑猪""小猴子和小黑猪""黑猪爬树""小黑猪睡懒觉"）及副歌图谱；醒木（双簧表演的道具）若干，猪鼻子（纸板制作）人手1份。

活动过程

1. 副歌前置导入，了解副歌节奏

教师扮演"小猪"，提问导入情境：

（1）大家好，你们认识我吗？我长得怎么样？

（2）我可爱打呼噜了，你们知道我是怎么打呼噜的吗？

2. 学习副歌部分，掌握副歌节奏，并初步唱准音高

（1）完整地欣赏歌曲《小黑猪》（播放录音），重点聆听副歌部分。

（2）幼儿讨论：小黑猪是怎么打呼噜的？能用手拍出节奏吗？什么地方比较难唱而且容易唱错？

（3）教师范唱副歌部分，幼儿根据教师在副歌旋律起伏部分的手势暗示，感受音高。

指导要领：副歌第一乐句身体和手向上，第二乐句身体和手向下，第三乐句身体和手向上，第四乐句身体和手回水平位。

（4）出示副歌图谱，引导幼儿巩固对节奏型"｜×××× ×× ｜ × — ｜"的掌握，并尝试唱出副歌旋律的起落。

①提问：（图谱中）箭头向上代表声音应唱得怎么样？箭头向下呢？

小结：箭头向上，声音唱得高一点；箭头向下，声音唱得低一点。

②再次聆听副歌部分，教师引导幼儿在倾听过程中跟随自己一起拍出该部分的节奏。

谈话：小黑猪睡觉的时候发出什么声音？当唱到小黑猪打呼噜的时候，大家一起帮忙拍手伴奏吧。

（5）尝试与教师一起拍手唱出副歌部分。

3. 通过范唱及图片指引，学习主歌部分，重点理解歌词，熟悉基本旋律。

（1）教师完整地范唱整首歌曲，重点引导幼儿了解歌词内容。

师：小黑猪为什么会在树下睡觉呢？让我们来听一听！

（2）幼儿倾听教师再次范唱主歌部分，并借助多媒体画面理解歌词。

师：小黑猪长得什么样？它想做什么？后来发生了什么事情？

（3）幼儿回答，教师帮助幼儿归纳出主歌部分的歌词。

（4）教师引导幼儿根据歌曲旋律有节奏地朗诵歌词，配合画面播放，帮助记忆歌词。

（5）引导幼儿尝试跟随教师唱出主歌部分，重点指导旋律与歌词的对应之处。

4. 创编动作，幼儿边表演边复习演唱

（1）完整欣赏全曲，幼儿根据每一句歌词内容，分乐句创编相应的动作和表情。如

胖乎乎的小黑猪、小黑猪爬树、小黑猪抱不住树干摇摇欲坠的样子，重点表现出小黑猪在树底下形态各异的睡懒觉动作。

（2）教师帮助幼儿提炼所创编的动作，带领幼儿一边巩固动作一边演唱歌曲。

5. 幼儿尝试简易的"双簧"表演，学习与同伴合作表演，巩固对歌曲的掌握

（1）幼儿欣赏教师的表演，了解双簧表演唱的特点。

师："两只小黑猪"来了，她们今天要给我们表演节目。我们一起看看她们是怎么表演的？（与配班老师示范表演）

玩法：敲击一下"醒木"后，一人坐在前面跟随歌曲做相应的动作，一人蹲在其后面唱歌。唱完歌曲后，后面的人亮相，用各种有趣的方式（如轻拧耳朵、挠痒痒、揉揉肩等）唤醒前面的人（饰小黑猪）：小黑猪，别睡懒觉啦！

（2）全体幼儿两两自由结伴表演，让每个幼儿都有机会体验两种不同的角色。

师：你们找一个好朋友商量一下，谁先坐在前面表演，谁蹲在后面唱歌。商量好了我给坐在椅子上表演的小朋友贴上有趣的猪鼻子。

6. 结束部分

在歌曲《健康歌》的伴奏下，幼儿扮演"小黑猪"退出活动室。

师：小猪宝宝们，别睡了，要减肥了，跟我一起到外面锻炼锻炼吧！

活动延伸

在区域活动中继续进行简易"双簧"表演。

附歌曲：小黑猪

$1=C$ $\frac{2}{4}$ 佚 名 词 / 沈 颖 曲

（乐谱略）

活动评析

歌曲《小黑猪》音乐形象鲜明，旋律简单，风格诙谐、幽默，能调动幼儿参与活动的积极性。活动开始采用副歌前置导入，然后引导幼儿学习副歌部分，掌握节奏与音高。再学习主歌部分，掌握歌词与旋律。在学习的过程中注重启发引导，如在学习节奏时，让幼儿进入"小猪"角色的状态中，引导其通过打呼噜来探索并掌握副歌歌词的节奏。最后，考虑到中班幼儿对作品中形象动作和体态模仿比较感兴趣，还设计了让幼儿进行歌曲表演创编的环节；同时，尝试结合简易的"双簧"表演形式进行演唱，让幼儿在轻松、愉快的表演过程中既能感受到歌曲幽默活泼的风格，又能再一次掀起他们演唱歌曲的小高潮，这样的练唱必然事半功倍。

> **拓展阅读 2-1**
>
> **艺术教育，请别压抑儿童天性**
>
> 下面是两个耐人寻味的小故事：
>
> 故事1：上海市某儿童画展，一幅小朋友的作品上有一个洞，评审老师好奇地问这位小朋友：这是不是一幅破损的作品？孩子回答：这是进入世外桃源的入口。许多评委老师都被深深触动，这就是孩子的心灵，纯净如水，且充满想象力。
>
> 故事2：一个孩子，5岁的时候，他会画夸张齿轮下的蜗牛，7岁的时候，他会画厨房里怪异的大青虫，可是，10岁的时候，他只会在老师的指导下，和同学们一起画一个中规中矩的小学生……孩子自己也很困惑，为何长大后小时候的想象力不见了。
>
> 这两个故事有共同的关键词——"何为最恰当的艺术教育"。结合这一问题，许多专家的观点发人深省。
>
> 1. 我们真的懂孩子吗
>
> 法国有一位著名的风景画家说过：我每天早上起来向上帝祈祷，让我像儿童一样看待世界，儿童的世界是天真的，他们看到的世界都是活的。
>
> 著名画家陈丹青也曾说过：我不是在教你学画画，我是在教你用眼睛观察世界，然后把你的想法画出来，我也不是教你画世界，而是画你的心。
>
> 两位艺术家的话反映了一个共同的主题，对儿童开展艺术教育要以孩子的思维和视角为中心。为此，首都师范大学杨景芝教授强调："一株长生草，周围有很多小天使。这是为什么？孩子说，长生草能长生是有天使守护。是的，长生草有天使守护，可孩子的想象力该由谁守护？我们成年人常犯一个错误，用成人的思维看孩子，我们要蹲下来，赞赏他的创造力。"
>
> 2. 孩子需要的是什么
>
> 孩子需要的是什么，是音乐还是音乐课，是美术还是美术课？这个问题看似突兀，仔细回味却内涵颇深。如何在对儿童开展艺术教育的过程中，尊重孩子的天性，保护孩子的想象力与创造力，是当前开展儿童艺术教育过程中最大的难题和挑战。
>
> 许多专家表示，儿童天生就是探索家、创作家、想象家。对他们的思维启蒙是最重要的。教育工作者不应仅关注艺术技巧，而忽略孩子的创作天性，导致他们的思维模式和工作方式被禁锢在圈子里。

实践活动

1. 请为大班绘画活动"美丽的白天鹅"设计游戏环节，帮助幼儿了解天鹅的特征，学会画各种大小、姿态、动作的天鹅。
2. 收集幼儿园不同年龄班幼儿的美术作品，借助作品分析幼儿园美术教育活动的开展情况。
3. 观摩一个幼儿园音乐教育活动，结合学前儿童艺术活动实施要求进行分析。

思考与练习

1. 学前儿童艺术教育有哪些特点？它对促进学前儿童发展有什么意义？
2. 如何理解《纲要》与《指南》提出的学前儿童艺术教育目标？
3. 实施学前儿童艺术教育时有哪些注意事项？
4. 学前儿童艺术教育活动评价的原则、方法、内容分别是什么？

第三单元 学前儿童音乐教育概述

① 知识目标

了解学前儿童音乐教育的含义，明确学前儿童音乐教育的目的与任务，掌握学前儿童音乐教育实施的途径和方法。

② 技能目标

能够结合学前儿童音乐教育的目的、任务与实施方法对学前儿童音乐教育活动进行理性分析。

③ 情感目标

激发对学前儿童音乐教育的向往，树立对学前儿童音乐教育严谨负责的态度。

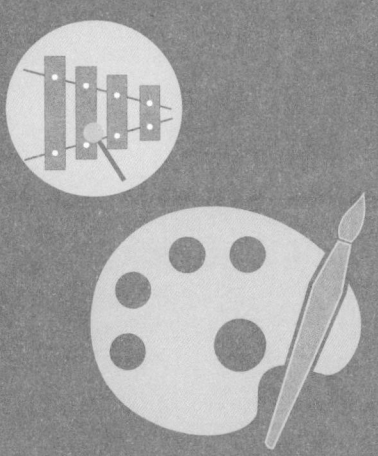

内容图解

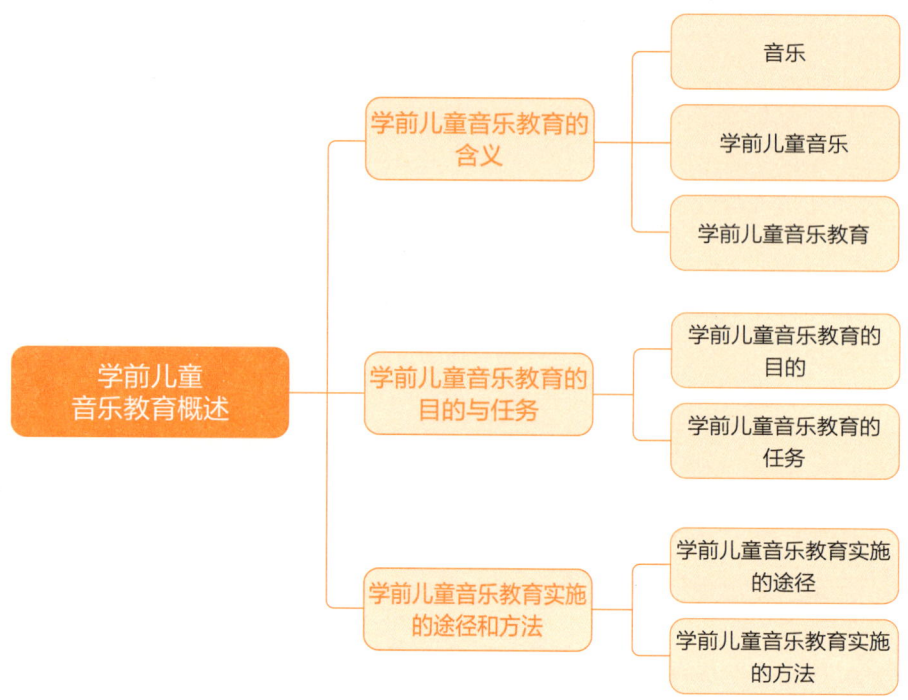

 引导案例

听……

某幼儿园的活动室里新进了一批各种不同的音乐材料，幼儿兴奋地敲击着、倾听着、商议着。贝贝拿着两只小瓶子在耳朵边轻轻地摇晃着，听到瓶子发出的清脆响声，她兴奋地对旁边的小伙伴说："听，多像一只小鸟在树林里叽叽喳喳地叫呀！"乐乐听了也不甘示弱，拿起两块积木敲击着说："听，这是啄木鸟在啄树干、捉害虫呢！"这时，奇奇也拿着两个竹筒从另一侧跑过来，用力地来回摩擦着两个竹筒说："瞧，小青蛙在荷叶上唱歌呢！"

这样的片段在幼儿园每天都会发生，幼儿天真、活泼，充满了创造力与想象力，外界一个小小的刺激都会引发他们丰富的想象力从而激发一次音乐探索活动。著名的发展心理学家、美国哈佛大学教授加登纳曾经说过："在个体可能具有的所有天赋中，音乐天赋是最早出现的。儿童对音乐有着一种特殊的敏感和接受能力，可以说幼儿是天生的音乐家。音乐作为一种艺术美，对儿童的心灵有着强大的感染力，它那独特的艺术形象对儿童听觉、记忆、兴趣、想象、情感、性格等心理过程的形成，有积极的潜移默化的作用。"那么，学前儿童音乐教育活动的任务是什么？怎样才能让音乐活动带给幼儿更多的快乐、更多的启发和收获呢？本单元将重点阐述这些问题。

音乐是智慧的教育，它是灵动的语言和生命律动的融合。有音乐相伴的生命开端会更丰富，更富有想象力和创造力。音乐教育的目的是让儿童在音乐的海洋里用自己的眼睛观察世界，用自己的心灵感悟世界，用自己的幻想打造世界，用自己的双手创造更加美丽的世界。所以，音乐具有五彩斑斓的颜色，它不仅属于专业音乐工作者，还是每个儿童都可以用心聆听的艺术。在音乐教育中促进儿童的成长和发展，符合儿童的年龄特点和发展需要，反映了儿童音乐教育的本质属性，也体现了音乐教育的价值和意义。

第一节　学前儿童音乐教育的含义

一、音乐

音乐是用有组织的乐音创造音乐形象来表达人们的思想情感，反映现实生活的一种艺术。

学前儿童音乐教育概述

（一）音乐的本质

音乐是艺术的组成部分，具有艺术的特性，是对社会生活的反映。但这种反映不是对现实生活中声音的自然模仿，也不是对现实生活的直白描述，而是音乐家将现实生活中的音乐素材进行加工、提炼、整理，然后把个人对社会生活的理解、思考、体验等进行艺术概括，并通过一定的音响形式表现出来。所以，音乐是对社会生活的主观反映，是一种社会审美生活的主观反映。

（二）音乐的基本特征

1. 音乐是声音的艺术

音乐是以声音为表现手段的一种艺术形式，音乐意象的塑造，是以有组织的声音为材料来完成的。音乐的声音是非自然性的，是通过人的创造性艺术活动创造出来的音响。构成音乐意象的声音是一种有组织有规律的和谐的音乐，包括旋律、节奏、调式、和声、复调、曲式等要素，总称为音乐语言。

2. 音乐是听觉的艺术

音乐既然是声音的艺术，那么，它只能诉诸人们的听觉，所以，音乐又是一种听觉的艺术，人们用听觉感知音乐。不过，人们在创作和欣赏音乐时，虽然主要是通过听觉的渠道，接受的是听觉的刺激，但由于通感的作用，也可能引起视觉意象，产生丰富生动的联想和想象，进而引起强烈的情感反应，体验到音乐家在作品中表达的思想感情和意境，从而获得美感，并为之感动。

3. 音乐是情感的艺术

音乐采用的感性材料和审美形式——声音最符合情感的本性，最适宜表达情感。音乐通过音色、音调起伏、节奏速度等表现手段直接、真切、深刻地表达人的情感，或庄严肃穆，或热烈兴奋，或悲痛激愤，或缠绵细腻，或如泣如诉……

4. 音乐是时间的艺术

音乐是在时间进程中运动着的时间艺术，音乐要在时间里展开，在时间里流动。我们欣赏音乐，首先从细节开始，从局部开始，直到全曲奏（唱）完，才会给我们留下整体印象。只听音乐作品中的个别片段，不可能获得完整的音乐意象。

5. 音乐是表演的艺术

音乐作品不像文学或绘画那样，只要作者创作完成，创作过程结束，就可以直接供人们欣赏了。音乐作品必须通过演唱、演奏等"再度创作"过程才能使乐谱上的作品成为活生生的艺术供人们欣赏，是需要由表演进一步再创造的艺术。即只有通过表演这个中间环节，才能把作品表达的意象传达给欣赏者，实现作品的艺术审美价值。

二、学前儿童音乐

学前儿童音乐指的是幼儿所参与的音乐活动，反映了幼儿对音乐的感受理解、表现和创造以及他们对周围世界的认识和情感。

叶圣陶先生说过，音乐是世界的语言。可见音乐是一种人人都能理解、不需要翻译、可直接交流思想感情，并能产生共鸣的"世界语"。但是，音乐对幼儿和成人的意义不完全一致。对成人而言，音乐是用声音表达人们思想感情的一门艺术，是人类智慧结晶的高雅艺术；而对幼儿来说，音乐是获得精神满足和审美愉悦的艺术游戏。

学前儿童音乐具有以下2个特点。

1. 愉悦感染性

音乐是情感的艺术，学前儿童音乐活动作为一种幼儿的艺术审美活动，其实是幼儿最初的、最本真的一种生命成长活动。音乐对幼儿的影响往往不像语言表述那样直截了当，而是像春雨点点滴滴渗透到幼儿的心灵深处，起着熏陶、感染的作用。

幼儿在音乐活动中，会被音乐作品中描绘的感人的形象、生动的情境感染，从而产生情感上的共鸣。我们可以看到，幼儿在优美的催眠曲中投入地哄着手中的娃娃，表情安详、动作轻柔，完全沉浸在音乐和角色中。

2. 审美教育性

人类社会从古至今都非常重视音乐教育，把音乐教育作为美育的重要内容之一。在音乐活动中，幼儿通过倾听和表现音乐的过程感受音乐丰富的内涵，提升自身在音乐方面的修养。我们可以把音乐教育寓于愉快的音乐感受和音乐表现之中，引导幼儿在愉快活泼、富有艺术特点的活动中接受教育；把教育寓于欢乐的音乐活动之中，以"乐"作为对幼儿进行教育的有效手段，以促进幼儿性格活泼开朗、身心健康、精神满足，德、智、体、美等方面同时受到教育。

三、学前儿童音乐教育

音乐教育是以音乐为艺术手段和内容的审美教育活动，是美育的重要组成部分。

学前儿童音乐教育是以幼儿能够理解和接受的音乐为艺术手段和内容的、面向幼儿的教育实践活动。学前儿童音乐教育作为学前教育的一个方面和要素，既要遵循学前教育的一般规律，又要体现出自身的特殊规律——用音乐进行教育和教幼儿音乐。一方面，通过学前儿童音乐教育让儿童认识表现音乐的各种符号手段，掌握必要的演唱、演奏技巧，同时学会感受音乐、理解音乐和表现音乐，培养和发展儿童的音乐能力与音乐才能。另一方面，儿童学习音乐的过程不仅是儿童逐步学会认识音乐、把握音乐、养成对音乐的积极态度的过程，更是儿童在身体、智力、情感、个性、社会性等方面获得全面、和谐发展的过程。

以音乐为手段，在音乐教育过程中促进儿童的全面发展，是指除教给儿童一些基本的音乐知识、技能技巧、感受表现等音乐本身的东西外，还必须使儿童在精神与心灵等方面获得更多有益的东西。

第二节 学前儿童音乐教育的目的与任务

学前儿童音乐教育是在儿童学习音乐的过程中进行的教育工作,它是人一生中最早的音乐教育。在学前教育阶段,可以通过音乐教育发掘儿童的潜能,塑造儿童健康活泼的个性,促进儿童全面和谐的发展。

一、学前儿童音乐教育的目的

音乐教育对学前儿童有着全面、深刻的影响,学前儿童音乐教育的目的主要有以下几点。

(一)陶冶性情,与美育相互融合

热爱音乐是儿童的天性,他们带着好奇和探究的心理来到这个世界,睁开眼睛就要寻觅鲜艳、明快的色彩,看五彩缤纷的世界;竖起耳朵就要倾听母亲的声音和环境中丰富多变的音响。美丽鲜艳的色彩与图案可以满足儿童视觉的需要,而优美动听、欢快活泼的音乐便是他们听觉需要的最好刺激。儿童生活在想象的世界里,一块积木、一堆沙土、一个小动物等,都能为他们提供丰富的想象天地。同样,生动形象、富有表情的音乐旋律与节奏,尤其是一些描述性的、模拟性的、能激发儿童想象力的材料,可以使他们从中领略到大自然的流水淙淙、鸟语花香、蜂蝶飞舞、万马奔腾等美妙动人的场景。

音乐是表情达意的艺术,儿童恰恰具有喜形于色、感情外露的特点,他们还难以用言语表达内心的情感和体验,而音乐中强烈的情绪对比、鲜明的感情描写可以抒发他们的内心感受。所以,儿童发自内心地喜欢音乐,以至于常常情不自禁地随着音乐手舞足蹈。由此可见,音乐可以陶冶儿童的情感,保持和发展儿童的想象力并激发他们对生活的无比热爱,以及对美好未来的无限憧憬。

(二)寓教于乐,与德育相互渗透

音乐教育对儿童德育的发展是不言而喻的。任何思想品德教育如果没有情感做基础,只能成为空洞的说教。而音乐教育能以德育培育儿童良好的情感基础。音乐在实现其思想教育的作用时,并不靠强制的方式,而是依靠优美动听的音乐本身潜移默化地产生作用。在《荀子·乐论》中有云:"夫声乐之入人也深,其化人也速。"可见,人们很早就认识到了音乐的教育作用和以乐感人的教育方式。例如,《一分钱》这首儿童歌曲以一个儿童的口吻叙述了他把一分钱交给警察叔叔的经过,全曲天真活泼、充满稚气,毫无说教的味道,非常自然地赞扬了拾金不昧的美德。

大多数音乐活动是集体活动,无论是音乐游戏、器乐合奏,还是合唱,都能培育人的集体主义精神,遵守纪律的习惯,以及形成人与人紧密合作的良好道德。国外许多学者已经把音乐活动当成培养新一代社会道德规范的早期教育行为来研究,并使其在教育中占有非常重要的地位。

(三)启迪智慧,与智育相辅相成

音乐教育能促进智育的发展,正确的音乐教育对儿童智力的发展确实有着积极的促进作用。科学研究表明,音乐活动不仅依赖于大脑皮质的分析机制,还依赖于那些主观感受和动机的皮质的分析机制和那些主观感受与动机的次皮质结构,而这些结构对人的智力发展起着至关重要的作用。例如,让初生婴儿在哺乳、活动或睡眠时听一些优美、愉快的音乐,可以使婴儿的朦胧期缩短,学语期提前。

英国科学家贝弗里奇说:"音乐有助于直觉……在感情上,音乐带给人的快感近似于创造思维活动带给人的快感,而适当的音乐能帮助造成适合于创造性思维的情绪。"爱因斯坦每当研究问题遇到困难时,就把自己关起来演奏音乐,他常在音乐中重新获得灵感。其原因正是音乐使他的思路从逻辑的束缚中解放出来,重新唤醒他的创造力。所以,他说:"真正的科学和真正的音乐要求同样的思维过程。"正因为如此,许多成功的科学家与音乐有不解之缘,爱因斯坦会拉小提琴,普朗克擅长演奏钢琴,波尔兹曼有很高的音乐欣赏能力,耗散结构理论的创始人、诺贝尔奖获得者普里高津和一般进化论的创设人、美国系统哲学家拉兹洛都是钢琴家。

(四)以美促健,与体育相得益彰

优美的音乐可以促进人的身心健康发展。事实上,在人类的音乐发展史中,音乐始终是与人体的运动分不开的,"诗、乐、舞三位一体"也是这一观念的体现。许多作曲家强调音乐与身体或手势语言之间的密切联系,他们认为从某种程度上说,音乐本身最好被看成一种延伸了的手势、一种由身体所执行的运动或方向。著名作曲家斯特拉文斯基甚至认为音乐必须被看见,这样才能得到恰当的吸收。他强调,一个人在听音乐时必须看演奏者演奏。确实,听音乐会的录音给人心灵的震撼要比亲临现场观看演出差得多。幼儿普遍会把音乐运动与身体运动自然而然地联系起来,他们觉得不伴以某种身体运动是唱不出来歌的。瑞士音乐教育家达尔克罗兹提出,具有体态律动配合的音乐教学法体现了音乐与律动的密切联系。他认为音乐的学习应该从有关运动的经验开始。

从特征上说,音乐源于人类内在的情感活动,既有益于身心健康,又能培育健全的情感能力。

二、学前儿童音乐教育的任务

根据《纲要》和《指南》中艺术教育的目标、内容与要求、指导要点,我们可以将学前儿童音乐教育的具体任务归纳为以下四个方面。

(一)激发学前儿童对音乐的兴趣和爱好

学前儿童音乐教育不是为了培养小演奏家、小舞蹈家和小歌唱家,而是为了培养儿童对音乐的兴趣和爱好,通过音乐使儿童萌发美感,通过具体的音乐活动使儿童的认知、情感、智力和技能得到健康发展。教师应该根据儿童学习的特点使儿童对音乐活动抱有积极的态度,并使这种兴趣得以巩固、保留,以至于成为终身的需要。激发学前儿童对音乐的兴趣,首先要遵循儿童的生理、心理特点,选用合适的音乐活动内容,采取生动活泼的指导形式,培养和发展儿童对音乐的兴趣。其次,在音乐活动中,应该加强师幼之间的情感交流,创设一种平等、宽松、和谐的气氛,以此来激发儿童对音乐活动的兴趣。

(二)重视学前儿童音乐能力的培养

促进学前儿童音乐素质的发展是学前儿童音乐教育的重要目标之一。其中,音乐能力的发展是音乐素质发展的一个重要方面,它包含音乐感受力、表现力和创造力等,是多种音乐能力的综合。音乐感受力是指对音乐作品反映的情绪和思想感情的体验能力。音乐的表现力是指在音乐感受力的基础上,把自己对音乐的理解和感受,通过自己的声音或动作表达出来的能力。音乐创造力是指幼儿根据自己的想象,创造性地表现歌曲、舞蹈等的能力。

早期音乐能力的发展水平对于幼儿以后能否顺利从事音乐活动或者是否能接受更高层次的音乐教育起着决定性作用。音乐能力人人具有,大多数儿童不是不具备音乐能力,而是由于在他最容易接受音乐训练的年龄缺少"耳朵"和"心灵"的训练，这种天生的音乐能力没能被激发。为了有效地提高儿童的音乐能力，帮助他们形成初步的音乐概念，为他们进一步接受良好的音乐教育打下坚实的基础，教师应指导儿童在歌唱活动、韵律活动、欣赏活动和节奏活动中，对音乐的旋律、节奏、速度、力度、结构形式等音乐表现手段有所感受。

（三）指导学前儿童学习简单的音乐知识和技能

学习一定的音乐知识和技能是学前儿童能够比较顺利地进行音乐实践活动的基本手段。音乐是一门技术性很强的艺术，技能的训练势必在音乐教育中占据一定的地位，而技能的训练又必须以一定的音乐知识为前提。儿童只有掌握了基本的音乐知识，具备了一定的演唱、演奏技能，才能在听、唱、动、奏等音乐实践活动中深刻地感受和表达音乐艺术的美。知识的学习和技能的训练不能忽略审美能力的培养，要防止过分地以一些专业训练的要求来对待儿童，枯燥的技能训练是无益的。

（四）面向全体儿童，提倡艺术学科的综合

学前教育阶段音乐教育的任务不是为了培养音乐的专门人才，而是面向全体儿童，使每个儿童都能够有机会接触音乐、感受音乐和表现音乐，尽可能充分开发他们的音乐潜能，并使他们从中感受到美和快乐。音乐并不是少数人的奢侈品或工艺品，也不是音乐专业工作者的私家传承，音乐应该是每个儿童生活的一部分。音乐活动的全部内容应以儿童为主体，师幼互动，将儿童对音乐的感受和音乐活动的参与放在重要的位置。

第三节　学前儿童音乐教育实施的途径和方法

如何运用一种更科学的方法让儿童学习音乐，是学前教育工作者在实施学前儿童音乐教育时应该着重考虑的问题。

学前儿童音乐教育实施的途径和方法

一、学前儿童音乐教育实施的途径

学前儿童的年龄特点及学前教育的特点决定了学前儿童接触音乐的途径，以及教师通过音乐对学前儿童进行教育的途径必然是灵活多样的。根据儿童生活范围的不同，我们可以从幼儿园的音乐教育活动、家庭中的音乐教育活动和社会中的音乐教育活动三个角度进行阐述。

（一）幼儿园的音乐教育活动

幼儿园的音乐教育活动是教师有目的、有计划地利用幼儿园的环境对幼儿实施音乐启蒙教育的过程。它是实现学前儿童音乐教育目标、落实学前儿童音乐教育内容、完成学前儿童音乐教育任务的重要途径。幼儿园音乐教育活动一般可分为专门的音乐教育活动和渗透性的音乐教育活动。

1. 专门的音乐教育活动

专门的音乐教育活动，是指教师根据学前儿童音乐教育的目标和任务，有目的、有计划地安排专门的时间和空间，选择以音乐为主的活动内容和材料，组织全体幼儿参加的活动，是幼儿园的音乐集体活动。这类活动能够向幼儿提供比较系统的音乐教育，并为幼儿提供参与的机会，将他们在日常音乐活动中获得的音乐经验进行提炼和深化。此类活动可以是单独的一个音乐教育活动，也可以是围绕某一个主题展开的系列音乐教育活动。例如，围绕音乐作品《数鸭子》展开的

活动，既可以包含歌唱、韵律活动，又可以包含音乐欣赏和音乐游戏的内容。

2. 渗透性的音乐教育活动

渗透性的音乐教育活动，是指在专门的音乐教育活动以外，随机、灵活地渗透在幼儿一日生活及其他教育活动之中的丰富多样的、"隐性"的音乐教育活动。这些音乐教育活动的价值在于为儿童提供广泛的、丰富多彩的学习音乐和运用音乐的机会；强化、深化儿童其他方面的学习经验，为儿童的思维、想象、表达提供一种非语言的方式；调剂儿童的生活，使儿童的各个生活环节经常在优美动听的音乐声中进行，从而给儿童提供获得快乐的源泉。

渗透的音乐教育活动大致可以分为以下几类。

（1）日常生活中的音乐活动

在幼儿园，幼儿每天都要进餐、睡眠、盥洗、如厕、散步、早操……这可以说是幼儿必不可少的生活内容。在这些活动中，教师可以随机、灵活地安排与音乐相关的内容，如在早操中使用音乐伴奏，散步时唱歌，进餐及午睡前后播放背景音乐等。

（2）其他领域活动中的音乐活动

学前教育机构的教育活动是以多种形式有目的、有计划地引导幼儿生动活泼地主动活动的教育过程。各领域的内容是相互影响、相互渗透的。在语言教育中，对幼儿进行节奏、重音、重复及音韵的教育，在发展幼儿口头表达能力的同时，很自然地将音乐的某些要素进行融合；在美术、体育活动中，为了增强幼儿参与活动的兴趣及积极性，也会使用音乐参与教学。

（3）游戏活动中的音乐活动

游戏是幼儿的基本活动，是幼儿园主要的活动形式之一。幼儿园的游戏形式多样，在各类游戏中可以有机地渗透音乐教育内容，如角色游戏、表演游戏、体育游戏、玩沙、玩水等。因此，教师应为幼儿创设各种区域游戏环境，准备丰富的活动材料，使其在愉快的氛围中获得发展。

（4）节日活动中的音乐活动

节日活动中的音乐活动是指为庆祝某一节日而组织的各类音乐表演或娱乐性活动。在幼儿园，这类活动很多，如庆祝六一儿童节等，幼儿通过音乐演出或联欢活动，体验音乐带来的快乐，从而提高对音乐的兴趣和爱好。

从以上分析可以看出，幼儿园专门的音乐教育活动比较侧重于音乐的掌握，渗透性音乐教育活动则比较侧重于音乐的应用，二者对幼儿的发展发挥着不同作用。但在现实教育实践中，专门的音乐教育活动在幼儿园一直普遍受到重视，而渗透性的音乐教育活动由于其"隐性"原因而很容易被大家忽视。因此，教师必须转变观念，充分发挥渗透性的音乐教育活动对幼儿的影响。

（二）家庭中的音乐教育活动

家庭是社会的细胞，是最基本的社会单位。自降生起，家庭就是人类个体第一个归属群体。父母就是直接学习的对象，是孩子终身学习的老师。对于幼儿来说，家庭具有其他教育所无法代替的作用。音乐教育也同样如此，家庭为幼儿提供了最早的音乐教育环境，母亲成为幼儿的第一任音乐教师，甚至这种音乐教育可以提前到胎教。因此，家庭音乐教育对幼儿的成长和发展起着启蒙、奠基的作用。古今中外，许多音乐大师都是在学前阶段接受了良好的家庭音乐教育。这就要求幼儿园要与家庭沟通，共同促进幼儿的音乐发展。

（三）社会中的音乐教育活动

社会中的音乐教育活动指幼儿园和家庭以外的社会其他机构和场所提供的早期儿童音乐教育形式，包括各种音乐训练班、儿童音乐表演团体、儿童音乐技能比赛等，也包括广播、电视等音乐节目。

来自社会的音乐教育内容灵活，活动方式多样，能达到幼儿园、家庭所不能达到的效果。例如，音乐欣赏在幼儿园、家庭只能借助音乐录音、录像进行，而在社会的教育环境中，幼儿可以亲临音乐会现场，直接感受音乐的效果，更有利于开阔幼儿的音乐视野。每个幼儿都享有接触音乐、亲近音乐和了解音乐的机会和权利，在音乐教育活动中，幼儿可以通过同伴互动自然发展社会交往能力。总之，社会音乐教育能达到家庭和幼儿园音乐教育所达不到的效果。

然而，社会音乐教育的发展也会给幼儿的音乐成长带来一些不利的影响，特别是某些媒体传播的一些不利于幼儿成长的生活态度和行为方式的音乐活动，将对幼儿产生消极的影响甚至伤害。因此，我们要积极创造健康的社会音乐环境，丰富幼儿的音乐生活，促进幼儿健康、和谐地发展。

二、学前儿童音乐教育实施的方法

学前儿童音乐教育实施的方法包括以教师为主体发起的音乐活动指导方法、以儿童为主体参与的音乐活动学习方法。

（一）以教师为主体发起的音乐活动指导方法

1. 直观演示法

直观演示法是指在学前儿童音乐教育活动中，教师借助演唱、演奏、动作表演或一定的图片、实物等直观性手段，使儿童通过直观感受获得清晰的音乐表象，提高学习兴趣，从而优化学习效果的一种方法。

例如，在中班歌唱活动"大吊车"中，教师为幼儿范唱歌曲时，可以边演唱边演示提前准备好的玩具吊车，"大吊车呀像大象，它的鼻子长又长，吊起了什么？什么？吱，吱，一个大狗熊"，教师随着旋律的起伏摆动吊车长长的吊杆，让幼儿更直观、生动地理解歌词和旋律的高低变化。

2. 示范法

示范法主要是指教师用现场演唱、演奏、做动作表演等方法向儿童提供活动的范例，教师在示范时应注意：表演要准确、熟练且富有艺术感染力，让全体儿童都能够清楚地感知到，在必要时，教师要放慢速度，并可暂时淡化伴奏或停止伴奏。

3. 演示法

演示法主要是指教师用操作各种直观教具的方法向儿童提供活动的范例。常见的直观教具有图片、幻灯、投影、录像等。教师演示时应注意：目的要明确，运用教具应适度适量，切忌喧宾夺主；教具的形象和教师的演示应与音乐的形象和音乐的教学目标一致；教具的选用和操作应能给儿童以美感。例如，在打击乐演奏活动中，教师需要向幼儿展示要用到的打击乐器，并面向全体幼儿演示乐器的演奏方法，如图3-1所示。

4. 语言法

学前儿童音乐教育活动中，常用的语言指导方法主要有讲解、提问和反馈等。

（1）讲解

讲解一般包括讲述和解释。在学前儿童音乐

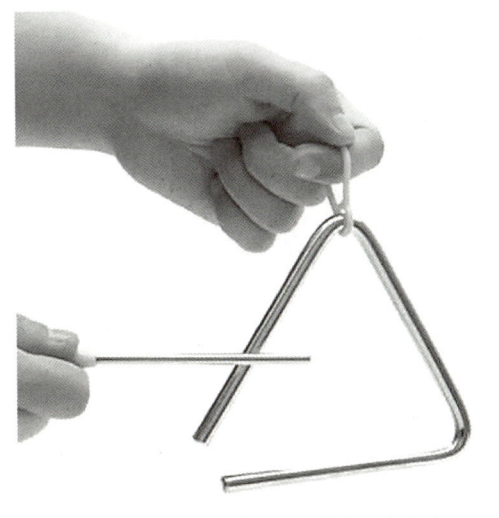

图3-1 教师演示三角铁的演奏方法

教育活动中，教师运用讲解的方法主要是为了向儿童提供各种与音乐活动有关的信息，以及加工这些信息的程序和方法。

（2）提问

提问是幼儿园音乐活动中常用的语言辅助方法。在音乐教育活动中，教师运用提问的方法主要是激发与引导儿童的观察、思维、想象和创造活动，同时了解儿童对音乐的理解和感知情况，对活动组织、内容选择的意见和愿望。

（3）反馈

反馈是为了让儿童及时了解自己对音乐的反应，并使儿童根据自己的反应与要求之间的差异作出调整。反馈时，应注意面向全体儿童，可以和动作技能的反馈相结合，教师的反馈要尽量客观，要平等地看待每个儿童。反馈时，要以正向的肯定为主，多采用激励性反馈。

5. 变换角色法

由于学前儿童教育与音乐教育的特殊性，在学前儿童音乐教学活动中，教师需要经常运用自身角色变换的方法对儿童的活动进行指导。

（1）参与

在音乐教育活动中，教师以平等的活动加入者、儿童活动的合作者或音乐表演中的其一特定角色身份进行音乐活动的指导。在音乐活动中，教师的参与不但可以给儿童的音乐探索和表现提供间接指导，更能够使儿童体验并分享到师幼共同活动的自由和乐趣。

（2）退出

教师"退出"的方法，一是指教师从"参与"的状态中退出，恢复教师的身份和地位，重新对活动施以影响；二是指教师在活动的空间位置上退出，把中心位置让给儿童，以观察者、旁观者的身份对活动进行指导。

例如，开展小班音乐游戏"找小猫"时，活动之初教师戴上猫妈妈头饰，幼儿做小猫宝宝，师幼共同随音乐玩游戏，这时教师的角色是活动的参与者；随着活动的开展，当幼儿熟悉了音乐与游戏的玩法后，教师可以选择退出猫妈妈的角色，组织一部分幼儿扮演猫妈妈，一部分幼儿扮演猫宝宝，随着音乐自由展开游戏，在此过程中教师可以用语言、动作及表情提醒幼儿：小猫躲好后不能乱动，猫妈妈没有碰到的小猫也不能乱动等游戏规则。

附歌曲：找小猫

1=D $\frac{2}{4}$　　　　　　　　　　　　　　　　　　　汪爱丽　词曲

$\underline{5\ 6}\ \underline{5\ 3}\ |\ 1\ -\ |\ \underline{5\ 6}\ \underline{5\ 3}\ |\ 2\ -\ |\ \underline{6\ 6}\ \underline{6\ 6}\ |\ \underline{5\ 3}\ 5\ |$

许多　小花猫，　　喵呜喵呜叫，　我们 今天 真高兴，
一只　老花猫，　　喵呜喵呜叫，　我的 小猫 快躲好，

$\underline{6\ 6}\ \underline{6\ 6}\ |\ \underline{5\ 3}\ 5\ |\ \underline{1\ 2}\ \underline{3\ 4}\ |\ \underline{5\ 6\ 5}\ |\ \underline{5\ 4}\ \underline{3\ 2}\ |\ 1\ -\ \|$

要和 妈妈 做游戏，找个 地方 躲躲好，妈妈 快来 找。
一会 妈妈 就来找，找呀 找呀 找呀找，小猫 找到 了。

（二）以儿童为主体参与的音乐活动学习方法

1. 模仿操作法

模仿操作法是指在音乐活动中，儿童通过教师提供的活动范例，在观察的基础上模仿并反复

练习，最终达到记住并再现某一音乐作品或掌握某一音乐技能。在操作性学习中，教师应该坚持"小步子"原则，即教材是一步一步呈现的，而且每步之间难度的增加也是非常小的。模仿操作能帮助儿童较为迅速且有效地掌握音乐的基本技能，了解粗浅的音乐知识，逐渐积累音乐语汇。

2. 预知学习法

"预知学习"一词源于德国的奥尔夫音乐教育体系，它是一种通过教师的引导，帮助儿童将原有的知识、技能应用到新的问题情境中的特殊学习方法。使用预知学习方法，教师在活动设计之前，不仅要熟悉教材，更要"预知"儿童，在此基础上再设计合适的问题情境或材料，引导儿童通过迁徙性的自学、互学活动进行大胆的探索和创编。

3. 整体感知法

整体感知法是指在音乐教育活动中，利用音乐形式结构本身的整体统一性和整体协调性，从整体入手引导儿童感知、体验并表现音乐的一种方法。其突出的优势在于，能够使儿童相对更容易地感受、体验到音乐的全部内容，从而进行有完整意义的音乐学习。例如，幼儿园的打击乐演奏教学活动采用整体感知的方法让儿童在演奏活动中领略到更多声部音乐的美妙及整体音响效果。

4. 多感官参与法

多感官参与法是指在音乐教育活动中，调动儿童的多种感觉器官协同参与，以便更好地丰富和强化儿童对音乐的感受与理解，体验并享受音乐艺术的美。个体在认识活动中开放的感知通道越多，越能全面、深入地把握好认识对象。

例如，在开展大班音乐欣赏活动"狮王进行曲"时，教师可通过讲故事、看图谱、做动作等多种形式充分调动幼儿的各个感官通道，引导幼儿全方位地参与活动，更深入地感受音乐，并把自己对音乐的理解创造性地表现出来。教师引导幼儿边欣赏音乐边给幼儿讲述故事：清晨，阳光照进了寂静的森林，和煦的春风吹拂着树梢，小动物们渐渐醒来了。远处隐约传来了狮王的吼叫声，小猴子第一个听到，机灵地从树上"哧溜"一下滑下来，报告说："狮王驾到！"幼儿在语言故事的帮助下初步感受音乐的结构，再展示提前准备好的音乐图谱（图3-2），帮助幼儿深入感受不同乐段表现的不同音乐形象，卫队出列、狮王迈步、狮王吼叫、狮王太太和小狮子出场等。当幼儿在故事和图谱的帮助下逐渐理解音乐的结构及内容后，教师可以启发幼儿用创造性的动作表演音乐，以此来加深幼儿对乐曲的理解和表达。

在实际的音乐教育活动中，由于活动的性质不同，儿童参与学习活动的方式也不同。因此，教师在运用上述指导方法时也会有不同的侧重点。总之，儿童是音乐活动的主体，教师要合理地根据音乐活动的内容和形式综合考虑引导儿童进行音乐学习的方法与具体形式，以便更好地促进音乐教育的最优化。

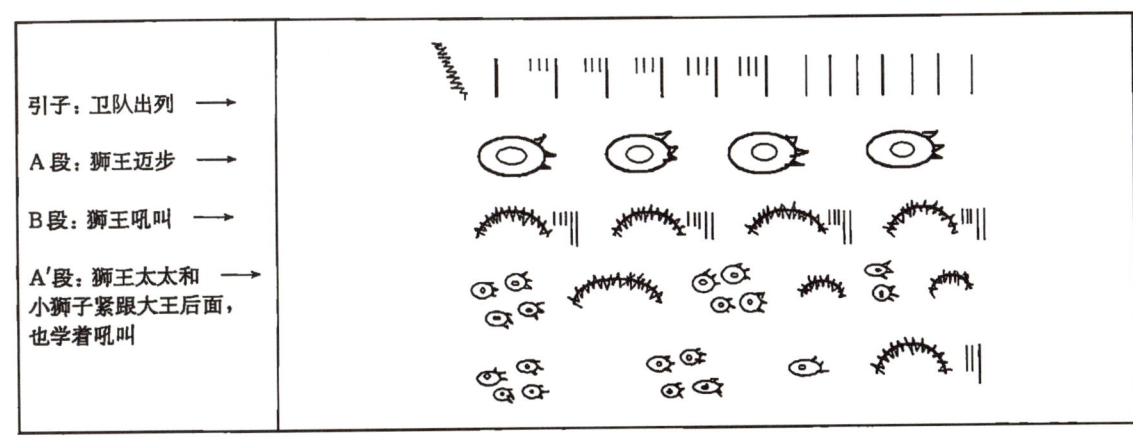

图 3-2 《狮王进行曲》音乐图谱

案例展示 3-1

小班歌唱活动：学唱《一对好朋友》

活动目标
（1）感受歌曲的内容，幼儿会用连贯、柔和的声音表现欢快的情绪。
（2）幼儿两两结伴边唱边演，创造性地做出友好、亲近的动作。
（3）体验与同伴友好合作的快乐。

活动准备
小鸟的头饰多个（与幼儿人数相等）；图片2张。

活动过程

1. 开始部分
（1）幼儿随音乐做"小鸟飞"律动进活动室。
（2）发声练习《小鸟叫喳喳》。
（3）复习歌曲《小花狗》，用愉快的情绪唱出歌曲。

2. 基本部分
（1）出示图片，幼儿观看，引导幼儿理解歌词内容。
提问："图片上有谁？它们正在干什么？你们喜欢和它们交朋友吗？"
（2）学唱《一对好朋友》，引导幼儿注意声音和表情。
①教师范唱歌曲，引起幼儿学唱新歌的兴趣。
②幼儿跟随教师学唱新歌。
③引导幼儿准确地把握情绪进行演唱。
（3）通过谈话，启发幼儿两两结伴边唱边用动作来演。
①启发幼儿说出表示两个人之间友好、亲近的几种动作。
②请幼儿边听音乐边自由和伙伴做出动作。
③请几对幼儿上前表演给大家看。
（4）集体戴上小鸟的头饰分组上前进行表演，幼儿会用准确的表情和动作表现欢快的情绪。

3. 结束部分
（1）教师评价幼儿的歌唱表现。
（2）带领幼儿边唱歌边学小鸟飞出活动室。

活动延伸
引导幼儿创编第二段、第三段小鸡、小鸭等歌词，和更多的好朋友合作进行演唱。

活动评析
本活动符合小班幼儿的特点，在两两结伴的演唱中增进了相互的感情。他们很喜欢两个人之间的抱抱、握握手、碰碰鼻子等友好、亲切的动作，所以对歌曲更增加了几分喜欢，再戴上小鸟的头饰，充分地表现出了歌曲欢快的情绪，从而使活动达到了预期的效果。

附歌曲：一对好朋友

李立青　词曲

1=C 2/4

| 1 1 1 2 | 3 - | 2 2 2 1 | 5 - | 3 3 6 6 | 5   3 |
| 东 边 一 只 鸟， | | 西 边 一 只 鸟， | | 两 只 小 鸟 喳 | 喳， |

| 5 3 2 1 | 3 - | 3 3 6 6 | 5   3 | 5 3 2 1 | 3 - ‖
| 一 对 好 朋 友。 | | 两 只 小 鸟 喳 | 喳， | 一 对 好 朋 友。 | |

> 📖 **拓展阅读 3-1**
>
> ### 幼儿音乐教育中传统文化的融入
>
> 　　我国向来以礼仪之邦的形象立足国际，所以文化和礼仪的继承显得尤为重要。为了顺应时代要求和父母对启蒙教育的重视，将幼儿音乐启蒙加入传统文化，实现启蒙教育与文化继承的双重教学，这也要求教师将音乐教育与传统文化有机结合，将传统文化融入幼儿音乐教育之中。
>
> 　　（一）有效选择，用好民族音乐教育宝库
>
> 　　幼儿因为年龄小，心智发展还不成熟，教师可以以游戏的形式进行音乐的教导。在音乐的选择上，教师应该注重音乐作品与游戏之间的关联，设计新颖的游戏，以提高幼儿欣赏音乐的积极性。比如，教师可以在课堂上选用一些民族音乐进行教学。教师在选用这类民族音乐的时候，注意观察幼儿表情的变化；在音乐教程中应该善于对一首曲目进行剪辑和分化，简短的结构会让音乐变得更有规律。
>
> 　　为了促进中国传统文化与幼儿音乐启蒙有机结合，教师需要不断更新教育理念，在现有的幼儿音乐体裁上不断加入传统文化，将传统文化融入幼儿音乐启蒙中。目前很多幼儿音乐中已经对中国传统文化进行了编曲，比如将《三字经》等传统文化编曲成朗朗上口的儿歌，取得了良好的效果。在幼儿园教师的教导和推广下，幼儿逐渐学会唱并且记住了歌曲中的歌词，实际也记住了传统文化。利用传统文化进行儿歌编曲的方法，易于幼儿记忆，还能养成幼儿平和的性情，促进性格的健康发展。
>
> 　　（二）多元创新，发挥民族音乐教育魅力
>
> 　　奥尔夫音乐教育思想提出，"音乐永远不是音乐本身，它是同动作、舞蹈和语言联系在一起的。音乐来自动作，动作来自音乐"。教师可通过不同的教学形式和手段，开展音乐教学活动，提高课堂教学的效率。
>
> 　　1. 音乐与游戏的结合，让音乐更好玩
>
> 　　游戏是幼儿喜爱的活动方式，将音乐与游戏结合，有利于激发幼儿学习音乐的兴趣。例如：在欣赏音乐《金蛇狂舞》时，教师带着幼儿一起玩赛龙舟的游戏，让幼儿伴

着欢快明朗的音乐节奏分成火龙和水龙队伍一起比赛划船;在欣赏黎族歌舞《竹竿舞》时,选用玩跳竹竿的体育游戏,让孩子们跟着音乐的节奏边游戏边感受音乐,通过音乐与游戏相结合让幼儿更加喜爱和了解音乐。

2. 音乐与故事的结合,让音乐更有趣

故事是受幼儿欢迎的一种教学形式,将音乐作品与故事结合能让幼儿更好地理解音乐作品,特别是对于民族音乐。例如:在欣赏民间乐曲《梁祝》中的化蝶时,教师边播放音乐边讲述故事《梁山伯与祝英台》,通过音乐与故事内容的融合,让幼儿获得音乐情感的体验;在欣赏中国民乐葫芦丝曲《月光下的凤尾竹》时,教师以民间故事《竹林公主》作为旁白,伴以竹林、草地、水、烛光作为情境,让幼儿在感受故事情境时,体验音乐优美的旋律。

3. 音乐与乐器的结合,让音乐更加生动

我国的民族音乐是由民族乐器演奏的,幼儿使用的演奏乐器中有一部分属于民间打击乐器,如锣、木鱼、铃鼓、板鼓、鼓等,使用这些适合幼儿的民族乐器来配合民族音乐演奏,不但符合乐曲的性质,也易于让幼儿感受到乐曲的美感。例如,在欣赏经典民歌《杨柳青》时,教师让幼儿选用小鼓、小棒、木鱼等乐器跟着音乐一起演奏,从而提高幼儿对音乐节奏的感受能力。

(三)营造氛围,加强传统音乐的感染力

在对幼儿进行音乐启蒙教育时,需要构建一个良好的文化氛围,让幼儿更好地感知传统文化,提高幼儿学习的积极性。

1. 从环境入手,引发幼儿情感共鸣

为了使幼儿更好地感受与理解音乐,教师可以对民族音乐审美情感经验进行准备,营造与物质文化气息互相适应的氛围,促使幼儿产生身临其境的感受。例如,在对《春节序曲》这一民族音乐进行欣赏之前,为了促使幼儿充分感受过年的美好气氛,充分体会我国的民俗风情,教师可以在教室里布置一些有关新年的环境物品,制造出春节到来的欢乐氛围,使幼儿感受到喜气洋洋的情绪,更好地感受与欣赏《春节序曲》。

2. 借娱乐辅助,吸引幼儿无形熏陶

将传统文化融入幼儿动画片中,以音乐形式将幼儿音乐启蒙与传统文化相结合,通过音乐表达形式,实现音乐启蒙教育与传播传统文化结合发展。例如,一些动画片将《三字经》的内容和释义以动画的形式展开,再引入京剧、地方戏等曲调作为背景音乐,在吸引幼儿注意力的基础上进行潜移默化的教学,促进传统文化与传统音乐的传承。

实践活动

1. 收集1~2个幼儿园音乐教育活动方案,分析其采用了哪些教学方法。

2. 观摩幼儿园音乐教育活动,进一步理解学前儿童音乐教育活动过程,并尝试对活动进行评价。

3. 根据大班韵律活动"猴子爬树"的活动目标,设计一个音乐活动方案,重点列出拟采用哪些教学方法。

附歌曲：猴子爬树

汪爱丽 词
汪 玲 曲

1=C 2/4

1 2 3 3 | 3　0 | 3 5 5 5 5　0 | 5 7 7 7 7· 5 | 7　2 | i　- | 3 3 1 1 |
（猴子爬树）　　　　　　　　　　　　　　　　　　　　　　　（猴子在树

3 5　5 | 6 6 4 6 5　- | 3 3 1 1 3 5　5 | 2 4 3 2 1　- | i 7 6 5 4 3 2 | 1　- ‖
上做张望、摘桃子、吃桃子等动作）　　　　　　　　　（猴子从树上滑下来）

活动目标

1. 感受乐曲旋律的欢快、活泼，能较准确地听辨出音的上行、下行。
2. 能随着音乐的变化做出表现猴子爬树、滑下树等动作。
3. 体验音乐活动中游戏带来的快乐心情。

思考与练习

1. 简述学前儿童音乐教育的含义。
2. 学前儿童音乐教育的目的、任务分别是什么？
3. 结合实际谈谈如何让幼儿园、家庭、社会在学前儿童的音乐发展中发挥出更好的作用。
4. 举例说明学前儿童音乐教育的方法。

第四单元 — 学前儿童歌唱活动

① 知识目标

明确学前儿童歌唱活动的含义及学前儿童歌唱能力的发展特点,理解学前儿童歌唱活动的目标及选材要求,掌握学前儿童歌唱活动设计的一般环节及指导要点。

② 技能目标

会选择适宜的歌曲,设计和指导不同年龄段的学前儿童歌唱活动。

③ 情感目标

激发对学前儿童歌唱教育活动的热情,秉持以幼儿为本的教育理念,在设计与组织学前儿童歌唱教育活动时勇于探索与创新。

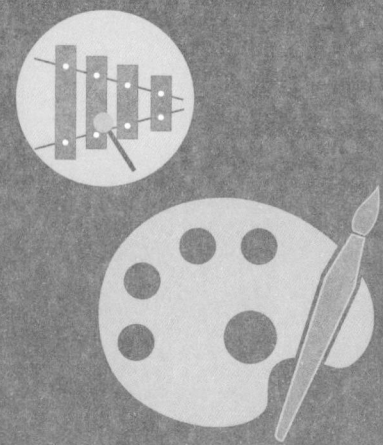

内容图解

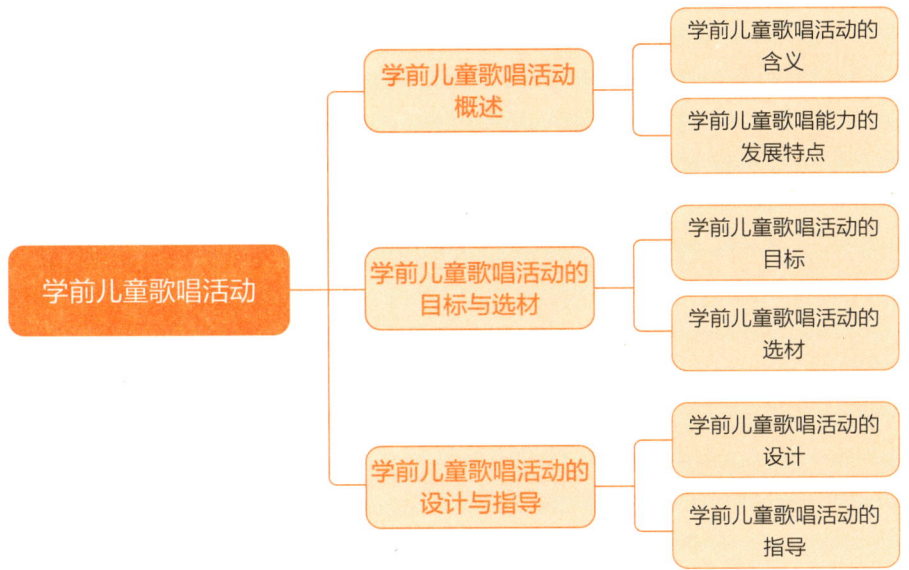

引导案例

在幼儿园实习期间,张老师听到很多小朋友大声唱着《孤勇者》,仔细听起来发现有的幼儿唱的歌词含混不清,有的不在调上,还有的唱的歌词是自己随心所欲编的。于是张老师就耐心地将《孤勇者》这首歌教给幼儿正确演唱,连续教唱了好多次,孩子们还是原来的情况,张老师百思不得其解,不断反思到底自己的教学哪里出了问题。

其实,了解和熟悉学前儿童歌唱能力发展的特点是教师设计和组织实施歌唱活动必须具备的首要条件。喜欢音乐是孩子的天性,成人一方面要接纳孩子嬉戏式的唱歌,尊重孩子们自发的音乐活动,给他们随意表现的权利;另一方面,要了解儿童音乐能力发展的特征,为他们选择合适的音乐活动材料。只有把握好学前儿童音乐能力发展的规律和特征,才能在自己的音乐教育活动中激发孩子们参与音乐活动的兴趣,有效地培养他们的审美情趣,培育终身热爱生活美和艺术美的情怀。

匈牙利音乐教育家柯达伊曾经说过:"你的喉咙里就有一样'乐器',只要你愿意使用它,它的乐音比世界上任何小提琴都美。"这里说的其实就是唱歌。

歌唱是人类音乐活动的重要领域之一,也是人类表达、交流感情的最自然的手段之一。没有歌声就没有生活,有人类生活的地方,就一定有歌声。

唱歌是人们表达自己喜怒哀乐等各种情感的方式,也是人的童年生活不可缺少的一个重要组成部分。学前儿童用他们甜美、清脆的童声来表达自己欢快、喜悦等各种各样的心情,唱歌也是学前儿童展示自身能力、获得成功体验的重要途径。

第一节　学前儿童歌唱活动概述

一、学前儿童歌唱活动的含义

歌唱活动是借助嗓音表达思想、交流情感的一种艺术活动形式。

学前儿童歌唱活动是以幼儿为主体，以适合幼儿的歌曲为客体，通过教师设计和组织多种形式的音乐活动，使主体、客体相互作用，以培养和发展幼儿的音乐能力、促进幼儿身心全面发展为目标的教育活动。学前儿童歌唱活动是早期音乐教育的基础，是幼儿艺术教育的重要方式。

歌唱活动作为学前儿童艺术领域的教育活动之一，为幼儿带来了许多喜悦和快乐。歌唱活动是幼儿全面发展教育的重要组成部分，在促进幼儿体、智、德、美全面发展中有着重要意义。歌唱活动在幼儿成长过程中具有重要价值：幼儿在感受歌曲内容美和曲调美的过程中得到熏陶和感染，情感体验进一步丰富，陶冶心智、完善品格，是发展幼儿音乐感受能力、表现能力和鉴赏能力的重要方式和途径。

二、学前儿童歌唱能力的发展特点

孩子从学说话起，就把语言当作有旋律、有音色、有节奏的声音来记忆，并根据对它的感受，理解成人语言的意义。比如：温和、高兴的语言代表赞扬；大声、严肃的语气意味着责备。美国夏威夷大学的林伯格教授认为，儿童歌唱能力的发展是与说话能力的发展平行的，在儿童语言的咿呀学语期，歌唱能力也相应地发展到咿呀学唱期，而后逐渐从近似唱歌发展到能唱音域合适的歌曲。

（一）0～3岁儿童歌唱能力的发展

学前儿童的歌唱活动是人一生中最早的音乐活动。儿童在婴儿期就会发出音调不同的声音，学会说话之前就经常用带有表情的音调与他人进行声音互动，这是婴儿语言的萌芽，也是歌唱的萌芽。2岁的儿童已有歌唱意识，但其听辨和发音的能力较弱，歌唱的音高、音准模糊不清，歌词表达不清晰，歌唱与说话几乎无法区分，经常出现走调现象，通常被称作"近似歌唱"。总之，喜欢唱歌是儿童的天性，儿童在3岁以前，就已经对摇篮曲、无意义的音节、有节奏的诗和歌谣表现出极大的兴趣。到3岁时，儿童歌唱能力的发展进入初始阶段，初步有了想把歌唱好的愿望。

（二）3～4岁儿童歌唱能力的发展

这一年龄阶段的儿童对音乐的表现欲望和能力正在增强，表现为他们对歌唱活动的兴趣大大提高，特别喜欢富有戏剧色彩、生动活泼、情绪热烈的歌曲，还喜欢唱歌曲中的重复部分。

1. 歌词方面

虽然3岁左右儿童的语言发展有了很大的进步，已经能够完整地掌握比较简短的句子或较长歌曲中相对完整的片段，但是由于认知发展方面的局限，他们对歌词含义的理解还存在一定的困难，加之听辨和发音能力还比较弱，所以一旦遇到他们不理解的字词，往往会吐字不清。

2. 音域方面

3～4岁儿童歌唱的音域一般为c^1—a^1（即C调的1～6），其中唱起来最舒服、轻松的是在d^1—g^1之间（即C调的2～5），但个别儿童的音域发展有所偏差，音域稍宽的儿童偏高可达到c^2，偏低可唱到a，而音域偏窄的儿童仅能唱出3个音左右。

3. 旋律方面

这一年龄阶段儿童存在着差异性和不精确性，最明显的表现就是"走音"。有相当一部分儿童的音准有问题，往往不能准确地唱出歌曲旋律，唱歌如同"说歌"。在没有乐器伴奏的情况下或独立歌唱时，这种走调、没调的情况尤为严重。当然，这种现象的发生可能是歌曲音域过宽、音调过高或过低、旋律太难等因素所致。

4. 节奏方面

3~4岁儿童基本上能做到比较合拍地歌唱，尤其是对与走步、跑步、心跳、呼吸等相对应协调的节奏——四分音符、八分音符所构成的歌曲节奏更易感受和掌握。

5. 呼吸方面

3~4岁儿童由于肺活量较小，呼吸较浅，对气息控制的能力还没有很好地发展起来，因此往往不能根据乐句的需要来换气。有些儿童会一字一换气、一字一顿地歌唱，有些则一句歌词没唱完就换气，常常因换气而中断句意、词意（一般会在强拍后或时值较长的音后自由换气）。

6. 其他方面

3~4岁儿童能够在成人的引导下，特别是在幼儿园良好教育的影响下，对已经熟悉和理解的歌曲，以速度、力度、音色等较明显的变化来表现歌曲。例如：《在农场里》对各种动物的叫声用不同的音色表情来处理；《摇篮曲》以稍慢、稍弱的速度和力度来表现等。

附歌曲：在农场里

1=D 2/4

```
1 12 | 3 1 | 2 0 | 2 0 | 2 23 | 4 2 | 3 0 | 3 0 |
猪 儿在  农 场   噜      噜      猪 儿在  农 场   噜      噜
牛 儿在  农 场   哞      哞      牛 儿在  农 场   哞      哞
鸭 子在  农 场   嘎      嘎      鸭 子在  农 场   嘎      嘎

5 56 | 5 3 | 4 4 | 6 - | 5 5 | 4 2 | 1 - | 1 - ‖
猪 儿在  农 场   噜噜   叫    猪 儿   噜噜    噜
牛 儿在  农 场   哞哞   叫    牛 儿   哞哞    哞
鸭 子在  农 场   嘎嘎   叫    鸭 子   嘎嘎    嘎
```

在集体歌唱时的合作协调性方面，3~4岁儿童还不会相互配合，常常是你超前，我拖后，还有个别孩子的声音特别响亮。到小班后期，儿童基本上能懂得在音量、速度、力度、音色等方面与集体保持一致，能够通过改变声音的强弱、快慢、音色等来表现歌曲，初步体会到集体歌唱活动中协调一致的快乐。

（三）4~5岁儿童歌唱能力的发展

1. 歌词方面

4~5岁儿童掌握歌词的能力有了进一步的提高，一般都能比较完整、准确地再现熟悉的歌曲中的歌词，而且对歌词的听辨、理解、记忆和再认能力有了很大的提高，唱错字、发错音的情况有了较大的改变。

2. 音域方面

4~5岁儿童歌唱的音域较以前有了扩展，一般可以达到c^1—b^1（即C调的1~7），但在个别儿童身上仍有很大的差异性。

3. 旋律方面

4~5岁儿童接触的歌曲日益增多，他们对旋律的感知、再认能力逐步提高，音准把握能力有了进步。在乐器或录音的伴奏下，大多数儿童能基本唱准旋律适宜的歌曲。当然，在个别儿童身上，旋律感、音准的把握仍然是歌唱能力发展中最困难的环节。

4. 节奏方面

随着听觉分化能力的逐步提高，4~5岁儿童对歌曲节奏的把握和表现能力获得了较大的发展，他们不仅掌握了四分音符、八分音符的歌曲节奏，还能够比较准确地再现二分音符，甚至带附点的节奏。

5. 呼吸方面

4~5岁儿童对嗓音的控制能力有了进一步提高，能够逐步学会使用较长的气息，一般都能够在教师的指导下学会按乐句和情绪的要求换气，对于中断句意、词意的换气现象有明显的改进。

6. 其他方面

4~5岁儿童在歌唱技能的发展中对速度、力度、音色变化的把握方面有了一定的进步，这是因为他们对歌曲形象、内容、情感的体验和理解能力有了一定程度的提高，因此在演唱、表现歌曲时，能够比较细致地表达歌曲在力度、速度等方面的变化，且比小班儿童表现得更为准确。

随着集体音乐活动、歌唱活动经验的不断积累，4~5岁儿童不仅能够比较协调地参与集体歌唱，注意在音色、表情、力度、速度等方面调节自己的声音，与集体保持一致，而且还能表现出独自唱歌的愿望和兴趣。他们常常会在游戏、玩耍时，饶有兴致地独自哼唱，也会在收看电视节目时高兴地即兴跟唱。另外，他们在歌唱能力的发展上也表现出一定的创造性，他们会运用过去积累的歌唱和表达的经验，部分地替换歌词，重新演唱；会主动地、自发地提出歌唱的形式和表情；还会即兴地创编简短的小曲等。

（四）5~6岁儿童歌唱能力的发展

1. 歌词方面

5~6岁儿童在歌唱的技能和水平上有了较显著的提高。随着语言的发展，他们能记住更长、更复杂的歌词，对歌词的理解能力也有了进一步提高，在发音、咬字吐字方面表现得更加完善。

2. 音域方面

5~6岁儿童歌唱的音域基本上可以达到c^1—c^2，个别儿童甚至更宽。

3. 旋律方面

随着歌唱经验的不断积累，5~6岁儿童的旋律感发展特别是音准方面的进步更为明显。他们不仅能比较容易地掌握小三度、大三度、纯四、五度音程，比较准确地唱出旋律的音高进行，而且对级进、小跳、大跳不会感到非常困难。这时，儿童已经初步建立了调式感。

4. 节奏方面

5~6岁儿童不但能准确地表现二四拍和四四拍的歌曲节奏，同时对三拍子歌曲的节奏及弱起节奏有了一定的理解和掌握，而且能够较好地掌握带附点节奏和切分节奏歌曲的演唱。

5. 呼吸方面

5~6岁儿童气息保持的时间较以前延长了，能够按乐曲的情绪要求比较自然地换气，同时歌唱的音量较以前有了明显的提高。

6. 其他方面

5~6岁儿童歌唱的表现意识进一步加强，歌唱的声音表情更加丰富，能够表现出同一首歌曲中的强弱快慢，能较好地唱出顿音、跳音、保持音及连音，并且能尽力把不同的情绪情感体验通过音色、节奏、速度、力度上的对比变化，生动细致地表达出来。

在集体歌唱时，他们协调一致的能力也大大提高了，不仅能与集体同时开始、结束演唱，而且会听前奏、间奏，还对对唱、小组唱、轮唱、合唱等不同的演唱形式产生了兴趣。他们具有一定的创造性歌唱表现意识，不仅能积极参与创造性的歌唱表现活动，而且会努力使自己的表现与众不同，其创编歌词和即兴小曲的能力进一步提高。

总之，随着儿童年龄的增长及歌唱活动经验的不断积累，他们对歌唱活动的积极态度和初步的兴趣爱好逐渐巩固，歌唱的技能进一步发展，对歌曲结构的感受也日趋合理、完善，能够从音高轮廓飘浮不定到准确地再现音高；音域从窄到宽；节奏从单调、散漫到丰富而有组织；调式感从模糊不清到准确清晰……各方面的能力和表现都随着年龄的增长、环境的变化、教育的引导及各种内外部因素的共同影响而逐渐向更合理、更完善的方向发展。

第二节 学前儿童歌唱活动的目标与选材

一、学前儿童歌唱活动的目标

学前儿童歌唱活动的目标包括总体目标和不同年龄班目标两部分。

（一）总体目标

学前儿童歌唱活动的总体目标包括认知目标、技能目标、情感与态度目标。

1. 认知目标

①能够感知、理解歌词和曲调所表现的内容、情感和意义，并知道如何有创造性地进行歌唱表现。
②知道保护嗓子，用适度的、美的声音歌唱。
③知道如何用歌唱的方式与他人交往。
④能够理解各种集体歌唱表演形式所需的合作协调要求，知道如何在集体歌唱活动中与他人协调。

2. 技能目标

①能够基本正确地再现歌曲的歌词和曲调，能够较正确地咬字、吐字和呼吸。
②能够较自然地运用声音、表情，能够唱出适度、美好的声音。
③能够运用带有一定创造性的歌唱表现方式。
④能够在用歌唱的方式与他人交往时自然地运用面部表情和身体动作。
⑤能够在集体歌唱活动中控制和调节自己唱出的声音，使之与他人协调。

3. 情感与态度目标

①能够体验并努力追求参与各种歌唱活动的快乐。
②能够体验并努力追求唱出美好的声音的快乐。
③能够体验并努力追求与他人用歌唱的方式进行交往的快乐。
④能够体验并努力追求集体歌唱活动中的声音和谐与情感默契的快乐。

（二）不同年龄班目标

以下分别介绍小班、中班、大班学前儿童歌唱活动的学习目标。

1. 小班

①能用正确的姿势、自然的声音，一句一句地演唱，初步理解和表现歌曲的形象、内容和情感，基本做到吐字清楚、唱准曲调和节奏，音域在c^1—g^1。

②在教师的帮助下，能够为熟悉、短小、工整、多重复的简单歌曲增编新的歌词。

③喜欢唱歌，能使自己的歌声与琴声或共同歌唱的人保持一致，能跟着歌曲的前奏整齐地开始和结束，初步学会分组接唱、对唱。

2. 中班

①能用正确的姿势、自然的声音歌唱，做到吐字清楚，逐步做到在有伴奏的情况下能独立而完整地演唱，唱准曲调和节奏，音域在c^1—a^1。

②在集体的歌唱活动中能够注意控制自己的音色，使自己的歌声与琴声以及集体的声音协调一致。学会在歌唱中等待和正确地表现歌曲的节奏、间奏和尾奏。

③能用不同的速度、力度、音色变化表现歌曲的形象、内容和情感，能够为简单的歌曲增编新词，并将歌词填入曲调中进行演唱。

④喜欢自己歌唱，也喜欢在集体中歌唱，并能大胆、独立地在集体面前表演。

3. 大班

①能独立地歌唱，能用正确的姿势、自然美好的声音歌唱，并能正确地表现歌曲的节奏、旋律和歌词，音域在c^1—c^2。

②会用不同的速度、力度、音色变化表现歌曲的形象、内容及情感，能注意到歌曲的字词及乐句的变化，较恰当地表现不同性质、风格歌曲的意境。能唱出3/4拍和4/4拍歌曲的不同节拍，能够初步运用连贯、顿、跳的演唱技法来表现歌曲的不同意境，学会唱弱拍起唱的歌曲。

③能够进行歌词的创编，并即兴演唱。

④喜欢歌唱，能大胆、独立地在集体面前进行歌唱表演，并能在集体中尝试用不同的合作表演形式歌唱。能够根据不同的合作歌唱要求来控制、调节自己的歌声，初步学会领唱、齐唱、二声部轮唱、简单的二声部合唱等歌唱表演形式，在集体歌唱活动中产生默契。

二、学前儿童歌唱活动的选材

歌唱在学前儿童音乐教育中占有重要地位，要选择符合儿童年龄特点、有利于促进儿童身心发展的歌曲；而歌曲是由歌词与曲调组合而成的，所以为学前儿童选择歌唱教材时应该注意歌词与曲调两个方面。

（一）歌词的选择

1. 歌词内容与文字充满童趣并易于记忆和理解

幼儿的生活经验还很有限，理解事物和语言的能力也比较浅显，因此，歌曲内容与歌曲使用的文字首先应生动形象、浅显易懂，为幼儿所理解，否则歌唱着的只是幼儿的声音，而不是正在歌唱的幼儿本人。幼儿的歌唱一旦缺乏心灵上的感动，会严重地降低歌唱时的自发性乐趣。

2. 歌词的内容、形象应是幼儿比较熟悉和喜爱的

从世界各国幼儿喜爱的歌曲的内容看，动植物、自然现象、交通工具、身体的各个部分、郊游活动、节日活动等，都是幼儿日常能接触到且感兴趣的内容。此外，幼儿对一些押韵的句子、象声词，甚至一些无意义音节（如咕嘟咕嘟、啊呜啊呜等）的嗓音游戏也很感兴趣，而某些滑稽、幽默的事情也觉得特别有趣。

3. 歌词的结构应是简单、多重复的

结构简单是指句子中所含的词语较少，语法结构较单纯；多重复主要是指句子与句子之间在长度、结构、节奏方面相同或相似，甚至在旋律、节奏和歌词方面有较多完全相同的地方。例如，歌曲《我爱我的小动物》，每段歌词只需改一下动物名称及叫声。这样的歌词不仅有重复性，还可以不断增加新的段数，有发展的余地，能激发儿童学唱歌的积极性，培养儿童的创造性。

4. 歌词内容应富于爱、富于美、富于想象、富于教益

幼儿的世界是充满爱意的。我们经常会看到母亲对孩子柔和而充满爱意地唱着《摇篮曲》，即使孩子不懂歌词的含义，但那种爱的感觉足以使孩子沐浴在幸福之中。因此，有爱意的歌曲才是好的歌曲。

此外，所选歌词在形式美方面应该具有由押韵或其他规律重复造成的富于音乐美的性质，而且应该经常使用象声词、衬词、感叹词、无意义音节等富于自由性、新颖性和情感性的材料。

而在内容美方面，好歌词经常使用拟人、比喻、夸张、诙谐等富有幻想性的表现手法，将童心、童趣和爱的情感注入歌曲所表现的事物或事件中，以便能通过打动、吸引幼儿，同步实现审美教育、思维教育和思想教育的多重目标。

例如，山东民歌《小黑猪》，歌词诙谐幽默，用拟人的手法将小黑猪既可爱又可笑的形象描绘得惟妙惟肖，歌曲中的衬词"哎咳哟"更是进一步烘托出了歌曲欢快的情绪。

附歌曲：小黑猪

1=D 2/4

诙谐地

金 潮 填词
金色风铃网 制谱

```
5  53 | 5  53 | 5  13 | 2  21 | 2  21 | 2020 | 2 0
1.小 黑   猪 呀么  呼 呼   睡， 哎咳 哟， 哎咳 哟， 哟  哟，
2.他 把那  衣 服   穿 在   脚， 哎咳 哟， 哎咳 哟， 哟  哟，
3.急 得他  满 头   都 是   汗， 哎咳 哟， 哎咳 哟， 哟  哟，

5  53 | 5  53 | 23 5 | 1  16 | 1  16 | 1010 | 1 0
一 觉   睡 到   大 天   亮， 哎咳 哟， 哎咳 哟， 哟  哟。
袜 子   套 在   耳 朵   上， 哎咳 哟， 哎咳 哟， 哟  哟。
糊 里   糊 涂   羞 羞   羞， 哎咳 哟， 哎咳 哟， 哟  哟。
```

5. 歌词内容应适合用动作来表现

幼儿的活动总体上是不分化的，无论是说话还是歌唱，都常常以动作相伴随。而且幼儿尚处在语言学习的早期阶段，以动作来辅助语言的理解和表达是该阶段幼儿学习语言的心理需要。另外，这种边唱边做动作的方法不仅有利于幼儿记忆歌词、发展节奏感和提高动作的协调性，而且能更好地帮助幼儿表达情感。例如，幼儿在演唱歌曲《走路》时，会自然而然地模仿小动物们走路的样子，获得快乐的情绪体验。

（二）曲调的选择

1. 音域较狭窄

音域是指一首歌曲中最低音到最高音的范围。幼儿一般不宜唱过高或过低的音，因为只有在

适合的音域内歌唱，幼儿才会比较容易唱出自然优美的声音，也只有在适合的音域歌唱，幼儿才不容易"唱走音"。所以，在为幼儿选择歌曲时，不应该选择音域过宽的作品。为儿童选择歌曲的音域范围可参照表4-1。

表4-1 各年龄阶段的合适音域

年龄段	2~3岁	3~4岁	4~5岁	5~6岁
合适音域	$e^1—g^1$	$d^1—g^1$	$c^1—b^1$	$c^1—c^2$

总体来说，在集体教育中所选歌曲的音域应尽量控制在上述范围之内，但也要防止机械、绝对地处理音域问题。比如，有的歌曲音域较宽，但主要旋律分布在幼儿最感舒适的音区内，偶尔有个别音超出这个范围，但它并不是长时值的音，也不是停留在强拍上的音，出现的次数也不太多，因此也是适合幼儿学唱的，如歌曲《学做解放军》。

附歌曲：学做解放军

1=D 2/4

杨 墨 词曲
许乐飞 编配

这首歌曲的音域为九度，但旋律主要在1~5进行，最高音和最低音位于弱拍，出现的次数少而且都是一带而过，这样的歌曲就比较适合幼儿演唱。由此看来，对待歌曲的音域要做到具体分析，不要简单化地仅凭几度就决定哪个年龄段的幼儿学唱。

2. 速度不宜太快

为儿童选择的歌曲一般以中速或中速稍快/稍慢为宜。儿童的肺活量还小，呼吸浅、气息短，加之语言发展有限，歌唱中呼吸、发声、吐字等方面的技能还不够成熟，因此唱速度偏慢和偏快的歌曲会有一定的困难，唱中速歌曲较为合适。

3. 节奏宜简不宜繁

为学前儿童选择歌曲时应注意歌曲的节奏和节拍，一般节奏宜简不宜繁。小班儿童歌曲曲调中的节奏主要有二分音符、四分音符或八分音符，中、大班儿童歌曲曲调中的节奏可以有附点音符、少量的十六分音符或切分音节奏。小班儿童的歌曲节拍一般以二四拍和四四拍为主，偶尔可选一些三四拍和六八拍的歌曲，还可选择一些从弱拍开始，带"弱起"节奏的歌曲。比如，《两只小象》就是一首弱拍起唱的歌曲，它的节奏简单，非常适合小班幼儿学唱。

附歌曲：两只小象

```
1=F  3/4                                        常 瑞 词
活泼地                                           汪 玲 曲

1 3 5  1 | 3 3 3 0 | 1 5̣ 5̣ ⌒6̣ | 2 2 2 0 |
两只小象  哟啰啰,    河边走,      哟啰啰,
好像一对  哟啰啰,    好朋友,      哟啰啰,

3 1 3  1 | 6̣ 6̣ 6̣ 0 | 2 5̣ 2 | 3·2 | 1 1 1 0 ‖
扬起鼻子  哟啰啰,    勾一勾 呀    哟啰啰!
见面握握手 哟啰啰,   见面握握手   哟啰啰!
```

4. 旋律较平稳

为学前儿童选择歌曲时应注意歌曲的旋律宜相对平稳。学前儿童最容易掌握的是下行的三度（或以下）音程，其次是四度、五度和八度音程。对六度和七度音程，即使是中、大班儿童也不容易唱准。因此，根据儿童的年龄段，小班适宜选三度音程的歌曲，中、大班儿童的歌曲旋律可稍复杂一些，可以增加一些三度以上的跳进，但不宜有连续的大音程跳进。

5. 结构短小工整

为学前儿童选择歌曲时还应注意歌曲旋律的结构宜短小而工整。一般小班儿童的歌曲以4个乐句为宜，每个乐句不宜太长，多为一段体，一般没有间奏、尾奏等附加成分。为中、大班的幼儿选择的歌曲，可以有6~8个乐句，偶尔也可唱稍长乐句的歌曲或不十分工整的乐句，结构上可以有一些简单的二段体或三段体，一般可以有间奏和尾奏等附加部分，但总体上还是以唱一段体歌曲为主，比如歌曲《打电话》。

附歌曲：打电话

```
1=F  2/4                                        汪 玲 曲
亲切地

3 5 3 2 | 3 6̣ 0 | 3 5 3 2 | 3 6̣ 0 | 5 0 5 0 | 5 - |
两个小娃 娃呀,    正在打电 话呀。  喂 喂    喂,
两个小娃 娃呀,    正在打电 话呀。  喂 喂    喂,

3 3 2 5 | 3 - | 2 0 2 0 | 2·3 | 5 6 3 2 | 1 - ‖
你在哪里 呀?  哎 哎       哎,   我在幼儿 园。
你在做什 么?  哎 哎       哎,   我在学唱 歌。
```

总之，为学前儿童选择的歌曲应尽管短小、简单，但总体上应该具有纯真性、艺术性和教育性。而且要注意避免单一化，应体现内容、形式、风格等方面的丰富性和多样性。除了应注意多选择我国的幼儿歌曲，也可适当选择世界各国和民族的优秀作品，这对扩大儿童的认识，提高儿童歌唱的兴趣，促使儿童欣赏不同风格的歌曲等都有积极的意义。

第三节　学前儿童歌唱活动的设计与指导

学前儿童歌唱活动应根据歌曲的题材、体裁、内容、性质的不同，以及教育对象的不同年龄特征，采取不同的组织方法。本书推荐的设计与组织歌唱教育活动的一般步骤与方法是多年来幼儿教师们在歌唱教学中所积累的经验，采用时必须结合教学对象的实际情况灵活运用，并应创造性地予以发展。

学前儿童歌唱活动过程的设计

一、学前儿童歌唱活动的设计

（一）学前儿童歌唱活动的准备

学前儿童歌唱活动的准备包括物质准备及知识经验准备两个方面，既包括教师的准备，又包括幼儿的准备。

教师的准备包括物质材料的准备及对活动内容的分析和掌握。教师要熟练弹唱歌曲，正确地处理和表现歌曲，要有把握歌曲的思想内容、情绪性质、基本结构、乐句、乐段的能力，还要对旋律的基本手法具有完整的表现能力。物质材料的准备要结合活动内容选取直观、新颖的教具来帮助幼儿理解歌曲的内容，如实物、道具、头饰、挂图、乐器、课件等。

幼儿的准备主要是知识经验准备，可以结合其他领域开展一系列活动来帮助幼儿预先熟悉歌曲内容。

（二）学前儿童歌唱活动过程的设计

1. 导入

导入环节要针对歌曲本身的特点、活动目标、活动内容及幼儿年龄特点、实际发展水平来设计。只有有效地运用一些适宜的、合理的方法，才能达到好的活动效果。常用的导入新歌的方法有动作导入、情景表演导入、故事讲述导入、直观形象导入、歌词朗诵导入等。

歌曲的词曲简单、多重复，有动作描绘的可以用动作导入；歌曲的歌词反映的是一些简单的、幼儿容易理解的情节或事件，能用语言表述出来的可以用情景表演导入；歌词含有相对完整的故事情节，有时间、地点或是环境描述、人物对话的可以用故事讲述导入；歌曲中歌词的语言更加复杂，但情境性、故事性比较弱，则可以采用歌词朗诵导入；歌词对于幼儿来说不够明确、歌词的先后顺序容易混淆等，可以通过图片、实物等直观形象导入。

例如，歌曲《三只猴子》本身故事性比较强，可以采用故事讲述的方式来导入：猴妈妈有3只调皮可爱的小猴子宝宝，一天，3只小猴子在家里的床上跳来跳去玩得正起劲儿，一不小心一只小猴子摔了下去，猴妈妈急得大声叫："赶快下来，不要在床上跳了。"这3只调皮的小猴子到底有没有听妈妈的话从床上下来呢？我们听一听歌曲吧。

附歌曲：三只猴子

1=D 4/4

| 5̣ 3 | 3 3 4 | 3 2 | 2 | 5̣ 2 | 2 2 2 3 | 2 1 1 1 | 1 |

三 只　猴 子 在　床 上　跳，　有 一 只　猴 子 头 上　摔 了 一 个　包，
两 只　猴 子 在　床 上　跳，　有 一 只　猴 子 头 上　摔 了 一 个　包，
一 只　猴 子 在　床 上　跳，　有 一 只　猴 子 头 上　摔 了 一 个　包，
你 们　看 床 上　静 悄　悄，　猴 子 们　不 知 跑 到　哪 儿 去　了，

| 5̣ 3 | 3 3 4 | 3 2 | 2 | 5 5 | 5 5 | 3 1 2 1 | 1 :|

妈 妈　急 得　大 声　叫，　赶 快　下 来　别 再　跳。
妈 妈　急 得　大 声　叫，　赶 快　下 来　别 再　跳。
妈 妈　急 得　大 声　叫，　赶 快　下 来　别 再　跳。
床 上　床 下 都　找 不　到，　原 来 在　医 院 床 上　不 能 动　了。

2. 学唱新歌

学唱新歌环节包括欣赏歌曲、学习歌词、学唱歌曲3个方面。

（1）欣赏歌曲

欣赏歌曲是教师把新教材正式介绍给幼儿的过程。在欣赏歌曲时，可以采用教师范唱、播放音频、视频等多种形式，让幼儿对歌曲有初步的整体认知。

如果采取教师范唱，教师的范唱不仅应有正确的歌唱技巧，如正确的姿势、清楚的吐字、准确的旋律与节奏、适当的表情与动作等，还应当为幼儿树立良好的榜样，并且怀着对幼儿、对歌曲的真挚情感来演唱，使幼儿真正受到音乐艺术的熏陶。与倾听声乐技巧高超的歌唱家演唱相比，对于自己喜爱的歌曲，幼儿往往更加喜爱听老师富有感情地唱，会倍感亲切。

欣赏完歌曲后，教师可以请幼儿简单表达自己的感受，如："请小朋友们说一说听完这首歌曲后，你有什么感觉？""这首歌曲唱了什么？""你听到了什么？"等，目的是加深幼儿对歌曲的感受和认识，培养幼儿的独立思考能力、想象能力和语言表达能力等。

（2）学习歌词

在学习歌词内容时，可以通过启发式提问、教具提示、节奏朗读等方式，帮助幼儿记忆、理解歌词内容，帮助幼儿体验歌曲情感，熟悉、记忆歌词。具体方法有以下几种。

①填充提问法。教师说歌词的前半句，请幼儿接说后半句。如果幼儿回答的具体歌词有误时，教师应把正确的歌词重复一遍，或让幼儿跟说一遍，以使其熟悉正确的歌词。这种方法适合那些歌词整齐的歌曲。例如，教唱歌曲《我爱我的小动物》，教师提出问题：我爱我的小猫，小猫怎样叫？幼儿回答：小猫的叫声"喵喵喵，喵喵喵，喵喵喵喵喵"。

②逻辑提问法。教师按照歌曲内容的逻辑关系组织提问。通过一问一答的方式，帮助幼儿熟悉记忆。例如，教唱《粗心的小画家》，教师提问："为什么说丁丁是个粗心的小画家？"引导幼儿根据教师的范唱回答出："画只螃蟹四条腿、画匹大马没尾巴"等，让他们在回答问题的过程中熟悉、记忆歌词。

③节奏朗诵法。教师指导幼儿按照歌曲节奏朗诵歌词，有助于幼儿记忆歌词和旋律、节奏。配之有节奏的拍手动作，可以使歌词朗朗上口，充满节奏感。这种方式也是一种简单的韵律活动，可以将歌词配上与旋律相应的朗诵节奏或者简单的身体律动。

④直观教具法。教师选用与歌曲内容相关的图片、图谱、玩具、实物等直观教具，配合范唱或幼儿的学唱。生动的教具可以提示、帮助幼儿记忆歌词。例如，教唱《粗心的小画家》时，可结合歌词，把丁丁画的画展示出来，帮助幼儿记忆歌词。

此外，教师还可根据歌词创作简单生动的图谱帮助幼儿记忆理解歌词。图谱能把抽象的歌词形象化，非常适合幼儿的学习特点，是幼儿理解记忆歌词的一个非常有效的方法。例如，学习歌曲《小树叶》的歌词时可借助形象的图谱来帮助幼儿记忆歌词。

附歌曲：小树叶

陈镒康　词
茅光星　曲

1=G 2/4

3 3 3 2 | 1 0 5 0 | 3 3 3 3 | 2 - | 2 3 5 | 3 3 2 | 1. 6 |
秋 风 起 来 啦，　秋 风 起 来 啦，　小 树 叶 离 开 了 妈
小 树 叶 沙 沙，　沙 沙 沙 沙 沙，　好 像 在 勇 敢 地 说

1 - | 7. 7 | 7 7 6 5 | 6. 1 | 2 - | 2 3 5 | 3 2 | 1 - | 1 - ‖
妈，　飘 呀 飘 呀 飘 向 哪 里？心 里 可 害 怕？
话：春 天 春 天 我 会 回 来，打 扮 树 妈 妈。

（3）学唱歌曲

学唱歌曲包括整体教唱和分句教唱两种形式。整体教唱是指教师完整地教唱，幼儿完整地跟唱，也可以称作全曲带唱，通常情况下，这个过程可多遍重复，直至大部分幼儿能哼唱出歌曲。分句教唱是指教师唱一句，幼儿学一句。这种方法的缺点在于破坏了歌曲的完整性和要表达的艺术形象，而且一句一句地学唱很难激发幼儿的积极思维、记忆和想象等。所以，这种方法常用于解决歌曲中的重点和难点乐句的学唱。教师在组织教学时可将两种形式结合使用。

3. 复习歌曲

复习歌曲的目的是让幼儿牢固掌握歌曲，提高幼儿在原有歌唱水平上的表现力。复习歌曲时可以采用边唱边演、变换形式、用教具唱、游戏、绘画、伴奏等多种形式练习，切忌简单、机械地重复。

教师要善于观察幼儿的表现，及时总结，并在音准、节奏、感情处理、速度和力度等方面对幼儿提出恰当的要求。同时要注意变换形式，将个人、小组、集体练习相结合，既可以防止幼儿歌唱疲劳，又可以让幼儿养成注意倾听他人的习惯，同时满足幼儿独立表现的愿望，体验到分工合作的快乐。

4. 创造性演唱

教师要多为幼儿提供自由表现的机会，鼓励幼儿创造性地演唱歌曲。不仅为幼儿提供演唱歌曲的机会，还要注重为幼儿提供技能表现、情感表现、态度表现、创造力表现等多元的表现空间，让幼儿获得的一切音乐感受、情感、理解和想象都能用他们喜欢的方式表现出来。尊重每个幼儿的想法和创造，肯定和接纳他们独特的审美感受和表现方式，分享他们创造的快乐，从而促进幼儿多方面的发展。创造性演唱的形式通常有以下几种。

①创编动作。为歌曲创编动作是创造性歌唱活动最常见的一种形式。对于结构简单、工整，歌词内容富有动作性的歌曲，教师可以引导儿童展开想象，为歌曲创编出生动、形象且有趣的

表演性动作。例如，歌曲《走路》，歌词明确提示了动作，动作创编较容易。又如，歌曲《蝴蝶花》，教师可根据歌词内容引导幼儿运用动作来表现"花蝴蝶""轻轻走""为什么蝴蝶不害怕"等情节。这首歌曲具有一定的情节，歌词对动作有一定的暗示性，且创编的动作应具有完整性和连贯性，才能够很好地表现歌曲的情节。

②创编歌词。在歌词创编活动中，幼儿歌唱的积极性和主动性大大提高，能充分地体验和享受到自我表现的乐趣；同时，歌词创编对幼儿的音乐认识能力及创造意识能力的培养大有益处。例如，歌曲《雪花和雨滴》，教师可以引导儿童创编四季中的夏天和秋天等。在歌词创编活动中，教师应该想方设法充分调动每个幼儿的积极主动性，真正放手让幼儿自己开动脑筋去想、去编，而不要包办代替，除非幼儿在用词方面有难以克服的障碍，需要教师给予适当的点拨和指导。

③创编伴奏。创编伴奏可以与复习歌曲相结合，引导幼儿用拍手、说白、乐器演奏等方式为歌曲创编伴奏，既能增强幼儿的节奏感，又能提高幼儿歌唱的兴趣。例如，歌曲《小鸟飞来了》，教师引导幼儿创编出不同的节奏型，再选配不同的打击乐器，如碰铃、铃鼓、三角铁等，为歌曲伴奏。

④创编丰富的演唱形式。让幼儿为同一首歌曲创造不同的演唱形式，可以帮助儿童增加对歌曲的理解，提高歌唱的表现力。例如，歌曲《哈巴狗》，教师可以启发幼儿想象出不同的演唱形式：两手放在头的两侧做小狗耳朵；按歌曲节奏招手、拍手、拍腿；两手放在嘴边做啃骨头的动作等。

二、学前儿童歌唱活动的指导

歌唱是再创造的艺术，教师起着关键性的主导作用，因此教师对幼儿的正确指导具有重要的意义。

（一）创新形式和优化方式是实施学前儿童歌唱活动的有效策略

组织幼儿学唱新歌，方式手段有许多，切入点更可多种多样，教师只有灵活组织活动、借助多种形式的练习，才能使活动生动有效。在引导幼儿进行练习、巩固演唱时，切忌采用简单、机械的重复形式，教师要善于观察幼儿的歌唱情况，注意练习方式的多样化。教师在组织活动时可以用一种方法，也可以同时采用几种方法，如利用图谱进行歌唱活动，不仅符合幼儿形象思维占优势的学习特点，更有利于幼儿建立清晰、明确的概念。图谱可以把音乐材料简单化、形象化，增强直观效果。教师可以启发幼儿在理解图谱的基础上记忆歌词，掌握各种旋律节奏、歌曲的音色、音准、情感，从而调动幼儿的学习兴趣以及主动参与的积极性，加深理解和记忆。幼儿在多样化的"玩""乐"中实现轻松学、快乐学，避免单一集体歌唱练习可能导致的枯燥、乏味，能有效地帮助幼儿自主学习，从而提高歌唱活动质量。

（二）引导幼儿感受音乐和表现音乐是实施学前儿童歌唱活动的重点

歌唱活动是在提高幼儿音乐基础素质的前提下进行的音乐教育活动。教师必须以幼儿感知歌曲的诸要素为基础，从幼儿的听觉入手，通过幼儿对歌词和旋律的初步感受，使其产生联想和情感上的共鸣。教师应积极引导幼儿辨别音高、音值、速度、力度，感知节拍、节奏、歌曲的结构以及旋律进行等，促进幼儿音乐综合素质的提升。同时，在歌唱活动中教师还要鼓励幼儿积极体验，通过歌声和动作表达歌曲的情感，产生共鸣，使幼儿全身心沉浸在歌唱活动中，从而获得快乐的感受。在歌唱过程中幼儿换气的间隔不宜过长，音量力度不宜太强，音域要适度，一次连续唱歌的时间不宜过长，不要使幼儿娇嫩的发声器官过分紧张，避免损伤幼儿的嗓子，造成声音沙哑。

（三）突出主体和因材施教是实施学前儿童歌唱活动的基本原则

教师和幼儿在音乐活动中适度的相互作用是保证教育活动"生动活泼"的重要因素。在歌唱活动中，教师应依据具体的内容确定自己的参与方式，通过有效的互动，突出幼儿的主体地位，鼓励幼儿主动参与。通过探索—发现、操作—尝试、感受—体验、即兴—创作，综合幼儿间的个体差异，进行有针对性的指导，通过幼儿学唱—会唱—有感情地歌唱过程，由模仿到创造，使幼儿获得知识和技能，用歌声、动作来激励和教育幼儿，促进幼儿可持续性地全面发展。

案例展示4-1

中班歌唱活动：春雨沙沙

活动目标

认知目标：理解歌曲大致内容，知道种子发芽离不开雨水的道理。
技能目标：能活泼、亲切地演唱儿歌，能大胆地用准确的情感表现歌曲内容。
情感目标：体验歌唱与表演的快乐，感受大自然的神奇与美妙。

活动重难点

活动重点：理解歌曲内容，初步学会演唱歌曲。
活动难点：在理解歌曲的基础上，用准确、丰富、饱满的情感演唱儿歌。

活动准备

材料准备：PPT课件、小雨滴手指偶、儿歌图谱、音频等。
经验准备：幼儿倾听过下雨的声音，见过种子发出来的小芽。

活动过程

1. 开始部分
（1）趣味导入，激发幼儿活动兴趣。
利用小雨滴手指偶导入，吸引幼儿注意力。
（2）初步欣赏音乐，仔细倾听儿歌内容。
师：小雨滴到底有怎样的神奇魔法呢？让我们一起来听一听《春雨沙沙》这首歌，它会告诉我们答案哦！请小朋友们认真听！

2. 基本部分
（1）幼儿跟随歌曲旋律进行发声练习。
师：你们回答得很棒！小朋友们现在还记得儿歌是怎么唱的吗？现在请小朋友们和老师一起跟着音乐哼唱一下吧！
（2）幼儿看图谱识记歌词并学唱新歌。
①展示图谱，幼儿熟悉图谱内容。
②教师带领幼儿跟着图谱学唱。
师：刚刚我们已经熟悉了儿歌的旋律，现在我们跟着图谱宝宝加上歌词来唱一遍吧，请小朋友们跟着老师一起唱。准备好，我们要开始啦！（全曲带唱2~3遍）
（3）趣味接唱——"小小演唱会"。
师：你们唱得那么好，接下来我们一起来玩儿个游戏吧！

游戏规则：老师先唱，幼儿再唱，老师唱完一句先停下来，当老师的手指向幼儿的时候，幼儿要接着唱第二句，这样老师唱一句幼儿唱一句，看谁接得又准又快。

3. 结束部分

集体展示学习成果，教师和幼儿共同边做动作边演唱儿歌，结束本次活动。

活动延伸

1. 在自然区种下种子，观察记录它们的生长过程。
2. 为儿歌编配新的简单动作。
3. 和小朋友们讨论这首儿歌可以用什么乐器演奏。

附歌曲：春雨沙沙

$1=F \quad \frac{2}{4}$

(5 3 3 3 | 1 3 3 3 | 2 2 1 2 3 | 1 1 1) | 5 3 | 5 3 |
　　　　　　　　　　　　　　　　　　　　　　　　　春　雨　春　雨
　　　　　　　　　　　　　　　　　　　　　　　　　春　雨　春　雨

1 1 1 | 1 1 1 | 5 3 | 5 3 | 2 2 2 | 2 2 2 |
沙沙　沙　沙沙　沙，　种　子　种　子　在说话，在说话，
沙沙　沙　沙沙　沙，　种　子　种　子　在说话，在说话，

5 3 3 | 5 3 5 6 | 5 — | 5 3 3 | 2 1 2 3 | 1 — ‖
哎呀　呀　雨水　真　甜，　　　　哎哟　哟　我要发　芽。
哎呀　呀　我要　出　土，　　　　哎哟　哟　我要长　大。

📖 **拓展阅读 4-1**

中班歌唱活动"办家家"案例评析

设计思路

《办家家》是一首可以边唱边玩儿、边唱边演的幼儿歌曲。这首歌曲中间的说唱部分是最令幼儿兴奋的部分，加以变换可以提高幼儿参与的兴趣，发展幼儿的思维。因此，教师设计了歌唱活动"办家家"。

活动目标

（1）喜欢演唱歌曲，感受歌曲活泼欢快的情绪。
（2）乐意创编说唱部分的歌词，并有节奏地说唱。
（3）愉快地结伴表演，学习用体态、表情等进行交流。

活动过程

1. 谈话引出话题

师（饶有兴趣地）：小朋友们，你们玩儿过"办家家"的游戏吗？

幼：玩儿过，玩儿过。
师：那游戏中谁当爸爸，谁当妈妈？
幼（七嘴八舌地）：我当爸爸。我当妈妈。
师：那你们是怎么玩儿的？烧了什么好吃的菜？
师：你们会炒菜吗？来，学一下。（幼儿边学边讨论着）
师：现在，我们一起玩儿"办家家"吧！

◆ 评析：在教师层层递进的启发下，幼儿已有的知识经验得到迁移，从而可以构建起新的知识体系和能力结构。教师的引导激发了幼儿抒发内心情感的需求，唤起了幼儿的游戏兴趣。

2. 帮助幼儿熟悉歌曲

请幼儿倾听教师有表情地示范演唱。

教师轻声演唱：我来做爸爸，你来做妈妈，我们一起来呀，一起办家家……

幼儿高兴地随着教师一会儿张张嘴，一会儿耸耸肩，一会儿扭扭屁股……

3. 师幼共同随音乐的节奏熟悉歌词

教师示范演唱，鼓励幼儿小声跟唱。

师：你觉得这首歌曲哪里最好玩儿？你最喜欢哪一句？一起试试吧。

有五六个小朋友站起来试着唱出了自己喜欢的乐句，有的不成调，有的连不成句，教师一一用规范的声音加以示范。

◆ 评析：如果在生硬的反复练唱中让幼儿逐渐熟悉歌曲，很容易扼杀幼儿刚刚被激起的兴趣。教师提问"最喜欢哪一句？"让幼儿在不经意间倾听、欣赏，巩固了对乐曲的整体印象，进一步感知了歌曲的节奏强弱、轻重变化，也帮助他们更好地了解歌曲，起到了润物细无声的效果。

4. 请幼儿整体跟唱歌曲

师：请小朋友们小声地跟我一起唱吧！

幼儿认真跟唱着，唱到说唱部分（炒小菜、炒小菜，炒好小菜，开饭喽）时饶有兴趣，声音整齐响亮，而唱到说与唱的联结处时，却明显声音稀疏。针对幼儿在连音和说唱联结处出现的认知冲突，教师将音节提取出来单独练习：用手在空中画出起点低、落点高的连线，同时配合示范（将速度放慢，口形夸大），帮助幼儿掌握连音符号的演唱。在说唱联结处，教师用体态语提前告知幼儿，并用口形提示，帮助幼儿及时接唱并找到音高。

师：把声音唱出来，但是不要喊叫，不然嗓子会痛的。

◆ 评析：整体跟唱的教学方法可保持音乐的完整度，保护作品音乐情境，但对于个别较难掌握的乐句，则必须把分句教唱作为整体教唱的补充，把乐句或小节单独提取出来。教师在说唱部分没有做任何强调，而是在说与唱的联结处明显放慢了示范速度，强调了演唱口形，加强了手势暗示，降低了演唱难度。由于教师不失时机地注意提醒幼儿演唱时声音自然，正确用嗓，幼儿喊叫的声音渐渐少了，并学会用较自然的声音进行演唱。

5. 引导幼儿自然地演唱歌曲

师：这一遍，请会唱的小朋友声音稍微大一点儿。
师：这一遍，请小朋友将说唱的部分念得好玩一点儿。
师：这首歌哪里可以唱得响，哪里可以唱得轻一点儿？来，我们一起试试。

请一位小朋友和教师一起分角色表演歌曲。

请几位小朋友分角色表演歌曲，其他小朋友进行评议。

◆ 评析：教师不断地把问题抛给幼儿，让其不断接受挑战，每一遍都赋予新的要求、新的兴趣，给幼儿的歌唱活动带来了无穷的乐趣。

6. 鼓励幼儿根据自己的喜好创编歌词进行演唱

师（高兴地）：小朋友们，你们还想吃什么？

幼（兴高采烈地）：吃烧卖、吃鱼、吃红烧肉……

师：我们来做这些菜吧！先做什么菜？

教师和幼儿一起变换说唱部分的内容，练习歌曲演唱。

◆ 评析：谱写歌曲是一种创造，演唱歌曲是一种再创造。教师问"你还喜欢吃什么？"幼儿有的说是鱼，有的说是蛋，有的说是鸡；或是煎，或是烧，或是煮，或是炖。整个过程幼儿很开心，拓宽了幼儿思路，丰富了歌曲内涵，延伸了活动内容，将幼儿内心对音乐的感受释放出来，极大地满足了幼儿再创造的愿望。

7. 请幼儿自由运用各种方式演唱《办家家》

幼儿自由结伴表演。教师鼓励幼儿将自己编的词唱出来并提醒幼儿注意用眼睛注视同伴，用动作配合同伴，体验交流的快乐。

◆ 评析：不同的幼儿在做菜过程中有着不同的表情和体态，通过交换表演伙伴，幼儿可以体验不同的游戏情境，感受不同的表演情绪。让幼儿在游戏情境中演唱，通过音色、歌词、伙伴的更换，使幼儿身临其境，兴趣盎然，参与集体演唱、创作歌词、结伴表演的喜悦之情溢于言表。

活动延伸

（1）鼓励幼儿和其他班级的幼儿一起表演"办家家"。

（2）鼓励幼儿在区角活动中边玩儿边唱《办家家》。

实践活动

1. 按照歌唱活动的目标制定要求，为歌曲《国旗多美丽》制定三维目标。

   附歌曲：国旗多美丽

常瑞 词
谢白倩 曲

$1=C$ $\frac{2}{4}$

（1·3 55 | 65 | 6 23 | 1 - ）5 1 | 5 3 | 1·2 34 |
　　　　　　　　　　　　　　　　国旗 国旗 多 美
　　　　　　　　　　　　　　　　国旗 国旗 多 美

5 - | 5 1 | 5 3 | 4 31 | 2 - | 3· 4 | 56 5 |
丽　　天 天　升 在　朝 霞　里　　小 朋　友 们
丽　　五 颗　星 星　照 大　地　　祖 国　前 进

```
6 5 | 3 - | 1·3 5 5 | 6 5 | 6 2̂3 | 1 - ‖
爱祖  国     向着国旗  敬礼，  敬个礼。
我成  长     向着国旗  敬礼，  敬个礼。
```

2. 为歌曲《快乐的小蜗牛》设计制作一份简单实用的音乐图谱。

附歌曲：快乐的小蜗牛

1=D 3/4

从容地、有趣地

千红 词
颂今 曲

```
(5 - 35 | 6 6 6 | 3 - 53 | 2 2 2 | 3 2 3 |
 5 6 5 | 3 - 32 | 1 1 1 ) | 5 - 3 | 5 6 5 |
                            我 是 快乐 的
                            我 是 快乐 的

1 - 54 | 3 3 3 | 5 - 3 | 6̂5 | 5 1 | 54 |
小  蜗  牛呦呦，背 着 房  子 去  旅
小  蜗  牛呦呦，天 南 地  北 去  旅

3 3 3 | 2 - 2 | 2 - 5 | 3 - 53 | 2 2 2 |
游呦呦。 伸 出  两 只 小  犄 角呦呦，
游呦呦。 刮 风  下 雨 我  不 怕呦呦，

2 - 2 | 2 - 5 | 3 - 32 | 1 1 1 | 5 - 35 | 6 - - |
一 边  看 来 一 边  走呦呦。咿 呀儿 呦，
躲 边  小 屋 乐 悠  悠呦呦。

3 - 53 | 2 - - | 3 2 3 | 5 6 5 | 3 - 32 | 1 1 1 ‖
呀 咿儿 呦，  我 从 来 不 回 头 不 回 头呦呦。
```

3. 观摩幼儿园小、中、大班集体歌唱活动，结合所学内容对整个活动进行分析。
4. 以小组为单位，分别选择不同年龄阶段的歌唱内容，设计活动方案，准备玩教具，进行模拟试讲。

💡 **思考与练习**

1. 结合实际谈谈学前儿童歌唱能力发展的特点。
2. 简述学前儿童歌唱活动应如何选材。
3. 学前儿童歌唱活动的导入可采取哪些方式？
4. 在学前儿童歌唱活动中应该如何引导幼儿创造性演唱？

第五单元 学前儿童韵律活动

① 知识目标

明确学前儿童韵律活动的含义、学前儿童韵律能力的发展特点及学前儿童韵律活动的类型,理解学前儿童韵律活动的目标及选材要求,掌握学前儿童韵律活动设计的一般环节及指导要点。

② 技能目标

会选择适宜的动作,设计和指导不同类型的学前儿童韵律活动。

③ 情感目标

激发对学前儿童韵律教育活动的热情,秉持以幼儿为本的教育理念,在设计与组织学前儿童韵律教育活动时勇于探索与创新。

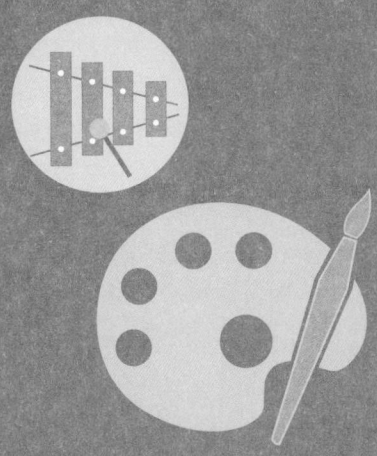

内容图解

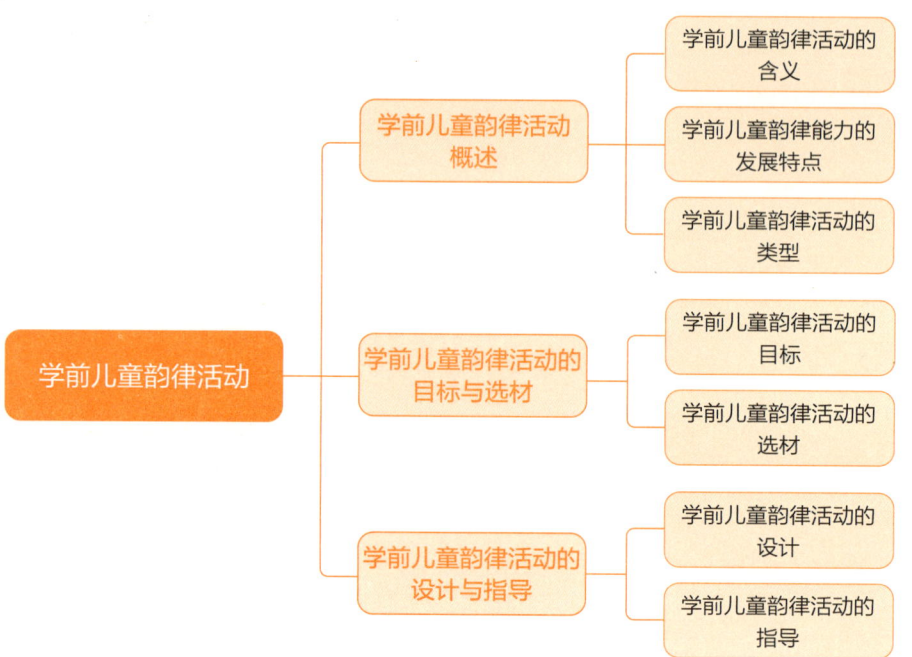

小班韵律活动"老虎歌"教学片段

在韵律活动"老虎歌"中,教师在导入环节出示"老虎"图谱,并与幼儿就图谱内容展开讨论。

教师出示图谱,图谱上是老虎的耳朵。

教师提问:你们猜猜它是谁?

形形说:小猫咪。

教师追问:有可能哦,它真的是小猫咪吗?

然然说:是蝴蝶。

教师肯定了她的回答:你觉得像蝴蝶,还有不同的想法吗?

红红说:是小松鼠。

孩子们纷纷开始讨论图片中的内容,这时教师说:"今天我们要用唱歌的方式介绍它,你们仔细听一听它到底是谁。"随着音乐的播放,幼儿们开始猜测图谱里的动物是什么。听完歌曲后孩子们纷纷回答:"是老虎。"教师没有立刻肯定孩子们的回答,而是继续提问:"老虎是什么样子的?"每当幼儿回答出一处特征,教师就出示对应部分的图谱,并和孩子们学做动作表现老虎的特征,直到最后出示完整的图谱内容。

案例评析:在"老虎歌"韵律活动中,教师运用图谱引导幼儿进行大胆猜想,并适时公布答案对幼儿的思考加以验证。同时,教师还在活动中穿插了音乐、教师表演等元素,丰富的表现形式吸引了幼儿的注意,帮助幼儿将"老虎"的形象与音乐相联系,为接下来的动作创编和随乐律动环节奠定了基础。

韵律活动在幼儿园的音乐活动中占有极为重要的地位。在幼儿音乐活动中，音乐与身体动作常常是不可分割的，正如"体态律动学"的创始人达尔克罗兹所说："音乐教育应从身心两方面同时入手去训练儿童，让儿童从刚开始接触音乐起，不仅学习用听觉感受音乐，同时学习用整个机体和心灵去感受节奏的疏密、旋律的起伏、情绪的变化。只有在身心两方面都真正投入到音乐中以后，内心对音乐的感受理解才可能是精确的、生动的，同时由此而产生的动作才可能是一种真正充满生命律动的体态。"可见，韵律活动不仅是幼儿学习音乐、学习舞蹈、体验和表达情感最自然的方式，也是幼儿音乐教育的一项极其重要的内容。

第一节　学前儿童韵律活动概述

一、学前儿童韵律活动的含义

韵律活动是在音乐的伴奏下用协调的身体动作来表现音乐的一种艺术活动形式。

学前儿童韵律活动是指教师依据幼儿的身心发展特点，有计划、有组织地组织幼儿通过有节奏的身体动作来表现音乐，以培养幼儿的音乐感受力、表现力和创造力的音乐教育活动。

学前儿童韵律活动概述

学前儿童韵律活动的教育价值主要体现在：发展幼儿肢体动作运动能力、借助身体运动感受和表现音乐能力，提高幼儿身心协调活动能力。与此同时，韵律活动还可以满足幼儿身体活动的需要。幼儿参与音乐活动的过程是满足对音乐进行探究的需要，幼儿的想象、联想、思维和情感交流是满足创造性表现的需要。因此，教师要为幼儿身心健康的发展提供必要的外部条件。

二、学前儿童韵律能力的发展特点

学前儿童韵律能力的发展有一个渐进的过程，体现出了一定的年龄阶段特点。

（一）0~3岁儿童韵律能力的发展

儿童在出生之前就开始了动作，而婴儿期更是其动作迅速发展的时期。婴儿期动作的发展是一个从整体到具体、从粗糙到精细的过程。3岁前，儿童的身体动作是从未分化的不随意阶段逐步向初步分化的随意阶段发展的；孩子从出生到6个月期间，不仅能够对声音作出反应，还会用动作寻找声源。人们在婴儿的摇篮边摇响拨浪鼓或微风吹动窗前的风铃发出丁零零声时，可以看到婴儿会高兴地扭动身体、手舞足蹈，甚至用他们的手或脚去碰击那些发出动听声音的玩具，但这些动作只是婴儿的一种本能反应，是全身性的、是比较笼统的。随着年龄的增长，儿童的动作逐步分化为局部的、比较准确的动作。一般来说，2岁左右的儿童能自如地行走、爬、滑、滚、拍、推、拉等，在此基础上还能做一些较细小的动作，如敲小鼓、用嘴吹等。到3岁左右，大多数儿童基本掌握了拍手、点头、摇头、晃动手臂、用手拍击身体部位等非移位动作，并能伴随着节奏鲜明的音乐自发地点头、跳跃、转圈、摇摆等。

虽然6个月左右的婴儿能对音乐作出主动的反应，晃动身体或转头，但这些身体运动还不是由节奏性的音乐引起的，只是对纯音响作出的反应。到1岁半左右，幼儿才会对比较鲜明的节奏作出相应的动作反应。这种对刺激反应的明显进步表现为不同类型的身体动作显著增加，试图使自己的动作与音乐节奏相协调，具有与成人一起舞蹈的意向等。3岁左右的儿童，其随乐动作能力有了较大的发展，他们一般能较好地跟随音乐控制自己的动作。此外，随着动作与音乐协调能力的逐渐提高，这一年龄阶段的儿童节奏能力也逐步发展，表现为对能发出悦耳声音的玩具乐器产生一定的兴趣，会有意识地去敲击、演奏。虽然这些动作多是偶然的、零碎的，但能够为儿童以后的乐器学习和节奏能力的发展打下一个良好的基础。

（二）3~4岁儿童韵律能力的发展

3岁以后，儿童的动作发展进入逐步分化的阶段。他们多数能自如地运用手、臂、躯干做各种单纯的动作，但神经系统协调性发展还不成熟，平衡及自控能力还较差，所以对幅度较大的上肢动作、下肢肌肉力量及弹性要求不是太高的单纯的移动动作等比较容易掌握，而对跳跃动作及上、下肢联合的复合动作掌握起来还有一定的困难。

在随乐能力方面，3~4岁儿童能利用简单的动作表现自己对音乐的体验，往往会自发地跟着音乐踏脚、拍手，但他们的身体动作与音乐的节奏还不能完全一致。在教师的引导下，这个年龄段的儿童会根据音乐协调自己的动作，尽可能地做到合拍、速度均匀，但这种均匀性难以长时间保持。

在合作协调方面，3~4岁儿童在韵律活动中虽然有一些交往欲望，但还谈不上与他人合作协调，其动作表现往往是以自我为中心的，他们还不善于运用动作与同伴配合、交流、共享。

在创造性表现方面，3~4岁儿童的创造性表现已有了初步的意识和发展。他们能根据音乐性质的变化，用相应的动作来表达自己的感觉。同时，他们还能用自己想出来的动作来模仿、表现日常生活中所熟悉的具体事物，用动作来表现自己的情感体验。

（三）4~5岁儿童韵律能力的发展

4~5岁儿童的动作发展有了明显的进步，身体粗大动作及手臂动作得到了很好的发展，走、跑、跳等下肢动作也逐步提高，能够比较自由地做一些上肢和躯干的连续移动动作，而且平衡能力及动作的控制能力有所加强，上下肢联合的复合动作也逐步发展起来。

这一阶段儿童的身体动作与音乐的协调性也进一步提高。他们能够轻松自如地跟随音乐做各种动作，而且动作不再像以前那样僵硬和紧张。此外，这一阶段的儿童还可以用不同的音乐节奏表现音乐的韵律变化。

4~5岁儿童有了一定的合作协调能力，已开始注意运用动作与同伴进行配合、交流，在集体活动中能与同伴共享空间而不发生碰撞，同时会主动邀请伙伴与他们共同舞蹈，如两个孩子一起表现袋鼠妈妈和小袋鼠相亲相爱的动作等。

随着认知能力的发展，情感的逐步丰富、深化以及动作词汇和动作表达经验的不断积累，4~5岁儿童开始尝试用一些基本的舞蹈动作进行简单的创编，虽然这种创编需要教师的耐心引导，但是他们主动创编的意识和运用已有经验的能力明显提高。

（四）5~6岁儿童韵律能力的发展

5~6岁儿童的韵律能力则在各个方面都有了显著进步。

他们的动作进一步分化且更加精细，既能做复杂的上、下肢配合的联合动作，又能做一些手指、手腕的精细动作；同时他们对动作的自控能力更强，可以自如地变化上、下肢动作的速度和幅度，做更多复杂的连续移动动作（如秧歌十字步、溜冰步）等。此外，在做腾空动作时，平衡性和保持重心的能力也有了提高。

在随乐能力方面进步更加明显，不仅表现在能够自如地、熟练地表现音乐的节奏、节拍，而且能对比较复杂的节奏作出反应。此外，他们在活动中还能用动作对音乐的速度和力度以及音乐整体结构的变化作出较灵敏、较细致的反应。

在合作协调意识方面也越来越明确，合作协调的技能越来越强，能够主动追求与同伴一起参与韵律活动的快乐，能够用动作、表情和眼神与同伴交流、合作，在多人进行的合作表演中能更好地与他人共享空间。

5~6岁儿童用动作词语创造性表现音乐的积极性更强。同样的音乐、同样的主题内容，他们会努力地用自己已有的表达经验创造尽可能与别人不同的动作。

总之，学前儿童韵律活动能力的发展受生理器官和心理过程相互作用的影响，并且对于每个发展个体而言，体现出了较大的层次类别和表现差异。由此可见，教师需要针对不同年龄层次、不同发展水平、不同个性差异的儿童进行循序渐进的引导和教育，从而更好地帮助他们逐步积累艺术动作词汇，使他们体会并享受用基本动作词汇进行自我表达的乐趣。

三、学前儿童韵律活动的类型

幼儿园的韵律活动一般包括律动及其组合、舞蹈、音乐游戏三种类型。

（一）律动及其组合

1. 律动

律动是指在音乐伴奏下的韵律动作，可以分为基本动作、模仿动作和舞蹈动作三种。

（1）基本动作

基本动作主要指儿童在生理反射动作的基础上发展起来的生活动作，如走、跑、跳、摇头、点头、弯腰、屈膝、击掌、招手、抓握等。

（2）模仿动作

模仿动作主要指儿童在表现特定事物的外在形态和运动状况时所用的身体动作，大致包括：动物的动作，如小鸟飞、小鱼游等；自然界的现象，如刮风、下雨、花开等；日常活动的动作，如洗脸、梳头、刷牙、打气等；成人劳动或活动的动作，如采茶、锄地、骑马、开车等；儿童游戏中的动作，如压跷跷板、拍皮球等。

（3）舞蹈动作

舞蹈动作是指经过多年文化积淀、已经基本程式化的艺术表演性动作。学前儿童要学习和掌握的舞蹈动作主要是一些基本舞步。例如，小班幼儿要掌握碎步、小跑步；中班幼儿在此基础上要基本掌握蹦跳步、垫步、侧点步、踵趾小跑步、踏点步、踢踏步；大班幼儿要掌握进退步、交替步、溜冰步、跑跳步、跑马步、秧歌十字步等。除此之外，舞蹈动作还包括一些简单的手腕和手臂的动作。例如，中班幼儿要学习、掌握手腕转动；大班幼儿则学习基本的提手腕，而手臂的动作主要是平举、上下摆、弯曲和划圈。

2. 律动组合

律动组合是指按照一首结构相对完整的乐曲组织起来的韵律动作组合。它一般可以分为以下三种。

（1）身体节奏动作组合

身体节奏动作组合是指基本的身体动作的组合，如击掌、跺脚、拍腿、捻指等身体动作组合，其动作本身没有特别的意义，注重的是动作的节奏性。

（2）模仿动作组合

模仿动作组合是指以模仿动作为主的韵律动作组合，如小树苗睡着—醒来—长成大树—开花、结果。既注重模仿动作的组织结构，又注重对模仿对象的表现。

（3）舞蹈动作组合

舞蹈动作组合是指以舞蹈为主的韵律动作组合。可以是表现简单情节的舞蹈动作组合，也可以是以队形变化、舞伴配合的集体舞组合，还可以是比较自由的、即兴的自娱舞蹈组合等。它比较注重动作的组织结构。

（二）舞蹈

舞蹈是动作的艺术。它是以经过提炼加工的人体动作为主要表现手段，运用舞蹈语言、节奏、表情和构图等多种基本要素塑造舞蹈形象、表达人们思想感情的一种表演艺术。在学前阶段，儿童舞蹈的表现形式主要有以下几种。

1. 集体舞

集体舞是有许多儿童一起参加的、有一定的队形和动作规定并可交换舞伴的一种舞蹈形式。它是有利于儿童交流和分享音乐感受的一种舞蹈形式。

2. 邀请舞

邀请舞是集体舞的一种变形，是深受儿童喜爱的一种舞蹈形式，通常是由一部分儿童作为邀请者，与被邀请者跳完一遍以后互换角色，然后继续跳舞。

3. 双人舞

双人舞是指两个人相互配合地做韵律动作的一种舞蹈形式，包括2个人或2个人以上的组合形式。

4. 表演舞

表演舞是一种带有表演性质的舞蹈形式，可以在一般歌曲表演或舞蹈动作组合的基础上加工而成，一般限定舞蹈者人数。还可以适当采用一些舞蹈道具等辅助材料，通常在节日活动或文艺演出活动中被采用。

5. 独舞

独舞是指一个人独立地做韵律动作的一种舞蹈形式，即使是许多人一起表演但各自有独立的动作，相互间不发生交流或配合关系的舞蹈。

6. 自编舞

自编舞又称自娱舞，是儿童在掌握基本舞步和动作的基础上，根据音乐的性质、情绪创造性地自编舞蹈动作，自娱自乐式的一种舞蹈形式。

（三）音乐游戏

音乐游戏是在音乐伴随下进行的游戏活动。它是一种比较特殊的韵律活动，其特殊性主要表现在游戏和音乐的相互关系上。在音乐游戏中，音乐和游戏是相互促进、相辅相成的。音乐指挥、促进和制约着游戏活动，而游戏动作又能帮助儿童更具体、形象地感受和理解音乐，获得一定的情绪情感体验。因此，音乐游戏是深受儿童喜爱的一种音乐活动。

音乐游戏是一种有规则的游戏，同时也是以发展学前儿童的音乐能力为目标的一种游戏活动。它具有突出的教育作用，集中体现了音乐的艺术性、技能性与儿童的年龄特点和发展水平之间的对立统一。

音乐游戏是多种多样的，分类方式也各不相同。从游戏的形式来分，大致可分为歌舞游戏、表演游戏和听辨反应游戏。

1. 歌舞游戏

歌舞游戏一般是在歌曲的基础上产生的，即按照歌词、节奏、乐句和乐段的结构做动作并进行游戏。游戏的规则通常定在歌曲的结束处。这类游戏比较侧重于儿童的创造性动作表现。例如，将歌曲《袋鼠》设计成音乐游戏，主要侧重于引导儿童表现袋鼠妈妈和小袋鼠相亲相爱，可以启发儿童做不同的动作来表现。

2. 表演游戏

表演游戏是按专门设计、组织的不同音乐来做动作或变化动作而进行的游戏。从游戏内容上看，一般有一定的情节和角色；从游戏形式上看，带有较强的表演性。例如音乐游戏"熊与石头人"，整个音乐由三部分组成——主题歌曲、"熊走来"的音乐和"小朋友跳舞"的音乐。在玩此游戏时，儿童根据音乐展示的情节和内容进行表演：第一部分，由儿童边唱歌曲边按词意用动作自由表演；第二部分，由扮演"熊"的儿童（教师）按音乐节奏走出来，而其他儿童则自由摆放造型，但不能动，一"动"就会被"熊"发现（吃掉），必须退出游戏；第三部分，舞曲音乐响起，未被"熊"发现的小朋友自由地随音乐跳舞。游戏依此反复进行。在表演游戏的过程中，有时教师为了突出儿童的表演动作与音乐性质、节奏和结构的一致性，可以灵活、随机地改变音乐的顺序。例如，小朋友们正在跳舞的时候，突然插入"熊走来"的音乐等，以增加儿童的音乐与动作表演的一致性，同时增强游戏的趣味性。

3. 听辨反应游戏

听辨反应游戏比较侧重于对音乐和声音的分辨、判断能力的要求，以培养儿童对音乐的高低、强弱、快慢、音色、乐句等的分辨能力。它一般没有固定的游戏情节或内容，以儿童对音乐要素的反应和理解为主。例如，音乐游戏"什么乐器在唱歌"要求儿童分辨不同乐器的音色；音乐游戏"奇怪的声音"要求儿童分辨声音的强和弱，并用身体动作（如跺脚表示强，拍手表示弱等）加以反应。

第二节 学前儿童韵律活动的目标与选材

一、学前儿童韵律活动的目标

学前儿童韵律活动的目标包括总体目标和不同年龄班目标两部分。

（一）总体目标

学前儿童韵律活动的总体目标包括认识目标、技能目标、情感与态度目标。

1. 认知目标

①能够感知、理解韵律动作与音乐的关系，以及所表现的内容、情感和意义，并尝试运用创造性的动作、语言和表情进行表现和表达，知道如何使自己的动作与音乐相协调。

②能够感知、理解道具使用在韵律动作表现活动中的意义，并知道如何运用简单的道具。

③能够理解在活动中合理占用空间的意义，知道如何运用空间进行创造性的动作表现，并在活动中做到主动与他人一起合理使用空间。

④能够理解各种韵律活动形式所需的交往、合作要求，知道如何在韵律活动中与他人交往、合作。

2. 技能目标

①能够比较自如地运用和控制自己的身体，较协调地做出各种韵律动作，并能够自如地运用自己的身体动作进行再现性和创造性表现。

②能够运用简单的道具，并能够创造性地选择、制作和使用道具。

③能用简单的舞蹈动作表现自己的情绪或自然界的情景。
④能够在合作性的韵律活动中运用动作、表情与他人交往、合作。
⑤能用身体动作或可敲打的物品敲打节拍和基本节奏。

3. 情感与态度目标

①喜欢参加韵律活动，积极体验参与各种韵律活动的快乐。
②喜欢探索、运用道具和空间知识，并为探索和能创造性地使用感到满足。
③积极用身体动作和表情探索、表达自己对音乐的理解，在与他人合作的动作表演活动中获得交往、合作的快乐。

（二）不同年龄班目标

以下分别介绍小班、中班、大班学前儿童韵律活动的学习目标。

1. 小班

①能按音乐节奏做简单的上肢或下肢的大动作，并能随音乐的变化而变化动作。
②学会一些简单的基本动作、模仿动作。学习简单的歌唱表演和音乐游戏。
③能够通过肢体语言勇敢地表达自我，增强自我肯定的信心。

2. 中班

①能按音乐节拍、节奏做上下肢联动的小动作，并能随音乐变化较自如地改变动作。
②学会一些稍复杂的动作、简单舞蹈动作和集体舞动作。
③体会初步创编一些简单韵律动作的乐趣。

3. 大班

①能较准确地按音乐节奏做一些较精细、稍复杂的韵律动作。
②学习具有创造性、队形有变化的舞蹈、音乐游戏和韵律动作组合。
③体验并努力追求与他人友善合作，从中获得交往、合作的快乐。

二、学前儿童韵律活动的选材

韵律活动是在音乐的伴奏下以协调性的身体动作来表现音乐的活动。选择学前儿童韵律活动的材料时要考虑动作和音乐这两个要素，因为有时用动作表现音乐时会需要相关的道具来帮忙，所以还要考虑道具材料。

（一）动作的选择

韵律活动中动作的选择应考虑到儿童的兴趣和能力。因此，动作的类别和难度是选择动作的两个基本出发点。

1. 动作的类别

儿童的韵律动作主要有基本动作、模仿动作、舞蹈动作这三类。3~4岁儿童最感兴趣的是模仿动作，他们关心的不是动作本身，而是动作表现的熟悉事物。所以，为4岁以前儿童选择韵律动作时应以模仿动作为主，如生活动作、劳动动作以及各种动植物、交通工具、自然现象等。另外，有些基本舞步如小碎步、小跑步等，如果能够结合幼儿熟悉的事物，他们也乐于接受。4~6岁儿童仍然对模仿动作抱有浓厚的兴趣，在为他们选择韵律动作时，仍应多选择模仿动作。但是随着年龄的增长，韵律活动经验的增加，中班以后许多儿童特别是女孩开始对动作的形式美产生兴趣。因此，在为中、大班儿童选择韵律动作时，可以逐步增加舞蹈基本动作的内容，以满足他们发展的需要。

2. 动作的难度

幼儿动作的发展有三条规律：从大的整体动作到小的精细动作；从单纯动作到复合动作；从不移动动作到移动动作。因此，在韵律活动动作的选择和安排中，应体现循序渐进，尽量从单纯的、不移动的、大肌肉的分解动作，逐渐转入移动的复合动作及小肌肉精细动作的学习。

3~4岁幼儿最容易接受的是不移动的单纯上肢大肌肉动作。随后，可以逐步学会单纯的下肢动作。最后，逐步学会做简单的上下肢联合移动动作。另外，3~4岁幼儿一般比较容易接受连续重复的动作。

4~6岁幼儿可以较多地学习移动动作。其中包括含有腾空过程的跑、跳动作和复合动作，也可以学习手腕、手指、脚腕、眼睛、肩膀、膝盖等部位的比较精细的动作。随着记忆和反应能力的提高，动作变化可以较多地在乐句之间进行，甚至偶尔也可以在乐句之内进行。

（二）音乐的选择

1. 节奏清晰、结构工整

人的生命运动本身就是有规则、有秩序、有节奏的运动。因此，节奏清晰、结构工整的音乐，更能够激发幼儿进行韵律活动的欲望，也更容易让幼儿用动作来表现。

2. 旋律优美、形象鲜明

除少数特殊需要的动作外，为幼儿选择韵律活动的音乐应该是优美动听的。优美动听的音乐容易引起幼儿的好感，激发他们参加韵律活动的兴趣。同时，音乐形象鲜明也是吸引幼儿的重要条件之一。特别是对于模仿动作和表现情节、情绪的舞蹈来说，音乐形象鲜明显得更为重要。

在选择韵律活动音乐时，还应该注意多选不同节奏、不同性质、不同风格的音乐，以扩大幼儿的音乐视野，提高他们对音乐做出动作反应的能力。

（三）道具的选择

在幼儿的韵律活动中，多数情况可以不使用道具。在需要使用道具的情况下，所选道具应具有以下特点。

①所选道具能提高活动的趣味性，且便于使用，不妨碍随乐动作。

②所选道具具有审美特点，既不过于粗制滥造，又不过于精致逼真，应有益于引发和丰富儿童的想象与联想。

③不宜在经济或教师的精力上进行过多的投入。应多使用幼儿身边普通的甚至废旧的物品，让幼儿自己选配来进行舞蹈表演，这样有利于幼儿的审美敏感性、环保意识和创新能力的发展。

第三节　学前儿童韵律活动的设计与指导

一、学前儿童韵律活动的设计

学前儿童韵律活动的设计包括活动的准备和活动过程的设计。

（一）学前儿童韵律活动的准备

学前儿童韵律活动的准备包括教师的准备和幼儿的准备。

学前儿童韵律活动过程的设计

1. 教师的准备

教师的准备包括知识经验准备、环境与材料准备两方面。

（1）知识经验准备

熟悉音乐材料和动作材料，包括内容、主题、情节、风格、形象等；了解本班幼儿的情况；熟练地弹唱音乐材料；动作熟练、优美，并处理好音乐与动作的关系。

（2）环境与材料准备

布置环境和准备材料，做好相关环境布置，制作和准备相关道具，布置场地、场景等。

2. 幼儿的准备

幼儿的准备主要是经验准备。生活经验是幼儿有感情动作的基础，有了丰富的感性认识，幼儿头脑中才可能有足够的表象。这样他们在进行律动的同时，使记忆、想象等心理活动处于积极状态，从而达到音乐教育预期的效果。教师在进行韵律活动教学时，可以采取各种方法来丰富幼儿的感性经验。例如，观察实物的动作，用实物演示动作，带领幼儿进入实际的生活情境中去亲身感受，给幼儿实践的机会以获得亲身体验等。

（二）学前儿童韵律活动过程的设计

教师在设计学前儿童韵律活动过程时可以采用以下几种模式。

1. 导入—熟悉音乐—教师示范—模仿练习—完整表现

该模式是比较常规的一种韵律活动教学模式，适合于大部分韵律活动的组织开展。

（1）导入

活动开始时，教师运用幼儿喜欢的情境、故事或猜谜或提问等方式激发幼儿的学习兴趣，并自然地向幼儿介绍律动或舞蹈的名称，概括地讲述活动的内容，引起幼儿的学习兴趣。

（2）熟悉音乐

教师必须引导幼儿倾听音乐，感受音乐的节奏、节拍、结构、情绪和风格，熟悉音乐的特点和变化，注意音乐的变化与动作变化之间的联系。

（3）教师示范

引导幼儿练习前，教师可以先将舞蹈或律动完整地示范一次。第二次示范时，可以放慢速度，向幼儿讲清动作的方向，手、脚、头、身体如何配合等，指出动作的要领。教师的示范，应该准确、形象、情绪饱满，与音乐紧密配合，要让幼儿看清楚，并有一定的时间用于思考和理解。

值得强调的是，律动或舞蹈中的动作，教师可以自己设计，也可以让幼儿设计，这对于中班后期和大班幼儿是非常有必要的。但是让幼儿自己设计动作，教师必须考虑幼儿是否有较好的音乐感受力、想象力，是否积累了一定的技能等因素。教师可以帮助幼儿、启发幼儿：让他们根据自己对角色的理解及生活中的观察，将学过的、看过的动作再现出来，并在此基础上创造性地设计动作，使之符合角色的特点和音乐性质。

（4）模仿练习

引导幼儿进行模仿练习，要本着少讲多看、精讲多练、动静交替的原则，让幼儿从易到难、由分解到组合地进行练习。

（5）完整表现

韵律活动的最后一个环节即完整表现环节，教师引导幼儿跟随音乐完整表演韵律动作，教师可为幼儿提供适当的道具，提升幼儿对音乐与动作的整体感受，真正实现韵律活动的价值。

2. 教师示范—幼儿模仿—反复练习—随乐表演

该模式比较适合强调韵律动作相对整齐规范的活动。在学习新动作时注重教师的示范和指导，幼儿以模仿练习教师教授的动作为主。该模式的活动过程如下。

①教师采用幼儿易于清晰感知的方法反复示范韵律动作或动作组合。

②教师仔细分析讲解韵律动作要领、动作表现形式、情绪或动作组合结构，并让幼儿模仿，幼儿在模仿中学习。

③教师用不同方法调动幼儿练习动作的积极性，在反复练习中逐步熟练掌握。在练习过程中教师要及时给予整体或个别纠正，必要时教师进行再示范。

④教师带领幼儿随音乐完整表演韵律动作。

3. 引导—探索—创编—随乐表演

该模式主要适用于重点发展幼儿的动作创编兴趣和动作创编能力的韵律活动。该模式的活动过程如下。

①教师引导幼儿观察与韵律活动内容相关的真实事物或回忆生活经验，在此基础上提出活动主题。

②教师与幼儿一起根据观察结果或生活经验共同探索如何创编相关动作。

③教师组织幼儿倾听、体验、分析音乐，创编出新的动作并合理配置到音乐中去。

④教师带领幼儿随音乐完整表演创编好的韵律动作。

总之，有效的韵律活动是教师在幼儿充分感受、理解音乐的基础上，激发幼儿的创造思维，引导幼儿用身体动作来反映音乐的性质，让幼儿在快乐中发挥想象力与创造力的过程。

二、学前儿童韵律活动的指导

教师在对学前儿童韵律进行指导时应做到以下几点。

（一）重视培养幼儿对韵律活动的兴趣

在韵律活动中，教师不能仅仅追求动作的整齐、规范、统一，而忽视了幼儿在活动过程中的情感体验和态度倾向。其实，幼儿对做的"过程"比对做的"结果"更感兴趣。因为做的过程会给幼儿带来无比的满足和精力的释放，幼儿的许多创造性行为就表现在尝试和熟悉事物的活动过程中。因此，在韵律活动中，教师不能过多重视活动结果，而忽视活动中幼儿创意的表现。也许，幼儿的表现是凌乱的、幼稚的，但却是幼儿创造火花的闪现，需要教师及时捕捉和细心呵护，使之燃烧得更亮、更旺。

在韵律活动中，应尽可能地激发幼儿内部对活动探索的兴趣，并接纳每一个幼儿不同的、多元的、可变的、有相当自由度的创意。例如，在大班韵律活动"面条舞"中，教师启发幼儿把自己想象成一根面条，在开水中翻腾，接着让"面条"和"面条"之间互相碰撞、翻滚、缠绕。这个韵律活动虽然没有新颖有趣的教具，却始终使幼儿兴趣盎然。当专注于舞蹈动作的创编，尤其是表现"面条"之间的动作时，几乎每个幼儿都有自己独特的、夸张的舞蹈动作。这种源于幼儿内部的探索、创造兴趣，既能让幼儿深入韵律活动中感受音乐的美妙和动作的趣味，又能让幼儿产生积极的内部需求，主动地进行学习活动。

（二）发展幼儿的艺术表现力

教师在对学前儿童进行韵律活动时要注重发展幼儿的艺术表现力，具体包括幼儿动作的随乐性、协调性和表现性。

1. 发展幼儿动作的随乐性

发展幼儿动作的随乐性，主要有以下5种方式。

①伴随幼儿动作，教师自己哼唱或弹唱，有助于增强幼儿主动与音乐相一致的意识。

②启发幼儿边唱边做动作，有助于幼儿熟悉音乐和明白音乐与动作之间的关系，形成音乐与动作同时反应的意识。

③随着熟悉的音乐做动作。教师可经常给幼儿提供熟悉的音乐作品材料，使幼儿随乐进行韵律活动，减轻幼儿对陌生音乐的探索负担。

④韵律活动动作组合应简单、重复和具有美感，有助于幼儿记忆和表现。

⑤引导幼儿的动作与音乐情绪、风格和结构保持一致，提高幼儿的音乐感受能力和理解能力。

2. 发展幼儿动作的协调性

发展幼儿动作的协调性，主要有以下5种方式。

①营造轻松愉快的学习氛围，减轻幼儿的紧张情绪和认知负担。

②由慢速开始，采用幼儿最能接受的进度，逐渐加快速度。

③以幼儿的自然动作作为过渡，逐步引导幼儿将自然动作演变为艺术化动作或舞蹈性动作。

④将难度大的动作进行分解教学或"托管"式教学，即幼儿可跟随教师、同伴自然学习动作，逐步掌握动作要领。

⑤科学安排循序渐进式的动作学习序列，遵循幼儿动作技能的发展规律。

3. 发展幼儿动作的表现性

发展幼儿动作的表现性，主要有以下3种方式。

①提供各种有利机会，让幼儿进行观察，如观察教师的动作示范，观看视频、动画片等。

②启发、鼓励幼儿的创造性和想象力，如向幼儿提供平时周围环境中不易看到或不易接触到的事物和景象，拓宽其想象空间，激发其创造欲望。

③利用艺术通感效应，激发幼儿进行动作表现，如在美术、文学作品的激发下，鼓励幼儿用动作感知和表现其内心感受。

（三）创新活动方法

在韵律活动中，一些教师往往把现成的作品教给幼儿，较少注重幼儿主动性、创造性的培养。一些教师重视的往往是幼儿技能的训练，所采用的活动方法、模式比较固定。这既忽略了幼儿对音乐的感受，又忽略了幼儿的创造性表现，还违背了音乐教育要尽音乐艺术之可能、发挥音乐之优势来达到促进幼儿全面发展的教育目的。因此，应灵活采用多种活动方法，融合多种模式的优势，充分发挥幼儿创造的天赋，提升幼儿的音乐素养，真正实现韵律活动的价值。例如，教师可以在充分了解幼儿的基础上，采取替换法、联想法、游戏学习法、图谱表现法、多通道参与法等行之有效的方法。特别是教师可以用图谱表现法将复杂、枯燥的韵律活动变得简单化、直观化、形象化，方便幼儿学习。

（四）注意活动过程的动静交替

根据幼儿的身心发展特点，教师应选择科学、合理的韵律活动指导方法，尽可能采用多元化的手段刺激幼儿的大脑皮层，使之较长时间保持兴奋。活动过程遵循的基本原则是动静交替，即大小运动量交替、熟悉与变化交替、思考与表现交替、不同活动媒介交替。

教师应注意观察幼儿的表现，调整活动程序。当活动的动态达到一定量或持续一定时间时，幼儿容易进入疲劳状态，学习也会受阻，这时教师可调整成静态的方式让幼儿松弛下来。

韵律活动前期，幼儿身心处于未被唤醒的状态，教师可通过有效的导入（故事、猜谜、歌谣等），调动幼儿主动学习的积极性。

韵律活动中期（偏前期），幼儿注意力达到高峰状态，教师应及时抓住这一关键时期，解决活动中的重难点问题，如练习韵律活动中的动作。

韵律活动中期（偏后期），幼儿注意力保持的心理线开始波动，这时通过变换式动作练习或提供新刺激，可以激发幼儿的兴趣，使其保持注意力。

韵律活动后期，幼儿身心处于较为疲惫的状态，注意力逐渐下降。教师不要在此时提出过多或过难的新问题、新要求，应保证幼儿在轻松、愉快、安全的氛围中结束韵律活动。

案例展示 5-1

小班韵律活动：找小猫

活动目标

（1）熟悉乐曲，感受乐曲欢快的节奏。
（2）能根据歌词内容合拍地做出相应的动作。
（3）体验音乐游戏的乐趣。

活动准备

（1）学会"小猫走路"的动作。
（2）猫妈妈头饰1个，幼儿用书（画面"找小猫"）。
（3）将幼儿座位排成半圆形。

活动过程

（1）引导幼儿观察画面"找小猫"，帮助幼儿熟悉歌词。
（2）组织幼儿学唱歌曲第一段，教给幼儿相应的动作。
（3）老师戴上猫妈妈头饰，激发幼儿与猫妈妈共同游戏的愿望。
（4）组织幼儿听音乐完整地做游戏。教师用语言、动作及表情提醒幼儿：小猫躲好后不能乱动，猫妈妈没有碰到的小猫也不能乱动。

活动建议

（1）幼儿熟悉歌曲及游戏玩法后，可以让个别幼儿扮演猫妈妈，要求找小猫时能按节拍轻轻拍小猫的头。
（2）本活动可分两次进行，第一次学歌曲，第二次学游戏。
（3）游戏动作及玩法。

老师扮演猫妈妈，幼儿扮演小猫，全班幼儿站成一个圆圈，随曲学小猫走路，然后唱歌词并做以下动作。

第1~2小节：双臂曲肘于胸前，双掌靠近嘴（五指分开），作小猫的胡须状。
第3~4小节：双手在嘴边来回拉动。
第5~6小节：合拍地拍手（一拍一下）。
第7~8小节：指着猫妈妈。
第9~10小节：原地蹲下（或蹲在椅子旁，或四散找地方蹲下）。
第11~12小节：向猫妈妈招手，一拍一下。

小猫躲好后，猫妈妈边唱第二段歌词边做以下动作：

第1~4小节：动作同小猫。
第5~6小节：指指自己的小猫。
第7~8小节：双臂屈肘于胸前，双手合拍地指自己。

第9～12小节：边走边拍小猫的头，动作合节拍。

被拍到的小猫立即走到猫妈妈跟前。猫妈妈问："我的小猫在哪里？"未被拍到的小猫起立回答："喵——在这里！"

案例展示5-2

中班韵律活动：我们都是机器人

活动目标

（1）熟悉音乐，感受机器人舞蹈机械化的特点。

（2）尝试将人连贯的舞蹈动作改编成机器人的动作进行跳舞。

（3）体验跳机器人舞蹈的快乐。

活动准备

视频、音乐、PPT课件等。

活动过程

1. 跳跳邀请舞

师：前两天，我们班级来了一个新朋友，为了欢迎她，我们一起来跳好朋友的邀请舞吧。（音乐）

师：真棒！大家都找到好朋友了。你们的邀请舞跳得这么热闹，把一个远方的客人也吸引来了，大家看。（PPT课件）

师：这是谁啊？（机器人）听，它要和我们打招呼了。（小朋友，你们好）

师：我们该怎么回答啊？（机器人，你好）

师：机器人你们见过吗？在哪里见过？你见过的机器人是什么样的啊？你能来模仿一下吗？

师：原来啊，机器人和我们人类不一样——说话声音不一样，动作也不一样。

2. 看看、学学机器人

（1）看看机器人。

师：今天，有个机器人也想来找好朋友，让我们一起来看看，注意看它的动作。（视频）

师：你看到这个机器人做了哪些动作？（走路、整理服装、转身）

师：它做这些动作的时候和一般的人有什么不一样的地方？（断断续续的，不是连在一起的）

（2）学学机器人。

师：谁想来做一个机器人，学学它的动作？

师：你想学它哪个动作？（多叫几个小朋友，看谁学得最像。要求除了断断续续外还要用些力气）

师：我们一起来学学吧。（找出两个小朋友做比较，看谁的动作更像、更有力）

师：谁可以跟着好听的音乐再来试试？（要求配合音乐模仿机器人的动作；播放音乐《小松鼠进行曲》）

师：你们想试试看吗？听好音乐哦。

师：请小机器人走回自己的座位休息一下。原来啊，机器人的动作是要断开的、用力的。

（3）跳跳机器人邀请舞。

师：还记得第一个和我们打招呼的机器人吗？它来到我们地球上觉得很孤单，它想找好朋友，可是它找不到，你们有什么好方法吗？

幼：唱歌、讲故事、跳邀请舞。（幼儿讲到唱歌时，播放机器人录音）

师：可是机器人不会跳邀请舞啊，怎么办？

幼：我们会啊，我们可以教它。

师：那你们还记得邀请舞的动作吗？不记得的话没关系，老师为你们准备了4幅图片来帮帮你们。

师：你们看，这4幅图的顺序对吗？哪里不对？（第一幅和第二幅图的顺序错了，第三幅和第四幅图的顺序错了）

师：那现在对了吗？

师：那第一幅的动作应该怎么跳才能让机器人看懂呢？谁来试试看？大家一起来试试吧。嗯，第一个动作机器人应该能看懂了。

师：第二个动作老师会的，你们看老师跳得对不对哦。那我们一起来吧。

师：第三个动作谁会？那大家一起跳。

师：最后一个动作有难度。谁来挑战一下？看看谁的动作最像机器人。

师：现在4个动作都会了，那让我们跟着音乐跳给机器人看一次好吗？让我们问问机器人学会了吗？

幼：机器人你学会了吗？（播放机器人录音）

师：那我们再跳一次。这下机器人学会了吗？我们来看一看。哇，机器人跳了邀请舞，找到了这么多机器人好朋友。谢谢你们！

（4）创编机器人舞。

师：机器人舞好玩儿吗？还想跳吗？那这一次来跳一些不一样的动作吧。你想怎么跳？

幼：我来学学机器人找朋友的动作。

师：你还会什么动作？要跟着音乐的节奏哦。（音乐《小松鼠进行曲》）

师（模仿机器人）：我们去找更多的机器人跳舞吧！

📖 拓展阅读 5-1

如何在幼儿园韵律活动中激发幼儿的创造性
——以韵律活动"树叶"为例

1. 提供直观材料，让幼儿通过直接感知、实际操作和亲身体验获取经验

在律动活动"树叶"中，为了让孩子们获取树叶掉落的直接经验，教师活动前准备了大量不同形状的树叶。活动过程中以直观的实物导入，激发幼儿的兴趣，让幼儿观察树叶的形状并让幼儿尝试用手变出不同形状的树叶，为幼儿创造性律动做准备。接着演示树叶飘落，让幼儿观察不同形状的树叶从空中掉落时的姿态，尝试让幼儿用自己的手变成树叶表现树叶掉落时的姿态。在这一过程中，孩子们的活动兴趣高涨，积极地用自己的小手表现树叶掉落的不同姿态，由于获得了直接的感知经验，孩子们表现的树叶掉落姿态非常多样化。从这一活动中可以看出，为幼儿提供直观材料，让幼儿通过直接感知、实际操作获取经验，可以很好地激发幼儿的创造力。

在活动过程中，教师应注重启发和培养孩子的审美情感、审美意识，如让幼儿感受韵律活动中音乐的美，并且能够跟上音乐的节奏进行身体的律动，知道怎样在律动过程中保持身体平衡并且使肢体动作变得更为优美。当音乐刺激幼儿听觉时，他们脑海中会产生相应的形象，使他们产生一种强烈的想要"表现"的欲望。当产生这种"表现"欲望时，幼儿能自觉主动地用身体律动来表现音乐，同时兼顾身体律动的美感，用他们认为最美的动作来表现。

2. 激发幼儿真实情感，让幼儿感受和理解真、善、美

在韵律活动"树叶"中，孩子们能很好地用身体律动来表现树叶从大树妈妈身体上长出和掉落时的形态，却很难表现树叶从大树妈妈身上长出到掉落时的情感变化。为了使幼儿体会这种情感的变化，教师把幼儿和自己的妈妈之间的情感体验迁移到活动中，让幼儿体会到春天树叶从大树妈妈的身体上长出，来到了大树妈妈的怀抱，它是很开心、很快乐的；到了秋天树叶要离开大树妈妈了，这个时候它的心情是很伤心、很难过的，因为它还不想离开大树妈妈。在幼儿有了这种情感体会以后，幼儿能够伴随音乐的节奏很好地表现树叶在生长和掉落时的不同情感变化。

幼儿韵律活动中的身体律动不仅能表达他们思想、兴趣和对外部世界的认识，而且更能表现他们对美的事物的追求。要让幼儿感受和理解真、善、美，必须要引起幼儿情感的共鸣，同时，引导幼儿通过富有美感的身体律动表现这种情感。在韵律活动中通过音乐、身体动作、情感等方面给幼儿美的感受，培养幼儿的审美意识，同时发展幼儿的想象力和创造力。

3. 营造民主、宽松的活动氛围，鼓励幼儿的创造行为

要激发幼儿的创造力，需要为幼儿创建良好的艺术活动环境，也要为幼儿创设一种民主、宽松的活动氛围，让幼儿以轻松愉悦的心情参与活动过程，充分发挥幼儿的想象力，调动幼儿参与韵律活动的积极性，提高幼儿韵律活动中的创造性表现。营造民主、宽松的活动氛围对发展幼儿的审美创造力和提高审美能力具有重要的促进作用，同时，教师应多鼓励幼儿的创新。

进行韵律活动"树叶"时，教师提供充足的时间让幼儿模仿树叶和树叶飘落时的形态，让幼儿充分体验和创造。在教师的引导和幼儿已有的多重经验的基础上，伴随着优美的乐曲，孩子们自由发挥想象表现出大树妈妈、树叶生长、树叶飘落的各种姿态。在活动过程中，教师通过模仿幼儿具有创造性的动作鼓励幼儿的创造行为，同时描述自己对这些创造性动作的感受，并进一步改编出更优美的适合幼儿的身体律动动作。在律动活动中，幼儿可以通过身体律动动作表现他们眼中的具有童真的世界，也可以通过律动表达自己的情感。

4. 减少教师的动作示范

在韵律活动"树叶"中，教师在让幼儿直接感知的基础上，用手模仿树叶自然掉落的姿态，并且通过语言来描述幼儿表现的树叶飘落的变化，以此激发幼儿创造性地表现出更多树叶飘落的姿态。教师在整个活动中几乎没有给出自己的动作示范，教师是在幼

儿创造的律动动作的基础上，进行适度的改编美化，再模仿展示给所有的幼儿，这样同时也激发了那些被模仿动作幼儿的创作激情，每个幼儿都想创作出不一样的动作来让老师模仿，让幼儿乐在其中。在大树妈妈长树叶的过程中老师也采用这种方法，在整个活动过程中教师把自己的动作示范降到了最低，充分激发了幼儿的创造性。

在韵律活动中，教师要充分调动幼儿的活动兴趣，充分激发出幼儿的创造性，这样才能真正实现韵律活动的教育目标，在做好以上几点的同时，教师还要提高自己的教学组织能力和创造力，只有具备创造力的老师才能教出有创造力的幼儿。

实践活动

1. 积累优秀的儿童音乐作品，了解不同年龄段的儿童韵律活动作品，增强感性认知。
2. 观摩小、中、大班集体韵律活动，结合所学知识对整个活动进行分析。
3. 任选一首儿童歌曲，尝试将其改编成一个音乐游戏。
4. 根据本单元所学内容，按规范格式撰写中班韵律活动"洋娃娃和小熊跳舞"活动方案，并分组进行模拟试讲。

思考与练习

1. 学前儿童韵律活动的目标是什么？
2. 学前儿童韵律活动中应如何选择韵律动作？
3. 幼儿园音乐游戏包括哪几种形式？
4. 设计学前儿童韵律活动过程主要有哪几种模式？分别适合什么样的韵律活动？

第六单元 — 学前儿童节奏乐活动

① 知识目标

明确学前儿童节奏乐活动的含义、学前儿童节奏能力的发展特点及学前儿童节奏乐活动的基本知识,理解学前儿童节奏乐活动的目标及选材要求,掌握学前儿童节奏乐活动设计的一般环节及指导要点。

② 技能目标

会选择适宜的打击乐器并制订配器方案,设计和指导不同类型的学前儿童节奏乐活动。

③ 情感目标

激发对学前儿童节奏乐教育活动的热情,秉持以幼儿为本的教育理念在设计与组织学前儿童节奏乐教育活动时勇于探索与创新。

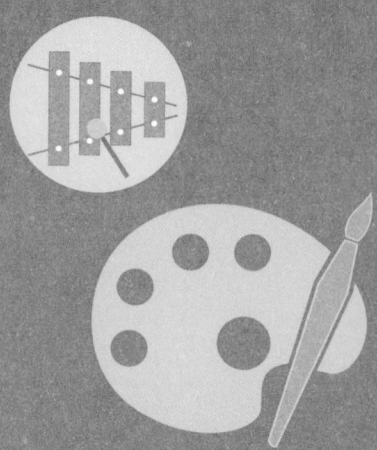

内容图解

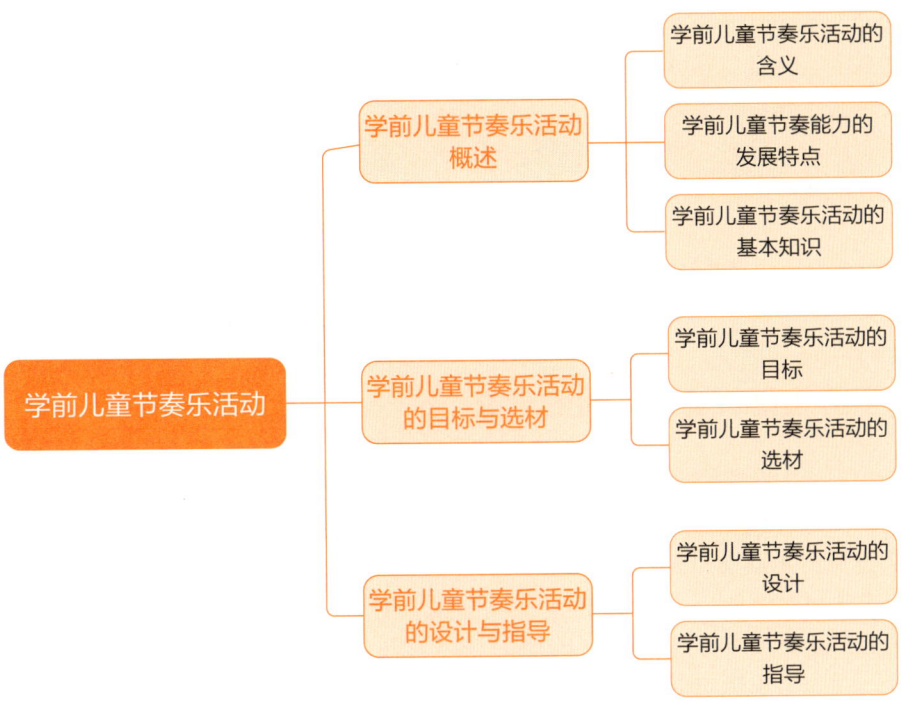

引导案例

自由探索的快乐

在一次节奏乐活动中,教师为幼儿提供了沙锤、铃鼓、三角铁、木鱼等多种乐器。活动开始,教师先让幼儿自由摆弄这些乐器,探索它们发出的不同声音。小明对沙锤很感兴趣,他尝试用不同的力度摇晃,发现声音的强弱会发生变化;小红则着迷于铃鼓,她时而轻轻拍打,时而快速摇晃,感受节奏的多样。随后,教师引导幼儿进行乐器组合,创作自己的节奏。几个小朋友组成一组,他们商量着用沙锤的稳定节奏作为基础,铃鼓在重拍处加入,三角铁点缀其中,创作出一段独特的节奏旋律,充分展现了他们的创造力和团队协作能力。

案例评析: 从上面的案例中可以看到,在当前幼儿园的节奏乐活动中,教师们会从幼儿的兴趣与探索角度来设计活动,为幼儿提供多种乐器让幼儿自由摆弄,充分尊重幼儿的兴趣点。像小明对沙锤感兴趣,通过不同力度摇晃探索声音的强弱变化;小红着迷于铃鼓感受节奏多样,这是幼儿主动学习的体现。在学前教育中,兴趣是最好的老师,教师应善于发现并引导幼儿的兴趣,为他们提供自主探索的机会,让幼儿在操作中获得直接经验,这符合幼儿以直观动作思维为主的特点,让节奏乐活动真正成为幼儿表达音乐的一种最自然、最直接的工具,成为幼儿获得快乐的源泉。

有心跳的地方就有音乐，我们发出的声音、身体的拍打，其实最初也是最自然的音乐。人们在敲敲打打的过程中，发展出各式各样的打击乐器。德国著名儿童音乐教育家奥尔夫认为："打击乐器是最早为人类所掌握的乐器之一，也是现代社会中儿童最容易掌握的乐器。"打击乐器自身具备的特殊的音色及演奏方式，不仅符合儿童对音乐艺术音响的审美需求，同时对儿童的身体发育和智力开发也是一种很好的促进。由于打击乐器的演奏方式最为自然，打击乐演奏成为最受儿童喜爱的音乐表现形式，因此儿童能够从打击乐演奏活动中获得更多的兴趣和快乐。

第一节　学前儿童节奏乐活动概述

一、学前儿童节奏乐活动的含义

学前儿童节奏乐活动概述

节奏是音乐的生命和源泉，是构成音乐的基本要素，节奏乐活动是提高幼儿音乐感知和表现能力的有效途径。

学前儿童节奏乐活动是指教师指导幼儿随音乐的节奏演奏打击乐器的教育活动，也称打击乐演奏活动。

每个幼儿都喜欢敲敲打打，对声音具有一种天生的敏感性，节奏乐活动很适合幼儿这种与生俱来的本能。在节奏乐活动中，幼儿手、眼、脑、心并用，使大脑建立起复杂的神经联系，让头脑变得灵敏、聪慧。活动中对音乐灵感的寻求、对演奏状况的把握、对作品的处理和分析也都要进行丰富、活跃的形象思维，使幼儿的观察力、记忆力、想象力、创造力等都得到相应的锻炼和提高。节奏乐活动不仅能帮助幼儿初步掌握乐器演奏的一般知识和技能，发展节奏感及对音色、曲式结构、多声部表现力的敏感性，而且有助于幼儿合作意识、合作能力、组织纪律性和责任感等良好社会性品质的发展。

二、学前儿童节奏能力的发展特点

（一）0～3岁儿童节奏能力的发展

对于3岁之前的儿童来说，乐器是他们以身体创造声音的一种自然而有趣的方式。这一年龄阶段的儿童已经表现出对打击乐活动的极大兴趣。这种兴趣源自他们对能发出声响的玩具的好奇和探究，他们渴望弄响它，并以此获得满足。逐渐地，儿童尝试探索声音的范围不断扩大，主动性更强烈，表现为会自发地去敲击能发出声响的物品，如锅、碗、盖、盆等，以此来探索声音的长短、高低、轻响、音色。这正是儿童以后参加较正规的打击乐演奏活动的"序曲"。正如穆希德所说："当给幼儿一个简单的乐器时，他们使用它就像玩积木和画笔那样自然……孩子们听到的声音和他们用身边的东西（乐器）创造出来的声响成为他们音乐经历的一部分。由于简单乐器的使用扩展了他们在音调和节奏方面的体验，又开发了一种新的表达方式。"

虽然这一年龄阶段的儿童已经对乐器及演奏产生了很大的兴趣，会有意识地去敲击乐器、探索声音，但这些动作多是偶然和零碎的，甚至并不能与音乐保持一致的节奏和拍子。然而，若能提供给0～3岁儿童一个无拘无束、可以自由和即兴创造的环境，将会有力地拓展他们对乐器演奏的兴趣和对音调、节奏方面的预备性体验，为以后的乐器学习和演奏能力发展打下良好的基础。

(二) 3~4岁儿童节奏能力的发展

儿童3岁以后，特别是进入幼儿园后通常会接触一些特制的打击乐器，如小铃、响板、串铃、铃鼓等，使他们对乐器演奏的兴趣得到较大的满足。在教师的引导下，他们一般能学会较简单的演奏技能（如敲木柄小铃，双手各持1个，相互轻碰；敲响板，一手将响板托于掌心，另一手自上而下轻拍响板；敲铃鼓，一手持铃鼓，另一手轻拍鼓面……）。但是，由于他们的小肌肉尚未完全发育，对乐器的操控能力、探究能力受到一定的局限。

对于3~4岁的儿童来说，要在演奏过程中使奏出的音响与音乐协调一致是有一定困难的。因为儿童获得的演奏经验是有限的、零碎的，而且其随乐意识较差，所以部分孩子往往只陶醉于摆弄乐器而游离于音乐之外，抛弃了演奏的要求。这就导致其很难用准确的节奏、适宜的音色来表现音乐。

打击乐演奏活动更多地体现为一种集体的活动形式，且对活动中各声部之间的合作协调要求较高。对于3~4岁的儿童来说，他们的动作发展、自控能力较差，要体会集体奏乐活动中各声部之间的相互配合和协调有一定的困难。但是，让孩子们通过同一种乐器的演奏，初步体会到与别人同时开始、同时结束的基本合作要求还是切实可行的。

虽然3~4岁儿童的演奏技能及随乐水平都尚不完善，但他们已早早地表现出奏乐活动中初步的创造性表现，例如：听到《大雨和小雨》这首熟悉的歌曲时，孩子们会建议用铃鼓的音色来表现大雨，用小铃的音色来表现小雨，并以不同力度的演奏来体验、表达大雨和小雨。这种联想、想象和创造性表达，能让儿童体会到主动参与音乐的极大满足和愉悦。

(三) 4~5岁儿童节奏能力的发展

4~5岁儿童在乐器的操作和演奏技能方面有了较大的进步。他们不仅能模仿成人的演奏方法，并且开始探索同一种乐器的不同演奏方法，还能掌握需要演奏技巧稍高的一类打击乐器，如铃鼓的晃、摇，沙锤的震、击等。在演奏乐器过程中，他们对乐器音色、力度、速度的调整和控制能力也有所提高。

随着听觉分辨能力的进一步分化和精细，4~5岁儿童的随乐意识有了很大的进步，大多数儿童能够基本合拍地随音乐演奏（四二拍、四四拍或四三拍）。

4~5岁儿童在合作协调性方面表现出这样的发展特点：不仅能够与同伴同时开始、同时结束演奏，而且能在2~3个不同声部的演奏配合中处理好自己声部与其他声部之间的协调关系，特别是他们在打击乐演奏活动中看指挥、理解指挥手势含义的能力有所发展。他们不仅懂得在演奏过程中要始终注意指挥的手势，而且能够根据指挥的手势含义来调整自己的乐器操作和演奏。随着儿童集体打击乐演奏活动经验的不断积累，儿童能够在教师的提示、引导下，用一些基本的节奏型语汇来创造性地表达音乐，例如：教师让孩子们设计一个四拍子的节奏型，他们就能够用乐器奏出|× × × ×|、|× 0 × 0|、|× ×× ×× ×|、|× — × ×|等多种节奏型。

(四) 5~6岁儿童节奏能力的发展

5~6岁儿童使用和掌握的打击乐器种类更多，能力进一步提高。他们已经能演奏一些使用小肌肉操作的乐器（如三角铁）及用手腕带动的乐器（如双响筒）了。对于同一种乐器，其演奏的方法也更加丰富、细化，如用捏奏法演奏响板等。在演奏过程中，他们会更加注意调整自己的演奏方式和用力方法，有意识地控制适当的音量和音色。

在注意演奏音量的同时，他们还能够更多地关注演奏活动的"背景"音乐，能始终与音乐的节奏、节拍相一致，同时对音乐节奏的表现能力更强。除了四二拍、四四拍、四三拍的音乐，这一年龄阶段的孩子还能够比较准确地演奏有附点节奏和切分节奏的曲子及结构相对复杂的乐曲，且努力使自己的演奏与音乐的速度、力度等表现手段相一致。

5～6岁儿童在打击乐演奏活动中的合作协调能力也会得到很好的发展。首先，他们能够在较多声部的合奏过程中主动地调节好自己声部与其他声部间在节奏、音色、速度、力度上的合作要求，不仅能准确地演奏自己的声部，还能主动地关注整体效果。此外，他们对指挥手势的理解也更加明确，甚至能学会看指挥的即兴变化来调整自己的演奏，还能与同伴以体态、表情进行情感交流。在创造性方面，他们表现得更为主动和积极，不仅能积极参与为乐曲选配合适的节奏型配器方案讨论，还能更自发地探索音乐、打击乐器的制作，以及大胆地尝试即兴指挥等。

三、学前儿童节奏乐活动的基本知识

学前儿童节奏乐活动的基本知识包括打击乐曲、打击乐器演奏的简单知识技能以及打击乐器演奏的常规。

学前儿童节奏乐活动的基本知识

（一）打击乐曲

学前儿童节奏乐活动中使用的"乐曲"一般可以分为两类：一类是纯粹的打击乐曲，即专门为打击乐器创作或仅由打击乐器来演奏的乐曲；另一类是指特定的歌曲或器乐曲。目前，学前儿童音乐教育中常见的打击乐作品是第二类。此类作品一般由两个部分组成：一个部分是歌曲或器乐曲，另一个部分是根据这首特定的歌曲或器乐曲专门创作的打击乐器演奏方案，即配器方案。这些配器方案有的是由专业音乐工作者创作的，有的是由教师创作的，也有的是学前儿童在教师的帮助下自己创作而成的。

（二）打击乐器演奏的简单知识技能

学前儿童可以学习的有关打击乐器演奏的简单知识技能主要包括：认识幼儿园常用的打击乐器、了解配器以及指挥的相关知识技能。

1. 幼儿园常用的打击乐器

按照乐器的音响特点可以将幼儿园常用的打击乐器分为以下几类。

（1）强音乐器

①大鼓（图6-1）：它音色低、音量较大，可用在强拍上，用力敲打，营造一种强烈渲染的氛围；也可用在弱拍上，轻轻敲击，产生柔和而绵长的音响。

②单面鼓（图6-2）：使用时一手握鼓柄，一手握鼓棒，敲击鼓面中心部位发声。

③锣（图6-3）：一般有大锣、小锣两种。大锣声音低沉，延续音长；小锣声音明亮，也有较长延续音。大锣一般用软槌敲击；小锣一般用硬槌敲击。演奏时，一般是左手持锣，右手持槌。

④钹（图6-4）：靠撞击或摩擦发音。它的声音响亮，延续音长，在强奏时音色比较粗糙、刺耳。

图6-1　大鼓　　　图6-2　单面鼓　　　图6-3　锣　　　图6-4　钹

（2）弱音乐器

①串铃（图6-5）：音色较脆，音量较小。以敲击、摇晃或抖动的方式发音，可以在音乐的强拍或弱拍上使用。

②碰铃（图6-6）：声音清脆明亮，音色比较柔和。在打击乐器中属于高音乐器，音量相对较小。它既可以表现音乐的强拍，也可以表现弱拍，是幼儿园里使用最为普遍的一种乐器。

③三角铁（图6-7）：音色与碰铃相似，但音量比碰铃大，延续音也比碰铃长。演奏时一般是左手提着悬挂三角铁的绳子，右手持敲棒敲击三角铁的底边。

④沙锤（图6-8）：靠摇晃或抖动发音。声音轻柔，有微弱毛糙感。演奏时一般双手各持一个沙锤，用手臂带动手腕上下震动。

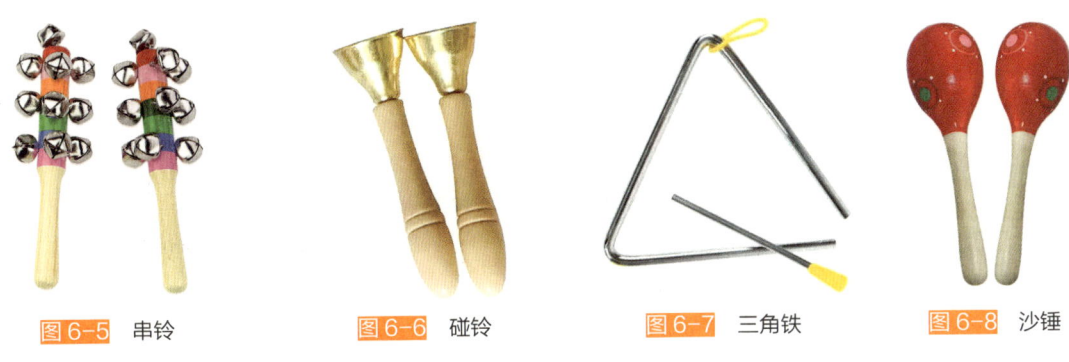

图6-5 串铃　　图6-6 碰铃　　图6-7 三角铁　　图6-8 沙锤

（3）特色乐器

①铃鼓（图6-9）：用手敲击或摇晃来发音，声音很特殊，既具有鼓的声音，又具有铃的声音。铃鼓可以有多种演奏方法，不同的演奏方法可以发出不同的声音。比如，击奏鼓心时发音较柔和；击奏鼓边时发音较明朗；用手击鼓面时，鼓的声音比较明显等。

②双响筒（图6-10）：声音干脆、清亮，几乎没有延续音。双响筒两头会发出高低不同的音，这两个音大约相差5度。

③圆弧响板（图6-11）：敲击的声音与木鱼、双响筒很相似，但由于共鸣腔较小，所以声音也更脆、更亮、更短。演奏时可用单手捏合的方法，也可以将其放在左手手心，用右手向下拍击。

④蛙鸣器（图6-12）：用刮擦的方式演奏时音色类似青蛙的叫声。强奏音响刺耳，弱奏音响柔和。也可用敲奏的方式演奏，这时音色与木鱼等乐器类似。

⑤木鱼（图6-13）：用木质敲棒敲击，发音清亮干脆，几乎没有延续音。演奏时一般是左手握住木鱼的"尾部"，右手持敲棒敲打"鱼头"的顶部。

   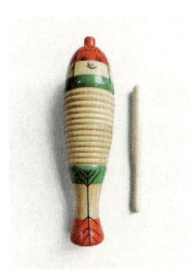

图6-9 铃鼓　　图6-10 双响筒　　图6-11 圆弧响板　　图6-12 蛙鸣器

（4）旋律乐器

①铝板琴（图6-14）：这是一种有固定音高的打击乐器，可以单槌击打或双槌轮击、滚奏、刮奏等，音色清透、响亮，属于色彩性乐器。

②木琴（图6-15）：也是有固定音高的打击乐器，配有一对木槌，可用单槌敲击也可以双槌轮击、滚奏、刮奏等，音色清脆、响亮，弱奏时又柔和、甜美，属于色彩性乐器。

③电子琴（图6-16）：体积小、携带方便，可供学习和演奏两用，因而受到普遍欢迎。音色优美、模拟乐器的声音很逼真，和弦伴奏非常丰富。

除此之外，近年来一些幼儿园为了培养儿童的创造性思维和动手能力，还充分利用废旧材料自制打击乐器。比如：用废旧的易拉罐、塑料瓶里装一些沙子制作成沙锤、沙筒；用竹板制成响板等；用薯片筒做成鼓（图6-17）；用各种不同大小的锅制成编钟（图6-18）。

总之，声音悦耳、安全的材料都可以制成给儿童使用的打击乐器，这样不仅能丰富打击乐活动，也能培养儿童的创造能力和动手能力。

图6-13 木鱼　　图6-14 铝板琴　　图6-15 木琴

图6-16 电子琴　　图6-17 自制鼓　　图6-18 自制编钟

2. 配器的简单知识

在学前儿童的音乐学习中，"配器"主要是指教师引导、组织儿童用集体讨论的方式，选择适当的节奏以及合适的乐器，为儿童熟悉的歌曲或器乐曲设计伴奏的一种活动形式。与此有关的知识技能主要有：按音色分类、按表现需要选择比较合适的节奏型和选择配器方案。

（1）给乐器分类

按乐器的音色分类可将乐器分为以下几类：碰铃、三角铁等这些乐器音色比较明亮、柔和，通常是一类；木鱼、双响筒、圆弧响板等这些乐器音色都比较干脆、坚实，通常是一类；铃鼓、串铃等乐器摇奏时都有一定的毛糙感、波动感，通常是一类；铝板琴、木琴、电子琴等带有音高的乐器通常为一类；大鼓由于音色沉着、厚实，锣、钹等乐器音色较为尖锐、粗糙，通常会单独使用。

（2）用不同的乐器搭配营造不同的音响效果

乐器的选配要考虑到使乐器的音响特点与音乐形象、情绪、风格相适应和协调，这样才能更好地表现出乐曲的特点。

比如：要营造强烈的效果，可以在乐曲高潮处用较多的乐器齐奏，可用大鼓、大钹或其他可摇响的乐器持续猛烈摇奏等；要营造热烈欢快的音乐形象最好选用铃鼓、大鼓、锣、钹等强音乐器；要营造轻快、柔和的效果，可以用响板、串铃等乐器演奏；要营造优美、抒情的音乐效果，比较适合用音色清亮、有延音的三角铁、碰铃等；想要营造轻盈、跳跃的音乐形象，可以选择声音清脆、响亮的木鱼、蛙鸣器等，也可以用可摇响的乐器轻柔地持续摇奏，如铃鼓、串铃等。

（3）为指定的歌曲或乐曲选配合适的节奏型

学前儿童可以掌握的节奏包括二分音符、四分音符、八分音符等，节奏型的选配可以采用固定的、均匀的节奏型，也可以是歌曲或乐曲本身的节奏。

例：固定的、均匀的节奏型

$$\frac{2}{4} \quad 2\ 2\ |\ 4\ 4\ |\ 3\ 3\ |\ 1\ 1\ \|$$
$$\times\ \times\ |\ \times\ \times\ |\ \times\ \times\ |\ \times\ \times\ \|$$

例：歌曲或乐曲本身的节奏

$$\frac{2}{4} \quad \underline{1\ 2}\ \underline{3}\ 1\ |\ \underline{1\ 2}\ \underline{3}\ 1\ |\ \underline{3\ 4}\ 5\ |\ \underline{3\ 4}\ 5\ |\ \cdots$$
$$\underline{\times\times}\ \underline{\times\times}\ |\ \underline{\times\times}\ \underline{\times\times}\ |\ \underline{\times\times}\ \times\ |\ \underline{\times\times}\ \times\ |\ \cdots$$

（4）选择配器方案

教师在选择配器方案时要做到以下几点：①要考虑到儿童的实际能力，也就是说所选乐器及演奏方法必须是该年龄段的儿童能够掌握的。②音乐节奏的变化频率以及复杂程度也必须是该年龄儿童能够接受的。③所选择的音乐节奏要鲜明，结构要工整。④所选择的配器方案要能够符合乐曲和旋律的风格特点，并注意配器方案的整体音响效果。为小班儿童选择的打击乐应该简单，以齐奏为主，音色、节奏变化不宜频繁，一般以一个段落换一种节奏型为宜。可选择儿童熟悉的歌曲或结构短小、节奏变化较少的曲子。为中、大班儿童选择打击乐可用不同的乐器轮奏或合奏，不同乐器的节奏型也可不同，教师可以启发儿童用不同音色、音量的乐器和节奏型来表现音乐的特点。

3. 指挥

节奏乐活动是需要幼儿之间相互配合的。由于每个幼儿持有的乐器不同，不是所有的乐器同时敲击一种节奏，也不一定所有的乐器同时敲击。此外，由于幼儿的年龄特点使然，他们往往注重自我表达而忽略集体的合作，在活动中幼儿往往会为了突出自己而使劲地敲。为了达到协调、好听的效果，幼儿要学会看指挥，这也是节奏乐活动独有的特点。

学前儿童节奏乐活动中的"指挥"和"看指挥演奏"内容的意义主要是学会与人沟通、与人合作、与人相互协调。因此，指挥者一般情况下可以不必学习专业性的起势、收势和划拍，只需要学习如何自然地开始、结束、轮流、交替和击打出所要求的节奏型，必要时还可以用相应乐器演奏方式的模仿动作作为指挥动作，如在指挥小铃演奏时，教师可以用两手食指轻轻相触的方式指挥。

与此有关的知识技能主要有：

①知道如何用动作表示"准备""开始""结束"，并能使自己的动作清楚、明确，易于让被指挥者作出反应。

②在指挥时应将两腿稍稍分开，站稳，以便于灵活地将身体转向任何声部。

③在指挥时应将身体倾向被指挥者，用眼睛亲切、热情地注视被指挥者，并能用体态和表情激起被指挥者的合作热情。

④知道如何用指挥动作表现节奏和音色的变化，并能使自己的动作与音乐协调一致。

⑤在声部转换之前，提前将自己的头部和目光转向下一个将要演奏的声部。在组织建立声部时，尽量使用手势和眼神，减少语言指示（这一点不对学前儿童提出要求）。

（三）打击乐器演奏的常规

良好的常规有助于打击乐演奏活动顺利、有序地开展，所以建立打击乐演奏活动的常规是很有必要的。

1. 活动开始的常规

①听音乐的信号，整齐地将乐器从座椅下面取出或放回。

②拿出乐器后，凡不演奏时须将乐器放在规定位置，不发出声音，眼睛也不看乐器。有些乐器应双手分开持握放在两腿上，如碰铃、沙球等；有些乐器只需单手拿放，如可用左手手掌托住圆弧响板放在腿上；还有些乐器应双手同时持握，如双手同时抓住铃鼓的木质圆框，鼓面朝下，放在腿上等。

③开始演奏前，按指挥者的手势整齐地将乐器拿起，做好准备演奏的姿态。例如，看到指挥者双手向前伸出，手心向上，就表示"拿起乐器做好演奏的准备"。

2. 活动进行的常规

①演奏时身体倾向指挥者并注视指挥者，积极地与指挥者交流。

②演奏时注意倾听音乐和他人的演奏。

③演奏时注意力要集中，不做与演奏无关的事情。

④交换乐器时，须先将原来使用的乐器放在座椅上，再迅速无声地找到新的座位，拿起新乐器，坐下后马上把新乐器放在腿上做好演奏准备。在交换过程中不与他人或场内的座椅相互碰撞，坐下时不使座椅发出声音或发生移动。

3. 活动结束的常规

①演奏结束后，按指挥者的手势将乐器放回规定位置。例如，看到指挥者两手手心朝下，缓缓地放下，就表示"演奏结束，将乐器放回"。

②活动结束后，自己收拾乐器和整理场地。

第二节　学前儿童节奏乐活动的目标与选材

一、学前儿童节奏乐活动的目标

学前儿童节奏乐活动的目标与选材

学前儿童节奏乐活动的目标包括总体目标和不同年龄班目标两部分。

（一）总体目标

学前儿童节奏乐活动的总体目标包括认知目标、技能目标、情感与态度目标。

1. 认知目标

认识常用打击乐器的名称、音色、使用方法，积累一定的音乐语汇，如音乐曲调的语汇，打击乐器演奏节奏型的语汇，打击乐器的各种不同音色及其表现力的语汇等。

2. 技能目标

能正确使用打击乐器，喜欢探究乐器的演奏方法和音色变化的关系，为歌曲和乐曲选择适当的打击乐器，并能运用已掌握的节奏型创造性地表现。在集体节奏乐活动中能使自己的演奏与集体相协调，与音乐相协调。

3. 情感与态度目标

养成良好的活动常规，享受节奏乐活动的快乐及与他人协作的乐趣。

（二）学前儿童节奏乐活动不同年龄班目标

以下分别介绍小班、中班、大班学前儿童节奏乐活动的学习目标

1. 小班

①知道几种简单的打击乐器的名称、音色和使用方法。
②学习随熟悉的音乐有节奏地演奏，能参加两种乐器的齐奏，尝试看指挥开始和结束演奏。
③了解并尝试遵守演奏节奏乐的基本规则，按要求取放、交换和收拾乐器。
④愿意操作打击乐器，愿意参与集体的演奏活动，体验操作乐器的快乐。

2. 中班

①喜欢随音乐演奏打击乐器，学习几种乐器的演奏，学习用打击乐器设计简单的固定节奏型，逐步认识节奏乐谱。
②自由探索和尝试几种打击乐器（铃鼓、圆弧响板、鼓等）的演奏方法，学习为歌曲或乐曲选择合适的节奏型和音色。
③学习简单的节奏乐合奏并保持自己的速度和节奏型，集中注意看指挥，在集体中学习保持与音乐、与他人协调一致。
④尝试用乐器、自然物的不同音色、节奏型表现对音乐的感受和对事物的认识。
⑤养成爱护乐器的态度和习惯。

3. 大班

①学习更多乐器的基本演奏方法并探索熟悉乐器的不同演奏方法。
②学习自制简单的打击乐器，辨别乐器的音色。
③初步体会各种演奏方案中音色、音量、节奏型配置的表现规律，积极参与集体设计演奏方案。
④学习即兴指挥，并能根据他人即兴指挥的动作迅速准确地作出演奏的反应。
⑤享受创造的快乐，养成对集体和乐器负责的积极情感。

二、学前儿童节奏乐活动的选材

学前儿童节奏乐活动基本是根据乐曲来选择乐器，通过乐器给音乐配伴奏的形式开展的，在节奏乐活动中，幼儿按照一定节奏敲击乐器来表达和表现对音乐的感觉和理解。因此，学前儿童节奏乐活动在选材时应兼顾音乐、乐器及配器方案这三个方面。

（一）音乐的选择

1. 选择合适的节奏乐素材，激发幼儿学习的兴趣

教师在选择音乐之前要先了解分析本班幼儿的年龄、性格特点以及已有的音乐和生活经验水平。要结合幼儿的兴趣特点，选择节奏鲜明并且幼儿感兴趣的乐曲，这样不但容易敲出效果，便于幼儿掌握节奏乐特点，更能引发他们主动学习、主动探索的积极性。对于刚开始学节奏乐的小

班幼儿，最好选择他们熟悉的歌曲，或韵律活动的音乐，或节奏简单、鲜明，有一定情节的一段体的乐曲。因为节奏特点明显的乐曲便于幼儿掌握节奏特点。小班、中班可以2/4、3/4拍的乐曲为主，如《郊游》这首乐曲很适合小班或中班幼儿作为打击乐的乐曲。这是一首2/4拍的乐曲，节奏特点非常明显，前8小节与后8小节旋律完全相同，中间8小节有所变化。大班幼儿在此基础上可选择4/4拍的乐曲，乐曲可以是两段体或三段体的，各段之间最好有鲜明的对比，乐句、乐段之间有明显差异。

附歌曲：郊游

[乐谱：1=F 2/4 中速 兴奋地]

走走 走走走，我们小手拉小手，走走 走走走，一同去郊游，
白云悠悠，阳光柔柔，青山绿水一片锦绣。
走走 走走走，我们小手拉小手，走走 走走走，一同去郊游。

2. 捕捉幼儿生活范围中的素材，激发幼儿的想象力和创造力

教师在选择素材时，有时会抱怨好的音乐素材太少，其实，只要仔细观察，周边有很多好的音乐素材。比如，窗外动听的鸟叫声、空中震耳的雷鸣声、街头嘈杂的汽笛声、活动室里的欢笑声……这些都可以作为节奏乐活动的素材，随时可以用节奏乐进行表现。例如，"敲锣打鼓""放鞭炮""洗手帕"等律动，虽然变化无规律，但有情节，动作固定，教师就可以从某一具体动作入手引导幼儿用乐器伴奏。如教师提问："敲锣时我们用什么乐器？""打鼓时又用什么乐器？""放鞭炮呢？"幼儿根据自己对乐器特点的认识及乐曲性质的理解，选择相应的乐器表现。

（二）乐器的选择

为幼儿选择打击乐器时应注意以下几点。

（1）乐器的音色要好

比如：铃鼓的选择，鼓面皮质的要比塑料或铁质的音色好。

乐器的音色要好，这关系到音乐的表现力。

（2）乐器的大小要适中

考虑到幼儿的年龄，还应注意乐器的重量，便于幼儿演奏。比如：铃鼓一般以直径12～15厘米为宜；沙球不要选用大号的；三角铁钢条的直径最好为0.5厘米左右。

（3）乐器的演奏方法要适合幼儿的发展水平

不同年龄阶段的幼儿，其动作发展的水平存在一定的差异，因而在乐器的选择和演奏方法上应有所区别。例如，小班幼儿可以用手掌敲击铃鼓鼓面演奏，中、大班幼儿则可以用敲奏、摇奏等方法；小、中班幼儿宜用右手掌击左手心的方法敲击响板，大班幼儿则可以学习捏奏的方法；双响筒和三角铁的演奏需要能够均匀地用力及手眼协调，对于小班幼儿来说存在一定的困难，而大班幼儿则相对可以胜任。

（三）配器方案

1. 配器方案设计的原则

（1）适合幼儿使用乐器的能力

即从以大肌肉（手臂）动作为主、手眼协调要求较低的动作，逐步过渡到部分利用腕、指动作，手眼协调要求较高的动作。注意配器应适合幼儿能力的发展，总体上应该是简单和多重复的。

（2）适合幼儿对变化作出反应的能力

配器方案中的节奏变化和音色变化，其频度和复杂程度应是特定年龄阶段幼儿能够接受的。例如，在为小班幼儿选择的配器方案中，一般宜在乐段之间变化音色；在节奏方面，基本上是一拍一次或两拍一次的均匀节奏。大多数情况下，整个乐段从头至尾齐奏，中间没有音色的变化。在小班末期，可以在暗示的条件下，让幼儿对音色的安排作出选择。在为中、大班幼儿选择的配器方案中，一般可在乐句之间变化音色。节奏主要是一拍一次或两拍一次的均匀节奏，偶尔也可以出现不同长短的音符组成的节奏型。

（3）有一定的艺术性

即配器产生的音响效果能够与音乐原来的情绪、风格、结构贴近，还要有一定的个性与趣味性，能够通过重复来强调作品的整体统一性，也能够通过适宜的变化使作品内容更加丰富。

2. 配器的步骤

（1）为音乐作品选配乐器

由于打击乐器演奏是听觉艺术，且没有固定的配器模式，其配器以好听为前提，因此可根据音乐本身的性质来确定如何配器。一般来说，节奏欢快的音乐适合使用铃鼓、沙锤等，抒情的音乐适合使用三角铁，节奏明显的音乐适合使用响板、碰铃、三角铁等，音色都较为明亮、柔和；圆弧响板、木鱼、单响筒等，音色都较干脆、坚实；串铃、铃鼓等，摇奏时都有一定的毛糙感、波动感，大鼓音色沉重、厚实，锣、镲和钹音色较为尖锐、粗糙和带有撕裂感。值得注意的是，所用乐器的多少要根据幼儿的实际水平及乐曲的需要来确定，能根据音乐的性质充分发挥出各种乐器的特点才会使打击乐更加好听。

（2）为音乐作品选配节奏型和演奏形式

在节奏型的选配方面，可以采用某种固定的节奏型，这种节奏型既可以是乐曲本身的节奏，也可以是自配的均匀节奏，还可以根据乐曲中的节奏变化来变换节奏型或突出某个节奏型。

在乐曲的演奏形式方面，为小班幼儿编排的打击乐应简单，以齐奏为主，节奏变化不大；为中、大班幼儿编排的打击乐则可稍复杂一些，可用不同乐器轮流演奏或合奏，不同乐器的节奏型也可不同。有时，同一首乐曲可以编排出不同难易程度的节奏乐给不同的年龄班使用。

第三节　学前儿童节奏乐活动的设计与指导

一、学前儿童节奏乐活动的设计

学前儿童节奏乐活动的设计必须符合学前儿童的学习和表演需求，能够契合儿童身心发展和兴趣爱好。具体到节奏乐活动的实践中，儿童节奏乐活动内容的设计和组织是教师必须重视的问题。只有实现科学的教学内容和活动的开展，才能真正地发挥节奏乐教学课堂的育人目标，呈现更好的教学效果。

学前儿童节奏乐活动过程的设计

（一）通过多种形式导入活动，激发幼儿学习的兴趣

节奏乐活动的导入方式可以根据音乐的特点灵活选择。可以采用语言法导入，如讲故事、回忆性谈话、朗诵诗歌等。也可以采用出示教具的方法导入，如图片、玩具、实物等。当然，也可以采用律动的方式导入。总而言之，需要符合音乐特点，选择能够激发幼儿的学习兴趣的导入方式。

比如，教师在组织大班打击乐活动"大象和小蚊子"时可以采用讲故事的方式导入，教师通过讲述故事《大象和小蚊子》告诉幼儿故事里还藏着一首好听的曲子，激发幼儿欣赏乐曲的兴趣，引出活动主题。再如，改编自韵律活动的打击乐曲可以直接通过韵律动作导入。如果要演奏的作品是幼儿曾经学唱过的歌曲，则可以通过唱歌导入，使幼儿从中受到启发，引发兴趣。

（二）完整欣赏全曲，感受音乐的内容、情绪、风格、节奏等

节奏乐活动是根据音乐进行的，因此倾听音乐、感受音乐是一个非常重要的环节。教师在告诉幼儿乐曲的名称、主要内容后，就要引导幼儿仔细倾听乐曲，感受音乐的内容、情绪、风格、节奏等。教师先请幼儿安静地倾听全曲，要求幼儿倾听后指出乐曲中相同或相似的地方。然后，教师再次请幼儿倾听全曲，并请幼儿边听边用不发出声音的小动作跟随音乐，如果听出有相同或相似的地方，就用相同的动作表示。例如，在大班打击乐活动"大象和小蚊子"导入后，教师引导幼儿欣赏曲子，并提问：听完后你有什么感觉？哪段是表现大象的音乐？哪段是表现小蚊子的音乐？让幼儿初步感受音乐；然后，幼儿再次欣赏乐曲，教师提问：表现大象的音乐和表现小蚊子的音乐听起来有什么不同？使幼儿进一步感受乐曲的变化。

（三）徒手练习节奏型

节奏乐活动有时要求使用不同的乐器轮流演奏，虽然可以同时演奏，但不同乐器的节奏型各不相同。因此，在未拿到乐器之前，可以先徒手练习，以免分散幼儿的注意力。教师可以带领幼儿以各种节奏动作，如声势、动作等，练习各种乐器声部的节奏型，帮助幼儿尽快掌握，以便在较短时间内过渡到使用乐器演奏。在练习时，可以根据打击乐器的种类将幼儿分成若干组，各组先分别练习各自承担的乐器的打法，然后再合起来练习；也可以全体幼儿一道依次学习各种乐器的不同打法，然后分组，分别练习本组乐器的节奏型。要注意徒手练习的时间不宜太长，长时间徒手练习会降低幼儿学习的积极性，更重要的是不利于幼儿有更多的机会在集体练习打击乐器的过程中感受各种乐器的不同音色、音响特点及在合奏中产生的效果。例如，在大班节奏乐活动"大象和小蚊子"中，在幼儿欣赏音乐后，教师出示图形总谱（图6-19），帮助幼儿掌握乐曲节奏，并带领幼儿随音乐做踏步、双手飞舞等动作，徒手练习节奏。

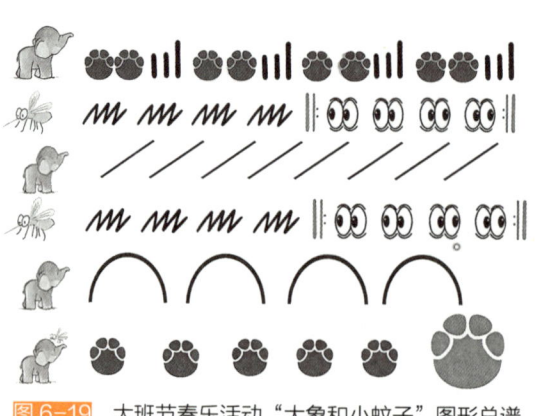

图6-19 大班节奏乐活动"大象和小蚊子"图形总谱

（四）认识乐器，学习乐器的使用方法

教师向幼儿介绍即将使用的打击乐器的名称及使用方法。由于节奏乐的特殊性，持乐器的方法直接影响节奏乐演奏的效果。乐器不同，所持的方法不同，敲击出的声音也会不同，甚至有可能产生噪声。比如，双响筒分高低音，所以在进行节奏乐演奏之前教师要先帮助幼儿弄清楚高低音，最好做上标记，这样幼儿敲出来的声音才会一致；沙锤是需要抖动手腕的，把双手放在胸部靠下或是身体的两侧，这样抖动出来的声音适中，不能使劲甩，越使劲甩声音反而越小；三角铁要用左手提在绳上，不能用手抓握，这样敲出来的声音才会有颤音……因此，教师要特别提醒幼儿用正确的方法手持乐器，用正确的方法来表现，如此才会有较好的节奏乐效果。例如，在中班大班节奏乐活动"大象和小蚊子"中，在幼儿徒手练习节奏后，教师先出示乐器大鼓、蛙鸣筒和串铃，让幼儿自主探索几种乐器的演奏方法，然后与幼儿讨论配器方案，把讨论的结果画在图形总谱上，使幼儿了解如何正确地演奏（慢敲大鼓表示大象走路、串铃表示蚊子飞、蛙鸣筒表示大象赶蚊子、使劲敲大鼓表示大象跺脚）。

（五）随音乐打击乐器进行演奏

幼儿随音乐演奏时要有指挥，刚开始演奏时可以由教师担任指挥，在幼儿熟练后由幼儿担任指挥。

在随乐演奏时，可以让部分节奏感较强的幼儿先拿乐器练习，再逐步扩大到全体幼儿，以利于互帮互学；或者先分声部练习，等熟练掌握各声部后再合奏；也可以一次递增一个声部，最后实现完整的合奏。

不要让幼儿只固定演奏一种乐器。在幼儿熟悉了乐曲的节奏与打击乐器的演奏方法后，应让他们轮换着演奏不同的乐器，以便让他们更好地认识各种乐器的性质与使用方法，还可以学会不同的节奏型及发展相互协调的能力。

在幼儿对各种乐器的音色有一定了解、具备一定的演奏技能的基础上，教师可以有计划地逐步让幼儿与教师共同为乐曲设计节奏型、选配乐器等，以培养他们创造性的节奏乐演奏能力。例如，在大班节奏乐活动"大象和小蚊子"中，在幼儿掌握了正确演奏方法的基础上，运用多种演奏形式，逐步提高幼儿的演奏能力。先是看图形总谱，跟音乐演奏一遍；然后看指挥，用轻柔的动作演奏乐曲；最后让幼儿交换乐器演奏。

二、学前儿童节奏乐活动的指导

（一）充分发挥幼儿的主体作用，让幼儿享受节奏乐活动的快乐

节奏乐活动是幼儿园艺术教育领域的一个重要的组成部分。传统的节奏乐活动是从活动目的出发，运用简单的指导方法，注重通过机械的动作模仿，使幼儿学会一定数量的节奏乐作品，过分重视演奏技能和效果，忽视了幼儿在活动过程中的情感体验，将幼儿置于设计好的图谱演奏的樊篱中，使幼儿的感受表现并非源于自己对音乐的理解，而是"依葫芦画瓢"地表现教师的感受体验，使幼儿在被动地服从和模仿中丧失自信心和对演奏活动的热情，主体性得不到发挥。教师如果在节奏乐活动中坚持以幼儿为主体，引导幼儿对作品进行处理分析、对演奏状况进行把握和在活动中寻求音乐灵感，不仅可以活跃幼儿的形象思维，使幼儿的观察力、记忆力、想象力、创造力得到锻炼和提高，同时对发展幼儿的合作意识、合作能力、探索创造意识和创造能力都有一定的促进作用。它不是让幼儿在单一的模式中机械地模仿节奏，而是通过丰富的教育环节及教师的教育策略来激发幼儿学习的兴趣，调动幼儿学习的积极性，有效提高节奏乐活动的质量，使枯燥、棘手的节奏乐活动变得轻松、愉快、富有乐趣，促进幼儿的身心发展。

（二）巧妙运用图谱，帮助幼儿理解乐曲节奏的变化，激发幼儿的学习兴趣

音乐本身是比较抽象的，用机械枯燥的反复练习法来进行训练，会使活动过程没有生机，缺乏趣味与吸引力。因此，必须找到一种行之有效的方法来帮助幼儿加深对音乐作品的理解和记忆，用打击乐器准确地演绎音乐作品。在节奏乐活动中，图谱法是引导幼儿体验和领悟音乐，掌握打击乐器演奏的有效手段。

在图谱中运用的图形符号符合幼儿的感知觉特征，图谱把音乐内容简单化、形象化，增强直观效果，能形象地将摸不着的抽象概念演变成形象的图示，使幼儿很快感受到不同的图示表达的含义不一样，也便于幼儿掌握整首乐曲的结构特点和乐器的配置情况。教师几乎不用多费口舌，幼儿在看图时就很容易根据图形的变化来感知节奏长短的变化，也因为节奏图谱的新奇形象，有效地提高了幼儿的兴趣及激发了幼儿对学习的渴求。例如，在中班节奏乐活动"小红帽"中，教师利用情景故事穿插，让幼儿看图谱（图6-20）进行节奏练习，教师选用了单响筒、铃鼓、串铃3种乐器，引导幼儿边观察图谱，边通过自己的肢体动作、乐器演奏等方式表现对音乐节奏的感知，让幼儿喜欢演奏打击乐器，同时培养幼儿的合作精神和听指挥的能力。

在使用图谱法时要注意图示要简单、明确、统一、有规律，让图谱成为帮助幼儿理解、记住节奏，便于幼儿演奏的一种工具。

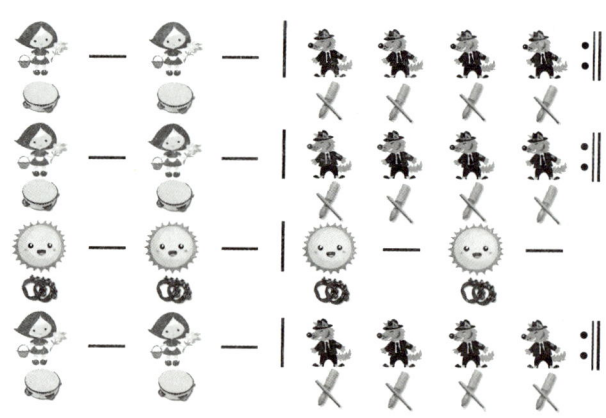

图6-20 中班节奏乐活动"小红帽"图谱

（三）培养幼儿良好的演奏常规，保证活动顺利、有序地开展

节奏乐活动具有很强的操作性。幼儿的好奇心强，自制力差，由于乐器本身的新奇性和乐器可以发出响声等特点，幼儿拿起乐器就喜欢敲敲摇摇，哗啦哗啦的声音响个不停。节奏乐活动历来是教师感到比较难以保持良好秩序的活动，因此，建立必要的演奏常规就显得特别重要。首先，要让幼儿通过自身的感受，明白自己应该怎么做。例如，在节奏乐活动"小号手之歌"中，教师为幼儿准备了很多乐器，幼儿一拿到乐器就乱成一团，你敲你的、我摇我的，此时教师并没有生硬地加以制止，而是让幼儿自己感受，"这种声音好听吗""你觉得怎么样""应该怎样做"。幼儿争先恐后地举手发言：我觉得很好玩儿；我觉得太吵了；我发现小乐器吵得乱糟糟的，心里都有点儿烦……只有这样才能让幼儿感受到演奏规则的重要性。接下来，教师让大家商讨该怎么做才能让所有的小乐器都能听话地安静下来。其次，针对班级中部分幼儿明知不能让乐器发出声音，可就是控制不了自己，总想去摸一摸、看一看的现象，教师可以编制一系列的小游戏来帮助幼儿学会控制自己。只有亲身经历了上述过程，才有助于幼儿的常规培养。养成良好的演奏常规

后,活动更加有序,乐曲的演奏效果更佳,幼儿的兴趣更浓,注意力也会更加集中。

常规的培养是一个不断强化的过程。对幼儿进行常规培养时,要有一贯的要求,定下的规则不可随意更改;在常规执行过程中,不走样、不打折扣、不随心所欲,也不半途而废,要始终如一、坚持到底。

(四)注重培养创新能力,让幼儿的各种机能都能得到发展

只有给幼儿表现的自由,幼儿才能有创造的自由,如此幼儿在节奏乐活动中就能自然而然地形成一种和谐快乐的氛围。在这样的环境中,幼儿的身心会得到全面发展,丰富的感情也会油然而生,这时的他们敢说,也愿意表演,大胆地表现自己,此时是培养幼儿创新能力的最佳时机。

为了激发幼儿的创造性,教师也需要有创新的手段。在活动中,教师可以鼓励幼儿根据自己所拿的乐器进行联想,在生活中有哪些物品发出的声音和自己手中乐器发出的声音相似,鼓励幼儿自制小乐器。例如,易拉罐装上石子作为"沙筒",矿泉水瓶里装入黄豆作为"沙锤",废旧的圆筒配上小木棍作为"响筒",还有的可以制成串铃、木鱼……这些打击乐器就在这些废旧材料中应运而生。用自制的小乐器演奏,会让幼儿兴奋得手舞足蹈,幼儿在开心、自豪中充分享受成功的体验,在音乐中陶醉。

教师的鼓舞性激励和引导性启发也是培养幼儿创新能力的重要途径。幼儿不满足于独享个人的成功,他们总想与他人分享,并期待他人的接纳和赞许,教师的接纳和赞许是对他们最大的鼓舞。值得注意的是,幼儿的创新表现参差不齐,这需要教师运用教育机智,善于合理启发和引导,既要使幼儿在创造活动中获得满足感,又能从新的高度予以启迪,逐步提高幼儿使用打击乐器演奏的创新能力。

📖 案例展示 6-1

小班节奏乐活动:可爱的小蚂蚁

活动目标

(1)熟悉歌曲,感受歌曲欢快的节奏。

(2)能听辨出节奏的快慢与强弱,能用响板大胆表现歌曲的节奏。

(3)体验用响板表现小蚂蚁的快乐。

活动准备

(1)小蚂蚁教具1只,响板、大鼓各1面,PPT课件及音乐。

(2)幼儿学唱歌曲《蚂蚁搬豆》。

(3)幼儿对小蚂蚁的生活习性有初步的了解。

活动过程

1. 手指游戏——小蚂蚁爬呀爬

①歌曲表演——《蚂蚁搬豆》。

②出示小蚂蚁,听着音乐做律动小游戏"小蚂蚁爬呀爬"。

师:你们看看,我的小蚂蚁是怎么和我做游戏的?它在哪里爬呀?

③教师和幼儿一起游戏。

师:还想让小蚂蚁爬到你身上的哪些地方去?

小结:我的小蚂蚁是听着音乐,一步一步往前爬的,不快也不慢,孩子们,跟上我。

2. 拍拍、玩玩——出门找食物

①让幼儿听辨蚂蚁的脚步声。幼儿听听、说说,分辨声音的强和弱。

出示两种乐器:大鼓和响板。

师：听听这是谁的脚步声？为什么？

小结：原来，响板的声音和小蚂蚁的脚步声有点儿像，小小的、轻轻的。你们听，小蚂蚁高高兴兴地出门找食物去啦……

②幼儿拿起响板和教师一起听着音乐演奏，轻快的、欢乐的。

③让幼儿观看PPT课件。

师：小蚂蚁发现什么了？幼儿使用响板表现蚂蚁爬树、下树的脚步声。

④幼儿和老师一起听着音乐把豆豆搬回家。用响板快慢交替地演奏表现故事情景。

师：小蚂蚁，你们找到豆豆了吗？找到了什么豆豆呀？

教师提醒幼儿：小蚂蚁要慢慢走哦，听着音乐一步一步走，别让身上的豆子滚落下来哦！

3. 音乐游戏——搬起大饭团

①猜猜看看：小蚂蚁发现了什么？幼儿观看PPT课件。

②结合PPT课件，教师用响板表现"小蚂蚁叫伙伴一起搬饭团，伙伴越来越多，脚步声越来越响"的故事情景。

师（扮演小蚂蚁）：那么大的饭团，我一个人搬不动怎么办呀？（听辨）听听，我的朋友是不是越来越多了？

PPT课件演示：随着响板由弱变强，蚂蚁由一只逐渐变为一群。

③教师和幼儿一起探索响板由弱到强的演奏方法，团结协作，将饭团运回家。

📖 拓展阅读 6-1

音乐节奏在幼儿园一日活动中的运用

1. 音乐节奏在操节中的运用

根据每学期幼儿的年龄特点，教师应有目的、有计划地将声势律动、乐器节奏等编排到早操中，以提高早操的趣味性，提高幼儿参与晨练活动的积极性。例如，小班的"彩虹操"，设计拍手、拍身体、走圆圈等动作，让幼儿跟着音乐运动。在晨练中，幼儿的身体得到了积极锻炼，心灵也获得了音乐节奏和律动带来的愉快体验。

2. 音乐节奏在学习活动中的运用

在音乐表演活动中的运用上，教师可以在各班音乐表演区投放不同层次的图谱、乐器和音乐。例如，在小班的音乐表演区投放以实物或乐器图片呈现的音乐节奏图谱。教师投放的图谱、乐器和音乐都是可变化的，幼儿既可借助现有的材料重复、再现教师的教学内容，也可加入自己的构思和生活经验，创造不同的音乐表现形式。在教学活动中的运用上，教师可以灵活地把音乐节奏渗透其中，将不同的乐器、节奏图谱与音乐集体活动的不同环节融合。例如，音乐集体活动的导入环节，教师可以用玩偶、乐器等不同的道具摆放出不同的节奏型，引导幼儿运用身体的各个部位或身边的乐器，将这些节奏型演奏出来。这种具有动感的导入形式，既能实现音乐节奏在幼儿园音乐活动中的运用，也能成功地引起幼儿的兴趣。

3. 音乐节奏在户外活动中的运用

首先，在户外体能活动中的运用。①户外活动热身时，教师可以以节奏感较强且富有浓厚趣味的音乐带领幼儿做准备运动，引发幼儿参与户外运动的兴趣。②户外活动进行时，教师可以把音乐节奏的快慢特点，与小、中、大班幼儿动作发展的走、跑、跳、钻等体能活动相结合,将这些音乐节奏或作为背景音乐,或作为户外体育游戏的辅助材料,融入体育活动中。③活动结束时,教师可以播放节奏舒缓的音乐,让幼儿的身心逐渐平静下来,更好地过渡到下一个活动。其次,在户外自主游戏中的运用。大自然本身就蕴含着风声、树叶的沙沙声、鸟叫声等,为了满足孩子对声音、节奏的探究,幼儿园可以在户外墙壁、栏杆、空旷的草地,为孩子们提供不同层次的图谱,各种锅碗瓢盆、水管以及节奏乐器等不同材质的敲打材料,使幼儿在户外游戏时可以自由体验在不同材料上敲打出来的声音和节奏。

4. 音乐节奏在室内外活动过渡中的运用

教师可以选择适合各年龄段幼儿的音乐节奏型,配合各种生活乐器、奥尔夫乐器,以语言节奏、音乐节奏、声势节奏等形式,组织幼儿开展活动。例如,幼儿在完成了室内外活动后集合时,教师可以用乐器演奏出鲜明而急促的节奏型。用乐器优美的声音代替短促而尖锐的哨子声,使幼儿在室内外活动的过渡中也能得到音乐美的情感体验。

将音乐节奏运用到一日活动中,不仅可以给幼儿创造体验和感受节奏美、韵律美的机会,还能使幼儿的一日生活更加生动有趣。同时,音乐节奏的融入,能够使幼儿在一日活动各个环节的转换中,减少过渡环节中枯燥的消极等待,实现一日活动各个流程的顺利衔接。

📖 拓展阅读 6-2

幼儿园打击乐教学活动游戏化的实施策略

(一)在游戏化的互动中培养幼儿形成打击乐活动的常规

学会正确使用乐器、管理乐器、看指挥等,是打击乐活动中幼儿必备的基本常规。在这些常规养成的过程中,幼儿也锻炼了专注、控制等学习品质。教师应改变"要求式"的方法,避免出现幼儿被动接受、内心排斥的现象。教师应以"玩中学,做中学"的理念,引导幼儿在游戏化的互动中积极主动地内化常规。

1. 在游戏中引导幼儿接触乐器

乐器是幼儿进行打击乐演奏的凭借物。引导幼儿愉快地接触乐器、探索演奏乐器的方法、了解乐器发出的美妙声响,是开展打击乐教学活动的前提。每一种乐器有其独特的特点和演奏方法,单纯枯燥的讲解和示范并不能让幼儿和乐器互动。引导幼儿在玩一玩的游戏中接触乐器,能激发幼儿的内在动力,从而掌握正确的演奏方法、养成专注聆听的习惯。

初次认识乐器的时候,幼儿会非常兴奋,对每一种乐器都爱不释手,会忍不住拿起来敲敲打打,听听乐器发出的声音。为了让幼儿更好地感知每一种乐器,教师可以采用循序渐进的方式,结合有趣的语言游戏,激发幼儿的兴趣。

例如,在认识蛙鸣筒时,教师刮出声响,辅以"呱呱呱呱"的夸张语言。幼儿一下子就被吸引了,纷纷说这个乐器的声音像青蛙在唱歌,并不约而同也发出"呱呱呱呱"的声音。随后,教师迅速捕捉住这个契机,以"青蛙唱歌"的游戏和幼儿一问一答,从乐器和声音"对唱",到乐器和乐器"对唱",引导幼儿在游戏中自然习得蛙鸣筒的演奏方法。

认识乐器之后,为了巩固幼儿对乐器声音的记忆,更好地记住每个乐器的名称,教师可以采用"猜一猜、说一说"的游戏,引导幼儿借助听觉,分辨每一种乐器的声响。

例如,在认识蛙鸣筒、铃鼓、碰铃之后,为了引导幼儿更清晰地建立起乐器名称和声音的联系,教师对幼儿说:"这三种乐器非常调皮,喜欢玩儿'躲猫猫'的游戏,纷纷跑到'魔法袋'里出不来，只有听着声响猜出它的名字，乐器才能被解救出来。"听教师这么一说，幼儿迫不及待地想"救出"乐器，非常安静地倾听着，最终顺利地说出每个乐器的名称。面对自己的成功，他们非常兴奋。

2. 在游戏中指导幼儿管理乐器

幼儿天生喜欢敲敲打打，碰到能发出好听声音的乐器更是忍不住去敲击。在集体教学活动中，教师通常会遇到这种情况：幼儿比较随意地取放乐器，甚至在暂时不需要用乐器的时候忍不住去敲打乐器，而乐器发出的声响不仅严重影响了活动的顺利进行，也让活动的效果大打折扣。教师可以借助情境游戏，改变"说教式"的要求、灌输，引导幼儿自然地养成管理乐器的习惯。

例如，幼儿初识碰铃之后，教师在放乐器时对幼儿说："碰铃宝宝累了，请它到椅子下的'家'睡觉吧。"幼儿一听，觉得有趣极了，仿佛感觉乐器是他的朋友，纷纷把自己的碰铃放在椅子下面。放好之后，教师说："把门锁好，钥匙藏在口袋里，别让别人发现哦。"（边说边做动作引导幼儿）幼儿模仿教师的动作，小心翼翼地把"钥匙"藏在自己的口袋里。需要取出乐器时，教师说："碰铃宝宝睡醒了，我们拿出钥匙，打开门吧。"幼儿开心地拿出"钥匙"，打开"门"，快速地拿出乐器，准备演奏。

3. 在游戏中引导幼儿体验指挥

在开展打击乐活动中，教师常常采用游戏情境中角色的动作进行指挥。此举能让幼儿感受到教师和自己是游戏的伙伴，增强幼儿参与奏乐的信心。在熟悉音乐与节奏的环节，教师的指挥动作应该与幼儿的律动动作一致；在幼儿刚刚使用乐器的时候，教师的指挥动作需要与幼儿敲击该乐器的动作一致；当幼儿已经能够比较熟练地控制自己的演奏时，指挥动作就可以使用更规范的专业指挥动作。

例如，在打击乐活动"小小蛋糕师"中，当幼儿完整合乐演奏时，教师以游戏角色的身份担任指挥。幼儿扮演蛋糕师，教师扮演蛋糕师的师傅。演奏开始前，教师边做出预令动作边对幼儿说："准备做蛋糕了，请你们想想自己要做的蛋糕是什么口味的？"幼儿在联想中自然地做好了演奏前的准备。演奏时，教师依据做蛋糕的打鸡蛋、拌牛奶、揉面团、进烤箱烘焙等流程，将形象的肢体动作与节奏相融合，既让幼儿置身于做蛋糕的游戏情境中，又能达到幼儿整齐奏乐的效果。演奏完后，教师做出结束的动作并说："蛋糕做好了，闻闻香不香？"幼儿在游戏情节中很好地控制了自己的演奏。

（二）在游戏化的活动设计中支持幼儿习得打击乐的素养

打击乐器是幼儿表达音乐最自然、最直接的工具之一。打击乐活动能提高幼儿对音乐的理解。将生活化、游戏化的理念融入打击乐活动，以游戏情境贯穿整个活动过程，能让幼儿在层层递进的游戏情节中学习打击乐，感受打击乐活动带来的乐趣。

1. 在游戏情境中引导幼儿感受音乐

在幼儿园开展的打击乐活动中，音乐的感受是幼儿理解音乐、进行奏乐表现的前提。有的教师会在打击乐活动开始的时候，简单地告诉幼儿音乐的名称，接着播放音乐让幼儿倾听，完成演奏前音乐的感受。实际上，这样的感受往往流于形式，并不能达到预期的目标。只有让幼儿充分地感受音乐，才能为打击乐的演奏奠定良好的基础。因此，教师可以通过生活化游戏情境的设计，引导幼儿在游戏情境中感受音乐。

2. 在层层递进的游戏"阶梯"中，支持幼儿学习节奏、感受节奏美

节奏是音乐的重要元素之一。打击乐活动中的节奏练习是活动的难点。有的教师

开展的打击乐活动中,幼儿对节奏的感知往往只是简单地依据节奏图谱反复练习,过程单一而枯燥,极大地降低了幼儿对打击乐活动的兴趣,也无法让幼儿感受探索节奏的乐趣。因此,教师在活动中要变枯燥的节奏练习为自然的学习,注重为幼儿搭建层层递进的游戏"阶梯",让幼儿在玩儿中学习节奏、感受节奏美。

(三)鼓励、支持幼儿迁移经验,拓展、丰富游戏

游戏是幼儿最喜欢的学习方式。游戏化的打击乐活动能使幼儿享受快乐、收获丰富的体验。引导和鼓励幼儿将打击乐活动中收获的经验,迁移、运用于其他游戏中,能丰富其他游戏的内容、增强幼儿的审美体验。

例如,在"小小蛋糕师"活动中,教师通过乐器表现了做蛋糕的生动情节,给幼儿留下了非常深刻的印象。故事剧《最好吃的蛋糕》讲述了森林里的一群动物做蛋糕参加蛋糕比赛、找寻最好吃的蛋糕的情节。故事剧第二幕"动物们做蛋糕参赛"的情节中,并没有交代做蛋糕的具体情节。幼儿在表演的过程中,萌发了把"小小蛋糕师"活动中做"蛋糕"的经验迁移到故事剧情节中的想法。他们在表演中加入《做蛋糕》的歌曲,并尝试通过演奏乐器表现动物们做蛋糕的场面。

幼儿对生活中各种可发出声响的物品存在着跃跃欲试的冲动。因此,教师可以鼓励幼儿将在打击乐活动中收获的经验迁移、运用于日常的游戏中,寻找合适的"乐器"进行创意演奏,再现节奏美。

打击乐教学活动的游戏化,应在幼儿体验的基础上引导幼儿感受音乐、享受音乐的韵律美和节奏美。教师应以幼儿的视角,创设宽松和谐的游戏氛围,启发幼儿通过演奏创造性地表现音乐的意境美,从而提高幼儿的审美情趣,促进其良好音乐素养及学习品质的养成。

实践活动

1. 熟悉幼儿园常用的打击乐器,掌握它们的演奏方法。
2. 观摩小、中、大班集体节奏乐活动,结合所学知识对整个活动进行分析。
3. 调查某一所幼儿园小、中、大班节奏乐活动的开展情况,并结合所学理论提出建设性意见。
4. 根据本单元所学内容,设计一个幼儿园节奏乐活动方案,并分组进行模拟试讲。
5. 认真分析乐曲《喜洋洋》。
(1)分析乐曲的特点,思考适合用什么样的节奏型及乐器演奏。
(2)讨论如何编排乐器并设计图谱。
(3)设计学习环节并进行演奏。

思考与练习

1. 学前儿童节奏乐活动的含义和意义是什么?
2. 简述学前儿童节奏能力的发展阶段和特点。
3. 学前儿童节奏乐活动的目标是什么?
4. 幼儿园有哪些常用的打击乐器?打击乐器配器的原则是什么?
5. 举例说明幼儿园节奏乐活动的设计与组织流程。

第七单元 —— 学前儿童音乐欣赏活动

① 知识目标

明确学前儿童音乐欣赏活动的含义及学前儿童音乐欣赏能力的发展特点,理解学前儿童音乐欣赏活动的目标及选材要求,掌握学前儿童音乐欣赏活动设计的一般环节及指导要点。

② 技能目标

会选择适宜的音乐作品,设计和指导不同年龄段的学前儿童音乐欣赏活动。

③ 情感目标

激发对学前儿童音乐欣赏教育活动的热情,秉持以幼儿为本的教育理念,在设计与组织学前儿童音乐欣赏教育活动时勇于探索与创新。

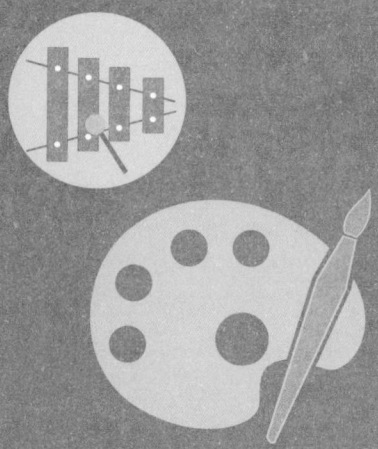

内容图解

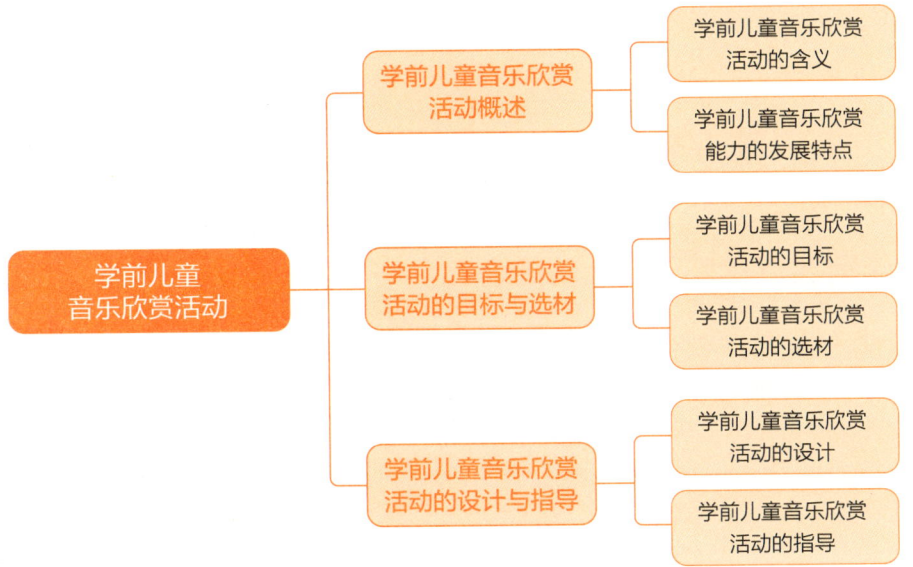

引导案例

大班音乐欣赏活动"单簧管波尔卡"教学片段

《单簧管波尔卡》为引子A—B—A—C—A的回旋曲结构。作品乐句工整，节奏明快，曲调热烈、流畅，节奏明显具有向前跳跃、滚动的感觉。C段音乐的节奏拉开，显得更加悠扬而欢畅。

为帮助小朋友们认识该曲的结构特点，增强对音乐的感知和体验，教师利用图形乐谱（图7-1）来辅助教学，从左至右，依次呈现花、浅色树枝、花、深色树枝、花；花代表乐段A，浅色枝条代表乐段B，深色枝条代表乐段C，形象地显示出此曲A—B—A—C—A的回旋结构。而4朵花、4根浅色枝条、4根深色枝条暗示着A、B、C段音乐均由4个乐句构成。幼儿在教师的带领下清晰地感知了该图，将音乐与图形对应匹配，并最终用欢快和柔美舒展的动作创造性地表现了整首音乐，整堂课幼儿收获满满。

图7-1 《单簧管波尔卡》图谱

由此可见，幼儿园的音乐欣赏活动就是以音乐作品为对象，在带领幼儿倾听的同时辅以各种手段如图谱、动作、故事等来帮助幼儿感受、理解音乐，体验音乐活动带来的快乐的过程。

哲学家席勒曾经说过："从美的事物中找到美，这就是审美教育的任务。"音乐欣赏对人的审美能力的培养有着举足轻重的作用，因此，音乐欣赏也是学前儿童音乐活动的重要组成部分。事实上，在唱歌、音乐游戏、舞蹈、节奏乐等整个音乐教学活动中都包含有欣赏的因素。

第一节　学前儿童音乐欣赏活动概述

一、学前儿童音乐欣赏活动的含义

学前儿童音乐欣赏活动概述

音乐欣赏，是指欣赏者通过听觉对音乐进行聆听，并从中获得音乐美的享受、精神的愉悦和理性的满足的活动。音乐欣赏是一种直接、具体的审美教育活动。

音乐欣赏活动是学前儿童音乐教育领域的重要组成部分之一，是幼儿在倾听音乐中对音乐作品进行感受、理解和表达的一种听觉艺术审美活动。

达尔克罗兹认为："音乐教育的终极结果在于培养儿童歌唱及欣赏的审美情感。其中欣赏是音乐艺术中最令人神往和欣慰的，这不仅让儿童也让我们在其中体验到人类创造音乐的共同情感。"幼儿受其心理发展水平限制，他们的音乐欣赏能力还处于浅表层次，带有更多的直觉成分参与其中，理性成分明显不及成人。幼儿园音乐欣赏活动应以幼儿为欣赏主体，以音乐为活动中心，以"听"为基础，让"听"贯穿活动始终，帮助幼儿提高音乐感受和理解能力，使其享受参与音乐进行过程的快乐。幼儿的心理特征决定了他们很难长时间地以单纯静听的方式欣赏音乐，可能会用肢体动作、语言和绘画等多种方式感知和体验音乐。

二、学前儿童音乐欣赏能力的发展特点

音乐形象是通过各种音乐表现手段塑造出来的。音乐形象存在不确定性和多义性。不同的听众，由于其文化素养、情绪和爱好的差异，以及临时的心理因素，对同一音乐形象的感受往往有所不同，产生的效果或印象可能大相径庭，但对于乐曲情绪的体验却是基本相同的。学前儿童由于其年龄的不同、生理心理的差异等，各年龄阶段的音乐欣赏能力也各有特点，但都离不开感知、记忆、思维、想象等基本的音乐能力。这些能力是随着儿童年龄的增长而逐渐生成、发展并健全起来的，而音乐的感知能力是音乐欣赏的重要前提和基础。

（一）0~3岁儿童音乐感知能力的发展

国内外许多研究表明，即使是婴儿，对于声音和音乐也有着一种天生的敏感与反应；完全无声的环境并不适宜于婴儿，轻柔的声音（如微风、平静的海浪等声音）在一定程度上能使婴儿停止喧闹，变得安定、愉悦。可以这样说，在生命最初的几个月中，听音乐是婴儿接收"信号"的一种"前言语方式"，它成为孩子同周围世界发生联系的一种最初级、最基本的方式。婴儿不仅能注意到周围环境中的音乐，将其与别的声音相区别，而且会由"接收者"逐渐成为"参与者"（由对周围环境中的声响产生兴趣到逐渐被刺激并参与其中）。婴儿在半岁左右开始试图模仿听到的声音，这种声音被称作"婴儿式的说话和颤音"。婴儿在这种"声音模仿游戏"中显得其乐无穷。

总的说来，1岁前婴儿的音乐听觉感知和反应是比较缓慢且不太精细的。随着年龄的增长，婴儿对外界环境中各种声音和音乐的反应、听辨、分化能力会进一步发展。他们不仅能准确地

分清声源，迅速地分辨差别大的不同音色，分辨四度、五度音程，区分并主动模仿环境中的许多声音（如动物的叫声、成人的歌声等），还会自发地注意倾听他们所喜欢的音乐。一般说来，2岁左右的儿童不仅会对成人唱的或电子设备播放的歌曲感兴趣，而且喜欢用找到的物体或自己的声音创造自己的音乐。德国著名儿童音乐教育家奥尔夫主张鼓励儿童用发现的物体发出声音——敲击物体。因为无论儿童最初的听觉经验多么粗糙，都可能引发儿童发现美好的声音。

（二）3~4岁儿童音乐欣赏能力的发展

3岁左右的儿童，已经从周围的生活环境中获得了较多的倾听体验和习惯，开始逐步自发地注意聆听他们喜欢的音乐并分辨它们。虽然他们还不容易理解音乐作品的不同情绪性质，但是当他们感受到不同性质的乐曲（如柔和优美的摇篮曲或雄壮有力的进行曲）时，却能随着音乐作出动作反应，比如听到宁静的摇篮曲时，他们会自然地晃动身体，而听到有力的进行曲时，他们则会不由自主地踏步……可见，孩子已经有了对音乐情绪性质的初步感受。

理解是音乐欣赏的重要基础和保证。这既包括对乐曲情绪、风格的理解，也包括对乐曲表达内容、乐曲结构和表现手法的理解。3~4岁儿童的音乐理解能力是十分有限的。虽然他们能对生动形象、节奏鲜明的乐曲有所反应和感受，但不一定能完全理解。一般来说，到小班末期，儿童在幼儿园良好的教育影响下，能学会借助想象、联想来理解性质鲜明的音乐情绪，产生一定的共鸣；但对于乐曲基本表现手段的感受和理解则有一定的困难，特别是对音色、节奏、旋律等的差别常常不能很好地区分。

儿童在欣赏音乐的过程中，总是以他们的表情、动作或语言对音乐做出相应的反应。因而，欣赏音乐的能力与儿童的创造性表现是紧密相关的。3~4岁儿童受其生理、心理发展水平的影响，对音乐作品的感受和理解还很不完善，记忆也不是很精确，所以一般尚不能用语言较好地表达对作品的感受。他们常用的创造性表现手段是身体动作，即尽量用自己想出来的、与他人不同的动作来表现音乐。

（三）4~5岁儿童音乐欣赏能力的发展

4~5岁儿童听辨的分化能力有所提高，逐渐能辨别声音的细微变化，表现在倾听、欣赏音乐的听辨能力、感受能力进一步增强。他们一般已能欣赏内容较为广泛、性质风格多样的音乐作品，如舞曲、进行曲、摇篮曲等。他们往往能够通过教师专门组织的音乐活动，初步感受到乐曲的结构，听出乐段、乐句之间的重复（如感受简单的单三段体ABA结构），以及乐曲在情绪性质上的明显差异。

随着儿童思维、想象的进一步发展，4~5岁儿童对音乐的理解能力也在不断地发展。这一时期的儿童已能基本理解音乐表达的情绪和情感，并由此产生一定的想象、联想。这种理解能力通常表现为对歌曲及有标题的器乐曲的理解。儿童已能借助歌词及已有的生活经验、音乐经验基本理解音乐所表达的音乐形象，但对于较为复杂的、没有标题的纯器乐曲的理解还有一定困难。

与以前相比，4~5岁儿童在音乐欣赏过程中的创造性表现能力也在不断增强。他们基本会用比较自由、多样的手段对音乐进行创造性的表现，并且在表现过程中努力追求独特性、创造性。例如，让中班幼儿欣赏蒙古族民歌《森吉德玛》，启发他们在欣赏、感受音乐后，用简单的图画分别来表达听《森吉德玛》A、B两段后的感受，有些孩子为A段画的图是在辽阔的草原上，有一个小小的蒙古包，门前有一只温顺的小羊，为B段画的是一幅群马奔腾图。可见，孩子们已经能够尝试运用不同符号系统中的表现语来创造性地表现音乐。

(四)5~6岁儿童音乐欣赏能力的发展

5~6岁儿童对音乐的感受和理解能力有了更大的进步。随着他们音乐经验的不断丰富和积累,其听辨能力更强了,能从对音乐的粗略区分转为比较细致的区分,而且能感受、辨别较为复杂的器乐曲的结构、音色及情绪风格上的细微差别。他们能够对音乐形象鲜明的同类音乐作品进行分析和归类,并且用语言来表达音乐感受的能力也增强了,能结合想象和联想用较完整的语言或一定的故事情节来描述音乐。另外,他们对纯器乐曲的理解能力也进一步增强,能在清楚辨别、理解音乐作品速度、力度、音色、节奏等表现手段变化的过程中进行大胆的想象和联想,并找出充分的理由。

5~6岁儿童在音乐欣赏过程中的创造性表现,不仅体现在其创造性表现的意识更积极、主动,而且形式也更丰富、多样,有身体动作、嗓音表达、语言描述、图片再现等。同时,创造性表现的成果也更为显著。

由此可见,伴随着儿童年龄的增长以及音乐体验活动的增加,儿童对音乐的音调和节奏变化的敏感性,以及对旋律的感知、记忆、理解、想象、表达等能力都在不断发展和提高。

第二节 学前儿童音乐欣赏活动的目标与选材

一、学前儿童音乐欣赏活动的目标

学前儿童音乐欣赏活动的目标分为总体目标和不同年龄班目标两部分。

学前儿童音乐欣赏活动的目标与选材

(一)总体目标

学前儿童音乐欣赏活动的总体目标包括认识目标、技能目标、情感与态度目标。

1. 认知目标
①能感受和体验音乐作品表达的内容和情绪。
②能理解音乐作品最基本的表现手段。
③能再认和区分已欣赏过的音乐作品,具有初步的音乐记忆力。

2. 技能目标
①发展专注聆听和感受音乐的习惯和能力。
②发展艺术思维能力和创造性艺术表达能力。
③初步理解并积累一定的音乐词语,如音乐基本要素中音的高低、长短、强弱和音色等,在具体音乐活动中加以应用。
④用各种不同表现方式,如简单的美的语言、绘画、肢体动作等表达对音乐作品的理解认识、想象、情感体验和初步鉴赏的审美活动。

3. 情感与态度目标
①愿意参与音乐欣赏活动,享受、体验聆听音乐作品带来的快乐。
②对不同音乐形式、内容、风格有较广泛的爱好。
③发展情感体验、情感表达能力及自我情感调控能力。
④能在音乐欣赏的过程中尝试与同伴交流和配合,共同协作表达对音乐的感受和理解。

（二）不同年龄班目标

以下分别介绍小班、中班、大班学前儿童音乐欣赏活动的学习目标。

1. 小班
①能初步感受结构短小、形象单一的歌曲或标题音乐的形象、内容和情感，并产生相应的动作反应。
②能够在短时间内专心聆听喜欢的音乐。
③能初步辨别音乐作品中明显的速度、力度、音区的变化。
④能初步辨别进行曲、舞曲、摇篮曲的不同。

2. 中班
①能感受性质鲜明、结构短小的歌曲或器乐曲的形象、内容和情感，并产生一定的联想，用动作进行反应。
②喜欢聆听音乐、观看表演，能在一定时间内保持欣赏注意力的集中。
③能辨别音乐作品中比较明显的速度、力度和音区变化。
④能用与众不同的肢体动作、简单语言和绘画表现欣赏过程中的感受和理解。
⑤能简单地用语言描述进行曲、舞曲、摇篮曲的特征。

3. 大班
①能较准确地感受性质鲜明、结构适中的歌曲或器乐曲的形象、内容和情感，并产生丰富的联想，用动作进行反应。
②能主动、积极地参与集体音乐欣赏活动，能安静、关注地倾听音乐。
③能较准确地判断音乐作品中速度、力度、音区的变化，对音乐的结构有所了解。
④能用语言、绘画、肢体动作等不同的艺术表演形式大胆、自信地表达对音乐的感受和理解。
⑤对进行曲、舞曲、摇篮曲有更深层的感受和辨别。

二、学前儿童音乐欣赏活动的选材

选择恰当的音乐欣赏材料是进行幼儿园音乐欣赏活动之前的重要环节。音乐欣赏中的材料由两部分组成：一是音乐作品；二是为了帮助儿童更好地感受和理解音乐作品的辅助材料。

（一）音乐作品的选择

音乐作品有声乐曲、器乐曲之分，同时又有题材、体裁、内容、形式和风格上的不同。为学前儿童选择音乐欣赏的作品时，要符合以下条件。

（1）音乐作品能够引起儿童的兴趣

要注意音乐作品所表达的内容、形象或情感，应该是儿童熟悉、理解并能唤起他们的兴趣的。音乐作品的形式应比较简单；结构要单纯、工整并且长度适宜，篇幅不宜过长。为小班儿童选择音乐欣赏的歌曲时，歌词要简单，便于儿童理解和记忆。即使是没有歌词的器乐曲，也要注意音乐作品描写或表现的内容应是儿童所熟悉和感兴趣的，如乐曲《娃娃》描写娃娃睡觉、醒来和跳舞的样子，就是小班儿童生活中的真实体验。为中、大班儿童选择器乐曲时，也要注意贴近儿童的生活，符合他们的音乐感知和理解能力。例如，《动物狂欢节》组曲，通过变幻的旋律和乐音，构成了一个个栩栩如生、生动可爱的动物形象。快速跳跃的节奏表现的是小兔子的形象；缓慢、厚重的乐音构成了大象的形象……这样的乐曲不仅儿童喜爱，也便于儿童对作品内容、风格、情绪的把握和理解，能引起儿童情感上的共鸣。

（2）音乐作品具有较高的思想性和艺术水平

为儿童选择的音乐作品必须具有较高的思想性和艺术水平，有较好的演唱或演奏质量。体裁广泛、形式多样而富有艺术美的音乐欣赏作品能开阔儿童的艺术视野，丰富其音乐欣赏经验。要选择一些优美而经典的世界名曲，如《拉德斯基进行曲》《梦幻曲》《四小天鹅舞曲》；以及具有代表性的我国民族音乐作品，如《瑶族舞曲》《金蛇狂舞》《喜洋洋》《牧童短笛》等。如果作品篇幅比较长，结构比较复杂，可以适当地删编。

（3）音乐作品的内容、形式丰富多样

为儿童选择的音乐作品应考虑内容、形式和题材等方面的丰富多样性。音乐作品的内容可以反映自然界、社会生活和儿童游戏等；表演形式可以有不同演唱、演奏形式的歌曲、乐曲等。尽量采用各种题材、体裁及多种风格的作品。

（二）辅助材料的选择

受年龄特点和知识、音乐经验的限制，儿童在音乐欣赏过程中很难像成人一样仅仅通过安静倾听来获得对音乐的感性体验或理性思考。他们往往需要借助一定的辅助感知手段来帮忙，比如视觉、言语知觉、运动觉等，这样才能丰富和加强他们的听觉感受。因此，为儿童提供配合音乐欣赏的辅助材料是非常有必要的。我们通常可以选择以下几种辅助材料。

1. 动作材料

动作材料是指能符合音乐性质，能反映音乐的节奏、旋律、结构、内容和情感等的身体动作。它可以是节奏动作、舞蹈动作，甚至是滑稽动作等。我们需要注意的是动作要符合音乐的性质，但也不必太强调动作的统一性；并且动作必须简单，要容易表现，切忌复杂和烦琐。例如，欣赏一首优美的抒情音乐，教师只需确定儿童所做动作的性质是柔软、连贯、绵长、自由的即可，而欣赏一首欢快的节奏感比较强的音乐时，儿童就要做出有动感的、跳跃性的动作。下面以欣赏乐曲《狮王进行曲》时教师对幼儿进行动作引导为例：

引导语：森林里许多动物自由呼喊、欢呼动作。卫兵们迈着雄壮的步伐排成了整齐的夹道迎宾队伍。

A段：狮王威风凛凛，迈着矫健有力的步伐（引导幼儿做狮王走路的形象动作）。

B段：狮王对着森林里的动物们大声地吼叫显威风（引导幼儿做狮王吼叫的形象动作）。

A′段：狮王太太和小狮子走路、吼叫的动作（引导幼儿学习狮王太太的体态和走路的动作，小狮子边走路边玩耍，体现调皮的形象动作及吼叫动作）。

2. 视觉材料

视觉材料是指能形象、具体地反映音乐的形象、内容、结构及节奏特点的可视材料。可以是图片、幻灯片、录像或玩教具等。在选择视觉辅助材料时，要注意提供的视觉材料本身的线条、构图、造型、色彩、形象等必须与音乐的性质相吻合。

例如，乐曲《狮王进行曲》是管弦乐曲《动物狂欢节》的第一段，作者是法国作曲家圣·桑斯。乐曲结构复杂，篇幅较长，教师在带领幼儿欣赏时可以采用音乐图谱来提高幼儿欣赏音乐时的视觉体验，帮助幼儿更好地理解音乐的结构、旋律的变化，让音乐欣赏变得更有乐趣。

3. 语言材料

语言材料是指含有艺术形象的有声文字材料。可以是故事、散文、谜语、诗歌，也可以是儿歌、童谣等。在选择语言辅助材料时，同样要注意应体现出与音乐的一致性。这个"一致"，指的是文学作品本身的内容、形象和情感以及表现手法，都要与欣赏的音乐作品相一致，真实而贴切地烘托出音乐表达的意境和气氛。当然，选择的语言辅助材料还要语言优美、文学性强，能为儿童熟悉、理解和喜欢。在音乐欣赏活动中，也可以让儿童自己独立地选择语言，独立地对音乐做出反应。

例如，柴可夫斯基作曲的《洋娃娃的葬礼进行曲》是一首悲伤而低婉的乐曲。让儿童欣赏时，可以借助一个与音乐的沉重、伤感气氛相吻合的童话故事《鼹鼠和他的小花们》，通过故事中的人物、情节以及教师讲述时的语气、语调，来衬托音乐要展现的内容和意境。

附：童话故事《鼹鼠和他的小花们》

就在那个冬天的早上，小鼹鼠到花园里去埋葬死去的小花，一路上，他哭呀，哭呀，哭得眼睛红红的，他实在太舍不得离开他的小花了。

妈妈把小花埋在泥土里，轻轻地对小鼹鼠说："不要哭了，小花们是在睡觉呢！明年春天，他们一定会回到我们身边来的。"

就在那个冬天的早上，小鼹鼠离开花园回家去，一路上，他想呀，想呀，想得脑袋疼疼的，因为他太舍不得离开他的小花了。

晚上，天上下起了大雪，小鼹鼠跪在床上，对着窗外飞舞的雪花轻轻地说："春天快点来到吧！小花快点回来吧！"

第三节　学前儿童音乐欣赏活动的设计与指导

一、学前儿童音乐欣赏活动的设计

学前儿童音乐欣赏活动的设计包括活动准备和活动过程的设计两部分。

（一）学前儿童音乐欣赏活动的准备

学前儿童音乐欣赏的前期准备工作需完成选择并分析音乐作品和幼儿经验、加工音乐材料、准备教具等步骤。

学前儿童音乐欣赏活动过程的设计

1. 选择并分析音乐作品和幼儿经验

教师在组织幼儿进行音乐欣赏活动前，要对幼儿欣赏的音乐作品进行选择和深入分析。即选择合适的音乐作品并分析音乐所表现的内容、情绪情感及音乐的基本表现手段。如旋律的进行形态、节奏、节拍特点；曲式结构、力度、速度、乐器音色特点等。另外，了解和分析幼儿原有欣赏水平和音乐欣赏经验，确定活动的重点和难点，把握音乐作品中幼儿容易感知、理解和难以掌握的内容。

2. 加工音乐材料

幼儿欣赏的音乐作品应篇幅短小，结构简单、工整，幼儿容易理解与记忆。教师需在参考幼儿的欣赏能力，分析音乐作品的音色、结构、风格、性质等特点的基础上，对一些篇幅较长、结构较复杂的中、外经典优秀音乐作品进行适当的删减或压缩，并熟练地背唱所用歌曲或音乐的旋律唱名。

3. 准备教具

根据音乐作品内容准备欣赏活动中要使用的教具和学具、道具、音像等辅助性材料，吸引幼儿聆听音乐，帮助幼儿直观地理解音乐作品。

（二）学前儿童音乐欣赏活动过程的设计

学前儿童音乐欣赏活动过程设计包括歌曲欣赏、器乐曲欣赏和舞蹈欣赏。

1. 歌曲欣赏

①完整倾听音乐或教师演唱导入，感受歌曲的性质，也可以以谈话、故事、儿歌等其他方式

导入。

第一遍欣赏，应要求幼儿安静倾听，引导幼儿说出歌曲的性质，并丰富相应的词汇。

②再次欣赏，应运用直观教具，帮助幼儿理解歌词内容。

第二遍欣赏，注意引导幼儿倾听歌曲唱的内容，出示该方面的直观教具，引导幼儿看一看、说一说，帮助幼儿理解歌词内容。

③感受歌曲的演唱形式。

第三遍欣赏，提问幼儿该歌曲是男声还是女声演唱？是独唱还是合唱？

④与幼儿探讨创编动作。

与幼儿探讨这些歌词可以用什么样的动作来表现？幼儿创编动作，教师指导。

⑤引导幼儿边听歌曲边完整表演，在愉快的氛围中结束活动。

2. 器乐曲欣赏

（1）导入音乐

教师可以用容易引起幼儿对音乐作品兴趣的方式引出主题，主要可以采用以下方法。

①情境导入。如果乐曲富有情趣、生动活泼，教师可以根据音乐特点设计一个有趣的情节导入，以激发幼儿学习的兴趣。例如，在欣赏乐曲《狮王进行曲》时，教师可以创设一个情境，请小朋友们扮演自己喜欢的小动物，一起欢迎狮王登场。通过这样的方式来营造欢快的氛围，从而为幼儿感受和理解音乐作品做铺垫。

②故事导入。如果乐曲的主题明确，教师可以根据音乐的变化设计一个故事进行导入，生动的故事情节能有效地帮助幼儿理解音乐。

③直观教具导入。采用直观教具（如图片、实物、幻灯片等方式）直接引入音乐里的形象来吸引幼儿的学习兴趣。例如，在欣赏乐曲《凤阳花鼓》时，教师可以先出示一个花鼓，引导幼儿观察它的外形特征、发声方式、作用等，通过观察和讲述，幼儿能很快地理解乐曲表现的内容。

当然，导入的方法多种多样，在具体的活动设计中教师可以结合乐曲的特点创造性地选择合适的导入方式。

（2）初步感受音乐

教师可以用语言简单介绍作品的名称、主题、背景等，让幼儿完整地将乐曲听一至两遍，使幼儿对所欣赏的音乐有一个初步印象，在这个过程中，可以提问一些相关的问题，如"听完了音乐你的心情怎么样？""你们在听音乐的时候发现前后的速度有什么变化？"等，帮助幼儿初步了解音乐作品的内容、结构和情绪性质，引发幼儿的兴趣。同时，可用图片、图谱或其他直观教具，从视觉上丰富幼儿的音乐体验，帮助他们更好地感受乐曲的主题、结构等信息。教师也可以伴随音乐进行表演，激发幼儿的兴趣，让幼儿更顺利地感知和理解音乐。

（3）深入理解音乐

这一环节是集体音乐欣赏活动的核心环节。在这一环节中，要求幼儿不仅要掌握音乐作品的主要内容和情绪性质，还应该感受和理解作品的表现手段，记忆和识别音乐作品的主要音调和风格特征等。根据音乐作品结构特点的不同，采用的具体方式也应不同。对音乐作品的反复感知理解应该体现出儿童参与方式和要求的多样性，不能只对乐曲进行简单重复的倾听。

如果音乐作品偏长或是有明显的曲式结构，可以采取分段欣赏的方式进行。对于无明显曲式结构的音乐作品，不便于截取欣赏，可以采用整段欣赏的方式，但每次整段欣赏都要对儿童提出不同的要求。不管采用哪种方式，为了让幼儿深入理解作品，都应该为幼儿提供尽可能多的参与机会。除了反复听音乐，还要调动幼儿其他感知通道的参与。比如：运动觉的参与，可让幼儿跟随音乐做动作、用身体打节拍、演奏简单的乐器等；视觉的参与，则可以在音乐的伴奏下，带领幼儿欣赏图片、图谱、录像、动画等来理解音乐；语言知觉的参与主要是指在音乐的伴随下，用表演、唱歌、模仿发声等方式来理解音乐。

（4）完整表现音乐

完整表现音乐是音乐欣赏活动的结束环节，在儿童深入地理解了音乐作品后，教师应再次带领儿童完整欣赏整首音乐作品，这时教师应为儿童提供表现的舞台，鼓励儿童随乐运用各种方式表达自己对音乐的理解与感受。同时，教师应注意，对于儿童欣赏过的作品经过一段时间后要进行再欣赏，这样一方面可以复习巩固，加深儿童对作品的印象；另一方面，也可以检查音乐欣赏的效果，检查儿童对作品的记忆情况、对作品内容及音乐表现手段的感受能力和理解能力，以及对作品的态度，这也是音乐欣赏活动的继续。

3. 舞蹈欣赏

①完整地欣赏舞蹈，让幼儿对舞蹈有一个初步的印象：通过观看录像或教师表演，让幼儿对舞蹈有一个初步的印象。

②探讨舞蹈中的服饰，了解各民族人民的生活习惯：引导幼儿仔细观察服饰，有哪些花纹？是什么民族的服饰？

③探讨舞蹈动作表现了什么内容：再次欣赏音乐作品，引导幼儿注意观察动作表现，提问：这些动作表现了什么？美在哪里？用了身体的哪些部位进行表现？

④探讨最喜欢的舞蹈动作：让幼儿谈谈自己喜欢的动作，并尝试模仿表演。

⑤模仿喜欢的舞蹈动作，说一说动作表演要注意的事项：幼儿跟老师学学动作，说一说哪个动作比较难，要注意什么？

最后，组织幼儿完整地欣赏音乐，并跟随音乐表演。教师不要特别要求幼儿动作的美、正确性，只要幼儿能以积极热情的态度参与活动就可以了。

二、学前儿童音乐欣赏活动的指导

（一）丰富学前儿童的相关生活经验

欣赏音乐作品前要丰富幼儿的生活经验，为欣赏音乐作品打好基础。音乐是反映人们现实生活和思想感情的。欣赏音乐是需要一定的艺术修养和生活经验的。生活经验是感受音乐作品的基础。

学前儿童在欣赏音乐作品时离不开其生活实践和认知能力，丰富他们的有关知识经验是使其对音乐产生想象力和联想的基础。选择与学前儿童年龄特点、接受能力相吻合的作品是接受欣赏内容的前提。教师在准备让幼儿欣赏某首歌曲或乐曲前，应了解他们在这方面的知识经验是否欠缺，如有不足，要设法组织一些活动加以补充，可以让他们观看图片，向他们介绍有关知识、讲讲故事，甚至外出参观等，以丰富幼儿的生活经验。例如，欣赏歌曲《小白菜》时，提前给幼儿讲述故事，让他们理解故事内容，培养他们的情绪情感和想象力，然后欣赏，这时幼儿就更容易接受；在欣赏歌曲《雪花》前，结合科学活动，让幼儿接触雪花、认识雪花，了解雪花的形状、颜色等有关知识，而后开展欣赏教学，当幼儿的内心情感得到升华，想象力也充分发挥后，会收到更好的教育效果。

（二）在良好的氛围中提高音乐的欣赏质量

学前儿童思维以具体形象为主，情感所指向的事物比较单纯，活动往往受环境、气氛的影响。因此，在教学活动中，教师可结合音乐的目标设计相应的音乐环境，通过气氛渲染引起幼儿的情感共鸣，使他们为之动情，产生联想。例如，欣赏音乐作品《摇篮曲》，可创设这样的音乐氛围：一座房子外月亮高挂，星星闪烁，柳枝轻摆，教师扮演妈妈，边哼曲子边哄娃娃睡觉，洋溢着浓浓的母爱与亲情。很快，幼儿被这优美、温存、安宁的氛围感染，沉浸在无比温馨的气氛中，以景引入，以情带动，达到情景交融的效果，从而激发幼儿的兴趣，提高音乐欣赏的质量。

（三）运用多种手段渗透

学前儿童欣赏音乐应是一种积极互动的过程，而不是消极的、被动的感受，应使整个欣赏过程都能引起幼儿的兴趣，使其想象活跃，情感也有所触动。

1. 借助动作感受音乐的性质及表现手段

幼儿在欣赏音乐作品时会出现各种面部表情和动作，这是幼儿表现内心感受的一种方法；同时，动作还可帮助幼儿加深感受，是提高辨别音乐性质能力的一个重要手段。例如，幼儿听了乐曲《小鸭的舞》，就能用动作表示出什么时候小鸭在游泳、跳舞，什么时候一摇一摆回家了等，这样会加深他们对音乐作品的感受，从而对作品的感知、理解、表现能够更直接、更全面、更深刻。

2. 运用感官进行比较

运用视觉进行观察时，若有对比，更容易看出异同；若倾听声音时进行比较，那么音乐作品的特点、性质也能被明显感受到。例如，摇篮曲与舞曲或进行曲的比较，"老人走路"与"小孩子蹦跳"的节奏比较，使幼儿通过视觉、听觉、运动觉等多种器官的参与和比较，对音乐作品理解得更深刻。

3. 通过教育手段不断渗透

由于客观世界的各种事物都是相互联系的，人们在欣赏艺术作品时会有各种心理活动交织运转，产生各种联想和想象。在教学活动中，教师可以针对不同年龄、不同发展水平的幼儿和不同的音乐作品，通过语言、文字、图画、韵律等幼儿喜闻乐见的艺术形式的参与，调动幼儿各种感官配合，深化和丰富幼儿对音乐的听觉经验。例如，在欣赏轻快的舞曲《小松树》时，在幼儿面前摆放画有午睡、做早操及歌舞场面内容的3张图片，让他们边听边看，待音乐结束后，问幼儿音乐里说的是哪幅图片里的事情，结果没有一个幼儿去指那幅午睡的图片。

4. 鼓励大胆想象和自由表现

引导幼儿主动参与，诱发幼儿联想、想象、创造，提高幼儿的审美能力，促进幼儿全面发展是音乐欣赏的出发点和归宿。

在音乐欣赏活动中，应结合幼儿的兴趣需要、已有经验和发展水平，激发他们的兴趣，发挥他们的主动性、积极性；同时结合音乐作品，引导他们去感受，启发他们积极思考，鼓励他们大胆想象和自由表现。由于幼儿的生活背景、记忆储存、想象不尽相同，所以对音乐作品的感受、理解有所差异。因此，应尊重幼儿的创作意图，并留给幼儿更多的创作空间，使他们的想象力、创造力不断提高。

音乐欣赏是一个审美过程，在实施过程中，各种教育因素必须构成一个有机的整体，发挥教育的基本功能。在音乐欣赏过程中把各方面的教育内容联系起来，彼此渗透，综合运用各种教育手段，让幼儿的各种感官参与活动，这样既能激发幼儿欣赏音乐的情趣和积极性，又能帮助幼儿更好地理解音乐作品，从而感受音乐作品的内在美，真正达到欣赏的目的。

案例展示 7-1

小班音乐欣赏活动：迷路的小花鸭

活动目标

（1）了解乐曲的名称、音乐形象（慢的、悲伤的）和主要内容。

（2）能用伤心的动作与表情表现音乐。

（3）萌发同情、关心迷路的小花鸭的情感，并体验得到别人帮助及帮助别人后的欢畅心情。

活动准备

录有小鸭叫和哭声的音频、贴绒图片(上有池塘、柳树和带有眼泪的小鸭子)或实物小鸭。

活动过程

1. 发声练习：《跟我唱》

启发幼儿观察老师快慢不同的动作，用相应的动作和感情表现。

附发声练习：跟我唱

```
  1 2 | 3 4 | 5 - |    5 4 | 3 2 | 1 - |
```
(老师)小 鸭　迷 路　了　　(学前儿童)真 呀　真 可　怜。
　　　我 们　怎 么　办，　　　　　　 把 它　送 回　家。

```
  1 2 3 4 | 5 - |    5 4 3 2 | 1 - |
```
(老师)小鸭 回到　家　　(学前儿童)真 呀真 高　兴。
　　　小鸭 见妈　妈，　　　　　　 笑 呀笑 哈　哈。

2. 复习歌曲：《快乐的小鸭子》

（1）听前奏回忆歌曲名称。

（2）一起唱一遍歌曲。

（3）边唱边跳：启发幼儿做出小鸭子快乐的动作和表情。

3. 欣赏歌曲《迷路的小花鸭》

（1）听录音。(嘎—嘎——哭声)"谁在哭?"(小鸭子)"小鸭子为什么哭?"

①感受音乐的情绪。

老师有表情地清唱："听听歌曲，想想小鸭子为什么在哭?"(小鸭子迷路了)

老师说出歌曲的名称《迷路的小花鸭》，解释"迷路"的意思：就是不知道回家的路，找不到家了。

"听听《迷路的小花鸭》这首歌，心里觉得怎么样？和前面唱《快乐的小鸭子》时心里有什么不一样？"

"快乐的小鸭子是怎么唱的？"(唱得很快，跳跃地)"心里觉得怎么样？"(心里很高兴，快乐地)

"迷路的小花鸭是怎么唱的？"(唱得很慢，声音软软的，连起来唱)"心里觉得怎么样？"(心里很难过，很伤心)

教师边表演边唱："听《迷路的小花鸭》这首歌为什么觉得心里很难过？"幼儿讨论后老师小结："这段音乐听起来很伤心，小花鸭找不到妈妈很难过。"

②感受歌曲的主要内容：体验离开亲人独自一人悲伤的心情。

（2）老师演示，边出示图片边唱："小鸭子在哪儿迷路的？迷路后它怎么样了？"幼儿讨论后教师用歌词唱出。

（3）演示教具。老师有感情地讲述小故事："有一天，小花鸭在池塘边的柳树下玩儿呀玩儿，它迷路了，找不到家也找不到妈妈了。它哭了，到处喊妈妈。"老师有表情地演唱歌曲。

（4）老师边唱边表演，启发幼儿随意跟唱。幼儿参与表演：激发幼儿关心迷路的小花鸭的情感。

①"小花鸭找不到妈妈怎么办？我们快帮小鸭子找妈妈吧！"引导幼儿帮小鸭子在四周多次练习大声叫妈妈："妈妈，妈妈，你在哪里？"

②送小鸭子回家。

老师一边出示小花鸭，一边帮小花鸭叫："妈妈，妈妈，你在哪里？我想你呀！""小朋友们，小花鸭迷路了，我们怎么帮它？"（把它送回家），"我们快点儿把它送回家吧！"老师抱起小鸭子边唱第二段，边带领幼儿把小鸭子送回家。另一位老师扮演鸭妈妈接过小鸭子："谢谢你们，把我的宝宝送回家。"幼儿说："不用谢，鸭妈妈再见。"

（5）活动结束。在《快乐的小鸭子》的音乐伴奏下，幼儿边唱边做快乐的动作与表情出教室。

附歌曲：迷路的小花鸭

1=E 2/4　亲切地　　　　　　　　　　　　　　　　　王　森　词
　　　　　　　　　　　　　　　　　　　　　　　　谢白倩　曲

| 6̣ 1 | 3 0 | 3 1 | 6̣ 0 | 6̣· 1 | 3 6̇6̇ | 5 6 | 3 - | 5 4̱3̱ |

池塘　边，　柳树　下，　有只　迷路的　小花　鸭，　嘎嘎嘎
小朋　友，　看见　啦，　抱起　迷路的　小花　鸭，　啦啦啦

| 2 - | 4 3̱2̱ | 1 - | 2·2 | 3 1 | 6̣ - | 6̣ 0 ||

嘎，　嘎嘎嘎嘎，　哭着　叫妈　妈，
啦，　啦啦啦啦，　把它　送回　家。

案例展示 7-2

大班音乐欣赏活动：有趣的玩具盒

作品分析

音乐欣赏活动"有趣的玩具盒"选用的是奥地利作曲家约翰·施特劳斯的交响曲《安娜波尔卡》。该作品旋律优美、段落分明，可清晰地分辨为A—B—A—C—A—B—A的段落。

为了便于幼儿对音乐作品的理解，这里将原作的每段截取一半，并创作出了3个形象，即小公主、小士兵和小鸟。幼儿可通过已有经验对乐段进行理解，为3种形象创编相应动作。

A段：音乐优美略欢快，可以想象为小公主的形象，用踮趾小跑步进行舞蹈。

B段：音乐精神、有力，可以想象为小士兵的形象，用扛枪、走正步的动作进行表现。

C段：音乐活泼、有趣，可以想象为小鸟的形象，用小鸟飞的动作进行表现。

活动目标

（1）借助图片，了解乐曲的性质和结构。

（2）能用不同的身体动作大胆表现音乐的内容和情绪。

（3）体验和同伴一起参与音乐欣赏的快乐。

活动准备

小公主、小士兵、小鸟的图片；编辑过的《有趣的玩具盒》的音乐。

活动过程

1. 活动导入：倾听故事，了解故事内容

新学期到了，幼儿园为孩子们准备了许多礼物。其中有一份礼物是一个有趣的玩具盒，里面有美丽的小公主、神气的小士兵和叽叽喳喳的小鸟。有一天，一个小朋友打开了这个玩具盒，她先和小公主玩了一会儿，又和小士兵玩了一会儿，然后又和小鸟玩耍。她觉得这些玩具真好玩。于是，她又分别和小公主、小士兵、小鸟玩了一会儿，玩得真高兴！正在这时，妈妈喊她了，她只好放下手中的玩具，和妈妈回家了。

2. 熟悉音乐旋律

（1）结合图片（图7-2），了解乐曲的性质和结构，完整地听音乐，感受乐曲的性质。

师：你听了有哪些感受？你最喜欢哪段音乐？为什么？你觉得表示小公主的音乐听起来怎么样？表示小士兵的音乐听起来怎么样？表示小鸟的呢？

（2）完整地听音乐，并请幼儿上台指出与音乐对应的图片。

（3）分段听音乐，结合图片，了解乐曲的结构。

图7-2 公主、小士兵、小鸟

3. 动作学习，熟悉动作

用身体动作尝试表现音乐内容和情绪。

（1）分段欣赏音乐，边听音乐边用身体动作表现音乐内容和情绪。

（2）分段倾听A段、B段、C段音乐，提问幼儿"这段音乐讲述的是谁？他在干什么？"幼儿用动作随音乐表现。请个别幼儿示范，全体幼儿随音乐做动作。

4. 完整欣赏音乐，结束欣赏活动

完整地欣赏音乐，请个别幼儿上来指出图片，其余幼儿在位子上做动作。

📖 拓展阅读 7-1

适合幼儿音乐启蒙的中国名曲

1.《高山流水》

《列子汤问》记载：伯牙善弹琴，钟子期善听琴。一次，伯牙弹了一首高山屹立、气势雄伟的乐曲，钟子期赞赏地说："巍巍乎志在高山。"伯牙又弹了一首惊涛骇浪、汹涌澎湃的曲子，钟子期又说："洋洋乎志在流水。"钟子期能深刻地领会伯牙所弹奏的乐曲《高山流水》的内涵。从此，他们结成了知音，被传为千古佳话。

据文献记载，《高山流水》原为一曲，自唐代以后，《高山》与《流水》分为两首独立的琴曲。其中《流水》一曲，在近代得到更多的发展，曲谱最早见于明代《神奇秘谱》。

2. 《广陵散》

《广陵散》又名《广陵止息》，是中国音乐史上著名的古琴曲。嵇康因反对司马氏专政而遭杀害，临刑前曾从容弹奏此曲以寄托。今存《广陵散》曲谱，最早见于明代《神奇秘谱》，谱中有关于"刺韩""冲冠""发怒""报剑"等内容的分段小标题，所以古来琴曲家把《广陵散》与《聂政刺韩王曲》看作异名同曲。

《广陵散》的旋律激昂、慷慨，是我国现存古琴曲中唯一具有戈矛杀伐战斗气氛的乐曲，直接表达了为父报仇的精神，具有很高的思想性及艺术性。或许嵇康也正是看到了《广陵散》的这种反抗精神与战斗意志，才如此酷爱《广陵散》并对之产生如此深厚的感情。

3. 《平沙落雁》

《平沙落雁》是一首展景抒怀的琴曲，又名《雁落平沙》《平沙》。曲谱最早载于公元1634年（明末崇祯七年）刊印的《古音正宗》。

全曲以水墨画般的笔触，淡远而苍劲地勾勒出大自然寥廓壮丽的秋江景色，表现清浅的沙流，云程万里，天际群雁飞鸣起落的情景。曲意爽朗，乐思开阔，给人以肃穆而又富有生机之感，借鸿雁之高飞远翔，抒发和寄托人们的胸臆，体现了古代人民对祖国美丽风光的歌颂与热爱。

4. 《梅花三弄》

古琴曲《梅花三弄》又名《梅花引》《梅花曲》《玉妃引》，是中国古典乐曲中表现梅花的佳作，早在唐代就在民间广为流传。

《梅花三弄》全曲共分10段，两大部分，前6段为第一部分，采用循环再现手法，后4段为第二部分，描写梅花静与动两种形象。乐曲通过梅花的洁白芬芳和耐寒等特征，借物抒怀来歌颂具有高尚节操的人。

5. 《十面埋伏》

《十面埋伏》是一首著名的大型琵琶曲。乐曲内容的壮丽辉煌，风格的雄伟奇特，在古典音乐中是罕见的。此曲最早见于1818年华秋萍编纂的《琵琶谱》，1895年李芳园编订的《南北派十三套大曲琵琶新谱》中将它改名为《淮阴平楚》。

该乐曲是根据公元前202年楚、汉两军在垓下（今安徽省灵璧县东南）进行决战时，汉军设下十面埋伏的阵法，从而彻底击败楚军，迫使项羽自刎乌江这一历史事实加以集中概括谱写而成。垓下决战是我国历史上一次有名的战役。琵琶曲《十面埋伏》出色地运用音乐手段表现了这场古代战争的激烈战况，向世人展现了一幅生动感人的古战场画面。

6. 《夕阳箫鼓》

《夕阳箫鼓》为古代中国琵琶曲文曲中的代表作品之一，也是中国十大古曲之一。此曲为琵琶曲中的大文套，由此曲改编的琵琶曲名为《春江花月夜》，此曲最迟在18世纪就流传在江南一带。

《夕阳箫鼓》是一首抒情写意的文曲，旋律雅致优美。左手多用推、拉、揉、吟等演奏技法，描绘出一幅清丽的山水画卷。音乐开始，鼓声、箫声疏密有致地悠然兴起；接着，委婉如歌的、富有江南情调的主题款款陈述；其后各段，运用扩展、紧缩、移易音区和"换头合尾"等变奏手法，并适时点缀以水波声、桨橹声等造型乐汇，表达了意境幽远的情趣。此曲以柔婉的旋律、安宁的情调，描绘出人间的良辰美景。

7.《渔樵问答》

《渔樵问答》是一首流传了几百年的古琴名曲，反映的是一种隐逸之士对渔樵生活的向往，希望摆脱俗尘凡事的羁绊。音乐形象生动、精确。乐曲通过渔樵在青山绿水间自得其乐的情趣，表达出对追逐名利者的鄙弃。

乐曲采用渔民和樵夫对话的方式，题材集中精练，以上升的曲调表示问句，以下降的曲调表示答句，曲调飘逸潇洒，描绘出渔樵在青山绿水中悠然自得的神态。《渔樵问答》一曲是几千年文化的沉淀。"青山依旧在，几度夕阳红"，尘世间万般滞重，在《渔樵问答》飘逸潇洒的旋律中烟消云散，这种境界令人叹服。

8.《胡笳十八拍》

古琴曲《胡笳十八拍》是根据汉代以来流传的同名叙事诗创作的琴曲，是我国音乐史上一首杰出的古典名曲。

《胡笳十八拍》是古乐府琴曲歌辞，一章为一拍，共18章，故有此名，反映的主题是"文姬归汉"。全曲采用宫、徵、羽三种调式，共18段，两大层次。前一层10拍诉说身在胡地却时刻思念故乡；后一层描绘离开胡地之时，与幼子惜别难舍的隐隐哀怨。全曲以感人的音调诉说了蔡文姬一生的悲苦遭遇，反映了战乱给人民带来的深重灾难，抒发了对祖国、乡土的思念和不忍骨肉分离的强烈感情。琴曲的感情有时凄惶伤感，有时好似捶胸泣血，表现了极其强烈的悲楚心情。

9.《汉宫秋月》

中国传统音乐中，同名异曲、异曲同名的现象很多，乐曲各个版本的历史渊源与流变往往需要艰苦的考证。比如，《汉宫秋月》就有琵琶曲、二胡曲、古筝曲、江南丝竹等不同版本。

此曲由一种乐器曲谱演变成不同谱本，且运用各自的艺术手段再创造，以塑造不同的音乐形象，这是民间器乐在流传中常见的情况。乐曲表现了古代宫女哀怨悲愁的情绪及一种无可奈何、寂寥清冷的生命意境。

10.《阳春白雪》

《阳春白雪》原是春秋战国时期楚国的两首高深的歌曲名，即《阳春》和《白雪》，是由楚国著名歌舞家莫愁女在屈原、宋玉的帮助下传唱开来的，至今已有2000多年的历史。

《阳春白雪》可分成起、承、转、合4个组成部分，是一首具有循环因素的变奏体乐曲，表现的是冬去春来，大地复苏，万物欣欣向荣的初春美景。旋律清新流畅，节奏轻松明快。

实践活动

1. 结合所学知识，对民族乐曲《红绸舞》进行音乐分析，并设计出可供教学时使用的音乐结构图谱。

2. 结合所学知识，按规范格式，撰写中班音乐欣赏活动"玩具兵进行曲"的活动方案，要求突出中班幼儿的年龄特征,能充分调动幼儿的多种感官参与。

3. 观摩幼儿园小、中、大班集体音乐欣赏活动各一节,结合所学内容对整个活动进行分析。

4. 以小组为单位,分别选择不同年龄阶段的音乐欣赏内容,设计活动方案,准备玩教具,进行模拟试讲。

💡 思考与练习

1. 结合实际,谈谈学前儿童音乐欣赏能力发展的特点。
2. 如何选择音乐欣赏活动中的音乐材料?
3. 如何调动幼儿聆听音乐的积极性,使其乐于参与欣赏活动?
4. 举例说明组织学前儿童音乐欣赏活动时应注意哪些问题。

第八单元　学前儿童美术教育概述

1　知识目标

了解学前儿童美术教育的含义与特点，明确学前儿童美术教育的意义与任务，掌握学前儿童美术教育实施的原则和方法。

2　技能目标

能够结合学前儿童美术教育的特点、任务、实施原则与方法对学前儿童美术教育活动进行理性分析。

3　情感目标

激发对学前儿童美术教育的向往，树立对学前儿童美术教育严谨负责的态度。

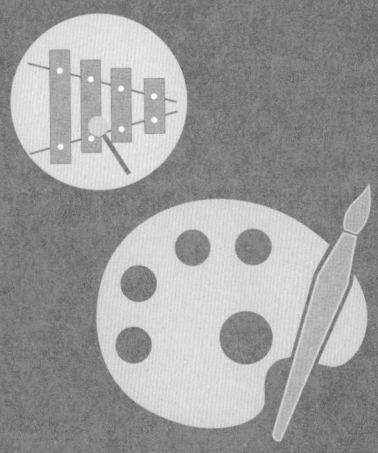

内容图解

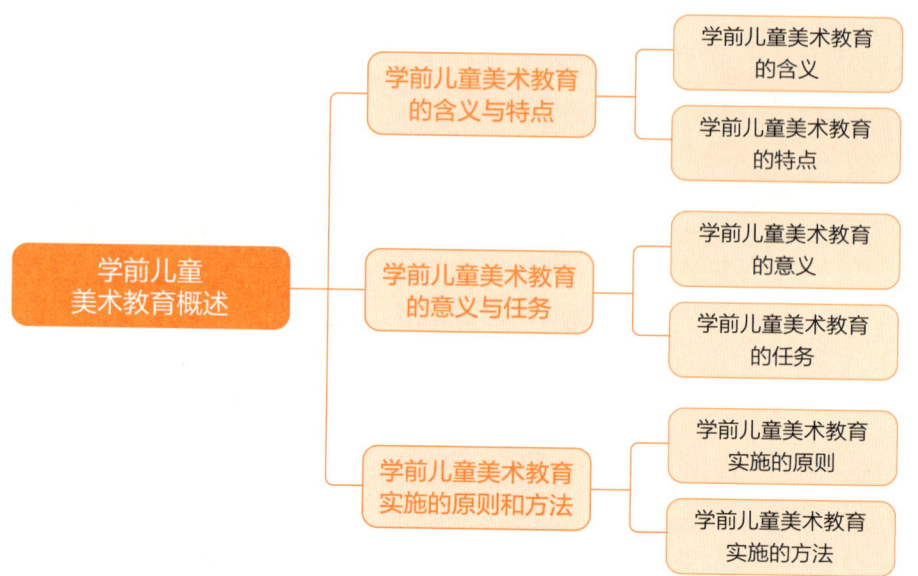

引导案例

边听边画

一次区域活动时，活动室播放着歌曲《粉刷匠》，教师走到了正在美工区忙着画画的几个小朋友身边，正听见豆豆对身边的贝贝说："你知道粉刷匠的房子是什么样的吗？"贝贝接着说："我觉得房子应该是建在树上的，粉刷匠正在往上爬呢！"另一边的乐乐也一边用手比画着一边说："我觉得粉刷匠右手拿着刷子，左手拎着油漆桶，站在架子上刷房子，刷的颜色是粉红色的。"几个小伙伴你一言我一语地说个不停，丰富的想象好像插上了翅膀在飞翔。教师走过去对他们说道："你们的想法可真奇妙，赶紧按照你们的想法动手画一画吧！"于是孩子们边讨论边画画，有的画房子，有的画粉刷匠，有的画梯子，有的涂颜色，在欢快的气氛中完成了美丽的图画，大家都沉浸在成功的愉悦之中。

一段熟悉的音乐引发了幼儿的创作热情，在画画的过程中，他们不仅获得了情感体验，同时培养和增强了实践能力与合作能力。

英国艺术教育家赫伯·里德（Herbert Read）在《通过艺术的教育》一书中指出："艺术应为教育的基础，美术教育的使命就是通过艺术来教育人，也就是说，它是以促进人的全面发展为最终目的。"美国艺术教育家鲁道夫·阿恩海姆（Rudolf Arnheim）也曾说过："美术在更大程度上应该是满足人们精神、智能、身心等方面和谐发展的需要，是整个文化的一部分，是每一个受教育的人都必备的能力。"可见，美术教育是作为人的全面发展教育中不可缺少的组成部分。

第一节　学前儿童美术教育的含义与特点

一、学前儿童美术教育的含义

美术也称造型艺术、视觉艺术或空间艺术，是运用一定的物质材料和手段，如颜料、纸张、布、泥石、木料、金属、绘画、雕塑、折叠等，通过创作者独特的艺术语言，塑造可视的平面或立体的视觉形象，以反映社会生活，表现创作者的思想情感和审美意识，供人们欣赏的一种艺术活动。

学前儿童美术指的是学前儿童从事的美术造型艺术活动和欣赏活动，它反映了儿童对周围世界的认识、情感和思想。

学前儿童美术教育是美术教育的组成部分，是指教育者遵循学前教育的总体要求，根据学前儿童身心发展的规律，有目的、有计划地通过美术欣赏和美术创作活动，培养其美术审美能力和美术创作能力，最终促进其人格和谐发展的一种审美教育。学前儿童美术教育旨在丰富儿童的情感，培养儿童初步感受美、表现美的情趣和能力。

二、学前儿童美术教育的特点

学前儿童美术教育具有美术教育的一般特点，但又具有不同于一般美术教育的特征，主要表现在以下3点。

1. 满足学前儿童审美情感需要，具有强烈的情感色彩

学前期的儿童明显地表现出情感因素在其发展中的重要作用。他们喜欢想象，往往有惊人之作。儿童对美术有一种自然的需要，他们喜欢在这里画画，在那里画画，喜欢做色彩游戏。在儿童时期，其心理发展的一大特色是以自我为中心，容易将自己的情绪情感投射到物体上，用身心感悟世界。正是儿童的这种特点使美术活动成为其进行情感沟通和满足的重要途径。

2. 以学前儿童的审美创造能力为核心，强调儿童的创造性

每个儿童都有创造的潜力。在学前儿童美术发展过程中，从儿童的乱涂乱画，到逐渐画出某个东西，并给它命名，到儿童为事物象征性地再造一个多半是不完整的、粗略轮廓的形象，再到儿童用画来表达多种概念或凭自己的主观经验重新组合、加工变形的画面等，都显示出儿童独特的创造力。

3. 培养学前儿童手、眼、脑协调活动的操作

操作教育是学前儿童美术教育的重要组成部分，儿童正是在操作中亲身体验某种情感的发展，体验美术活动自身的乐趣，进一步获得审美感知和审美创作的。学前儿童的美术活动包括心理操作和实际操作两个方面。在这一过程中，儿童的手、眼、脑并用。学前儿童用多种感官感知审美对象，用头脑去想象、理解、加工审美意象，用语言去交流自己的审美感受，用手去操作美术工具和材料来表现自己的情感和想法。操作教育一定要依据儿童的身心发展水平和需要进行。

第二节 学前儿童美术教育的意义与任务

一、学前儿童美术教育的意义

学前儿童美术教育的意义主要体现在以下几个方面。

（一）有利于幼儿审美能力的发展

日常生活中人们的生活起居、言行举止，以及大自然五光十色的景物和多姿多彩的变化都能激发幼儿的审美情感，使他们接受到美的陶冶。美术教育就是借助大自然和社会生活中一切美的事物，通过艺术手段对幼儿进行审美能力的教育。一些适合幼儿接受水平的绘画、工艺品、雕刻、建筑等美的造型、均匀对称的花纹、丰富而协调的色彩、巧妙精美的构图，都能激发幼儿的审美情感，培养幼儿的审美能力。

（二）有利于幼儿健康情感和健全人格的形成

情感因素在幼儿的身心发展中具有重要的作用。幼儿容易将自己的情绪、情感投射到物体身上，用身心感悟周围的世界。正是幼儿的这个特点，使美术活动成为幼儿进行情感沟通和获得心理满足的重要途径。

例如，一名幼儿画的《愤怒的妈妈》（图8-1）中，妈妈拿着铲子，手臂张开，眼睛眉毛向上翘，黑黑的头发外面燃烧着一圈红红的火。这名幼儿通过画面表达了他对妈妈生气时的体验。正是这种美术活动为幼儿的紧张或其他某种情绪的体验和释放提供了一个途径，其有利于幼儿健康情感和健全人格的形成。

图8-1 儿童作品：愤怒的妈妈

（三）有助于幼儿智力的发展

美术活动是一种视觉活动，幼儿在动手之前，总是要先通过视觉观察所要表现的对象，如物象的形态、结构、色彩和比例等，使这些因素在头脑中留下较清晰的印象，然后再凭借自己对这些物象的感受和理解去动手表现。幼儿在留意观察周围事物的基础上，画出的画面不受所观察对象的约束，出现一些在成人看来既可笑又非常可爱的现象，如不合逻辑的构思、不合比例的造型、主观想象的色彩、随意安排的空间结构等，这使他们的想象力和创造力得到提高，从而在一定程度上促进了幼儿智力的发展。

二、学前儿童美术教育的任务

（一）使幼儿喜爱美术活动，保持对美术活动的兴趣

幼儿是否喜爱美术活动，最显著的标志是他们是否愿意参加各种美术活动。那么，幼儿对什么样的美术活动感兴趣呢？

首先，由于幼儿具有探索的欲望，他们总是对新奇的美术活动工具、材料、表现手法充满好奇，愿意尝试、接触它们。如果教师能够满足幼儿的这种愿望，他们就会喜欢。

其次，美术活动还要有幼儿表达、操作的空间。对于某种材料、工具，幼儿总是愿意按照自

己的愿望去操作，用自己的方式去表达。这种自由、宽松的环境是幼儿喜爱的。

最后，美术活动的生活化、游戏化，也是幼儿能够产生兴趣的重要因素。

（二）发展幼儿美术实践经验，建立初步的审美意识

美术教育是帮助幼儿建立初步的审美意识的一个非常重要的途径。加强幼儿的美术实践活动，让幼儿参与和接触尽量多的美术类型，欣赏古今中外的美术作品，开阔幼儿的审美视野。在满足个体美术活动需要的基础上，在幼儿个体能动的美术创造和表现活动过程中，在根据幼儿实际需要对美术技能适当指导的情况下，帮助幼儿积累更多的审美经验，幼儿由此形成的审美趣味范围和品位将得到扩大与提高。

（三）发挥美术的情感教育功能，促进幼儿健全人格的形成

美术教育是美育的重要组成部分，它具有陶冶情操的功能。美术活动可以帮助幼儿个性情感获得有效释放。从当前先进的美术教育理念来看，特别强调把美术学习从单纯的技能、技巧学习层面提高到美术文化学习的层面。通过美术文化的学习，加强幼儿情感的体验和美术文化的滋润，加深对文化和历史的认识和对艺术的社会作用的认识，促进情感、态度、价值观的发展，真正起到培养幼儿人文精神的作用，这是当前美术教育的一大特点。

（四）发展幼儿的创造力和想象力

美术教育除了具备其他学科教育具有的促进幼儿智力发展的一般功能，还具有其他学科教育所不具备的一些特点，主要表现为美术教育能为幼儿提供一种有别于抽象思维形式的形象思维。美术教育是用有趣、新奇的刺激，启发和引导幼儿去感知事物的外形、结构，通过想象和形象思维进行美术创作的过程。在这一过程中，幼儿的思维活跃，头脑中的形象丰富，情绪快乐而饱满，创作欲望强烈，想象力迸发，常常会画出意想不到的美术作品。

第三节　学前儿童美术教育实施的原则和方法

一、学前儿童美术教育实施的原则

在实施学前儿童美术教育活动中要遵循以下原则。

学前儿童美术教育实施的原则和方法

（一）恰当适度地处理操作因素与艺术因素的关系

学前儿童美术活动中的自由创造与表现固然重要，但是，如果只鼓励自由表现，没有表现方法的学习，幼儿在进行美术创作时就会出现眼高手低的现象，严重影响他们的创作自信和表现质量。事实上，幼儿在进行美术创作活动时，内心都会产生需要他人帮助的愿望，虽然幼儿对此可能没有明确的表示。如果置幼儿的需要于不顾，没有一定的指导，就是不负责任的放任，也会使幼儿失去操作的兴趣。因此，教师要对幼儿的操作进行方法上的指导，让他们学习一些基本的、简单的操作技能，为幼儿自由地创造、表现奠定基础。

（二）突出生活因素和游戏因素的地位

没有生活因素和游戏因素的美术活动，不是真正的学前儿童美术活动。因此，要增加它们在

学前儿童美术教育活动中的分量。一些学前儿童美术活动缺乏游戏成分，欠生活化，使美术活动成为单纯的技巧训练，很难满足《纲要》中提出的重视"幼儿在活动过程中的情感体验和态度"的要求。其实，单纯依靠美术技巧的训练是不能完成审美教育任务的；况且，生活和游戏也都蕴藏着审美教育的因素，把生活和游戏融入美术活动中，美术教育活动的效果会更好。

因此，学前儿童的美术教育活动必须是综合的，融游戏、生活、美术于一体的，其中游戏、生活的地位更为突出的美术活动。

（三）强调创造因素的作用

美术是幼儿发展过程中自我表现的一种方式。幼儿在发展的过程中对世界有着独特的认识与理解，他们在美术活动中运用自己的符号系统反映对生活的印象，表达思想认识，宣泄情感体验。他们的这种表达事物的符号系统是幼儿自己的发明创造，是自己想象的结果。这些创造的背后隐藏着幼儿认识、情感的发展，表面上看是一幅图画，实际上画里表现了幼儿纯真的心灵、严肃的思考、强烈的需求、情感的平衡等。这些创造来源于幼儿潜意识的表现，它们的价值在于满足幼儿的心理平衡，使幼儿的人格健全发展。应该说，美术教育中的这种对想象力和创造力的开发是生命中的核心力量，创造是美术活动最重要的、最具有教育价值的因素，没有幼儿的这种创造与想象，学前儿童美术将黯然失色，美术活动在完善幼儿心智方面的作用会明显降低。教师应该了解美术活动的这种特性，注重透过幼儿的作品了解幼儿的内心世界，正确地看待幼儿的自由表现，尊重幼儿带有个性色彩的创造行为，保护幼儿的这种原创力，使美术活动能够发挥其促进人格的协调平衡的教育功能。

二、学前儿童美术教育实施的方法

学前儿童美术活动是幼儿非常喜欢的一种艺术活动，是幼儿认识世界、探索世界的重要手段。因此，在学前儿童美术教育活动中教师要通过各种手段，运用灵活多样的教学方法，让美术教育发挥更大的作用。

根据学前儿童美术教学的特点，可以把教学方法分为言语类、直观类和探究类3种。

（一）言语类

语言是学前儿童美术教育中连接教师和幼儿、实现沟通的桥梁。以语言传递信息为主的教学方法，通常包含讲授法、提问法和讨论法。

言语类教学方法的优点是不仅便于发挥教师的主导作用，还便于幼儿在较短的时间内获得系统、完整的知识。这类方法可以单独使用，也可以与其他方法配合使用。

1. 讲授法

讲授法是教师通过语言描述、说明和解释向学前儿童传授美术知识和技法的方法。例如，在欣赏梵·高的作品《向日葵》时，教师可以向幼儿介绍画家创作此画的小故事。

2. 提问法

提问法是教师根据所授课程提出相关问题，引发儿童的思考，并鼓励儿童积极寻找答案，回答问题的教学方法。例如，在讲授"蚂蚁吃西瓜"这一课程时，教师可以先借助多媒体课件展示蚂蚁相关的图片、动画，然后提问，让儿童观察说出蚂蚁的基本形态和身体结构，帮助儿童理解和把握蚂蚁的整体形象。

3. 讨论法

讨论法是组织儿童以小组讨论的形式，探究问题，得出结论并分享的教学方法。讨论法有助于增进儿童之间的协作交流，培养儿童的合作精神、探究能力和表达能力。

（二）直观类

美术具有直观形象的特点，学前儿童美术教育中教师要引导儿童通过视觉感知获得直观感受。直观类教学方法主要有观察法、欣赏法和演示法。

直观类教学方法的最大优点是可以使幼儿获得感性认识，形成清晰而深刻的表象，便于理解和记忆。由于这类方法最契合美术学科的直观形象性，因此是美术教育活动经常采用的教学方法。

1. 观察法

观察法是教师启发学前儿童观察物象的形状、颜色、结构以及事物间的空间位置、相互关系等，获得对事物的感性认识。观察法是学前儿童美术教育活动的基本方法。

2. 欣赏法

欣赏法是让幼儿通过对美术作品、自然景物、社会生活中的美好事物的欣赏获得美的感受，提高表现能力和审美能力的教学方法。

欣赏法有助于开阔幼儿的视野，扩大其知识面，使他们在欣赏名家名作的同时积累一定的社会历史文化知识和经验。同时，幼儿在感知、理解、欣赏、对话的过程中，不断地丰富着自己的内心感受，并通过发自内心的表达，使语言表达能力得到提高。欣赏活动还可以为幼儿提供一个不受拘束、自由想象的广阔空间。幼儿在感受力、知识面、想象力、创造力、语言表达能力等方面的良好发展能促进幼儿自信心的建立，使他们形成积极的情感态度。

欣赏并不只是单纯地让幼儿看一看美术作品，而是要运用灵活多样的方式使幼儿体验美感，获得知识，促进幼儿审美能力的发展。学前儿童美术教育中以欣赏为主的方法主要有音乐匹配法、动作模仿法、对比法、联想法。

（1）音乐匹配法

音乐匹配法是指在美术教学中可以恰当融入音乐的元素，让视觉艺术和听觉有效结合，动静交替，帮助儿童全方位享受艺术的魅力，从而提高美术课堂的教学效果。比如，教师在开展"放烟花"的绘画教学活动时，可以在让幼儿欣赏烟花图片时播放歌曲《新年好》，让幼儿在歌曲欢快的氛围里感受烟花的绚丽多彩，体会放烟花时的愉悦心情，为幼儿的绘画创作提供更多想象的空间，图8-2就是众多儿童作品中的一幅。

（2）动作模仿法

动作模仿法是指在美术教学中，为了让幼儿对欣赏的作品有更深刻的体验，教师有时可以让幼儿进行模仿动作，从而与作品产生共情，提高审美体验。比如，在带领幼儿欣赏油画《拾穗者》（图8-3）时，教师可以鼓励幼儿模仿捡拾麦穗的动作，体验作品表达的农民劳动的艰辛。

图8-2　儿童作品《放烟花》

图8-3　米勒油画《拾穗者》

（3）对比法

对比法是指教师引导幼儿欣赏评价不同作品时常用的一种方法。在欣赏美术作品时，可以就同一主题的不同表现手法、同一画家不同的绘画作品、画家不同时期的作品等进行观察比较，找出差异。比如，同样是画马，徐悲鸿的水墨画《奔马图》（图8-4）和马克的油画《蓝马》（图8-5），在造型、构图、表现手法等方面截然不同，给人以不同的视觉感受，运用对比法能引导儿童在比较中去理解、去体会，提高其审美能力。

图8-4　徐悲鸿水墨画《奔马图》

图8-5　马克油画《蓝马》

（4）联想法

联想法是指教师用故事、实物或对事物的"联想"，把儿童引进想象的世界，让儿童以实际生活经验为根据，从中记忆、感触、思考和创作。联想法的使用不但能培养儿童的想象力、创造力，也能陶冶他们的情操，提高他们的艺术品位。

《蛙声十里出山泉》（图8-6）是齐白石的水墨画，描绘了在远山的映衬下，从山涧的乱石中泻出一道急流，6只蝌蚪在急流中摇曳着小尾巴顺流而下，活泼地戏水玩耍的情景。远远望去，整幅画面黑白分明。画面中没有青蛙，而是淡墨渲染的远山，给人无限的想象空间。在引导幼儿欣赏这幅作品时就可以采用联想法，通过提问："泉水是从哪里流下来的？小蝌蚪从哪里来的？青蛙在哪儿呢？还能听到什么声音呢？"来引发幼儿的联想，发展幼儿的创造力和想象力。

3. 演示法

演示法是教师配合讲解，向儿童展示直观教具，示范绘画、手工制作等过程，使儿童获得对事物的感性认识。

演示法能直观、生动地把所要描述的形象或要制作的物体展示在幼儿面前，使幼儿获得丰富的感性材料，加深对事物的印象，从而学会描绘、制作等方法。幼儿通过对演示内容的观察和分析，并从观察中提出疑问，提高自己的观察力和思维力。

例如，开展手指点画活动"鱼妈妈和鱼宝宝"时，教师先用神秘的语气对幼儿说："老师用自己的手指变魔术了，看看会变出什么来呢？"随后教师便用手指蘸了黑色颜料在白纸上画了几条小蝌蚪，幼儿看后露出十分惊奇的表情，可能幼儿会这样想："咦？小手指真神奇，会变小蝌蚪。"然后，教师教幼儿认识"手指点画"这一画法。

图8-6　齐白石水墨画《蛙声十里出山泉》

（三）探究类

探究类教学方法是在教师的指导下，幼儿自己发现问题、探究问题和解决问题的一类教学方法。探究类教学方法的主要特征是不直接将相关的美术技能教给幼儿，只提供有关范例，让幼儿通过尝试找到解决问题的方法。对幼儿而言，探究就是玩儿，玩儿就是天性。具体来说，探究类教学方法主要有发现法和情境法。

1. 发现法

发现法也称尝试探索法，是由教师设置一个情境，让幼儿对某一学习任务按照自己认为可能的想法，通过几次错误的尝试、探索规律后找到正确答案的教学方法。现代心理学研究认为，人类学习中含有试误成分，但试误学习不是人类学习的主要形式。然而，发现法在操作性较强的美术活动中仍不失为一种培养幼儿思维能力和探索精神的好方法。发现法可以分为以下4步。

（1）设置情境

设置一个与美术活动主题有关的、新颖独特的教学情境，如出示一件很有创意的工艺品或绘画作品，展示一段视频，教师用很快的速度画出一幅线条流畅的图画等，以吸引幼儿的注意力，激发幼儿的学习兴趣或学习动机。例如，在折纸活动"小鸟"中，教师出示了一幅蓝天的背景画，上面布满了各色折纸"小鸟"，以引起幼儿的兴趣。

（2）尝试练习

对于表现或制作的难度不大，或者有一定的难度但经过幼儿的努力能够解决，或者幼儿当时没有意识到困难等情况，教师可以让幼儿先尝试练习，也可以先尝试某一局部、某一步骤练习。但是，到了一定的阶段，其中的困难就会显露出来。例如，教师把自己的折纸作品《小鸟》放在每个小组的桌子上，幼儿已学会一些折纸的基本方法，但其中的某些折法尚未学过，这时可以让幼儿把作品拆开，并尝试沿着折痕练习。

（3）探索讨论

探索讨论即让幼儿带着问题在讨论过程中寻找合适的答案，或从收集的资料中寻找解决的方法，也可以通过新的尝试来解决困难。这是幼儿主动探索、研究和解决问题的过程，更有可能是发挥小组集体智慧、合作攻克难题的过程。例如，幼儿在探索"小鸟"的折法时碰到了困难，相互之间可以讨论，也可以尝试新的折法。

（4）讲解指导

对于幼儿实在解决不了并带有普遍性的问题，教师应提供必要的讲解。由于这是幼儿久攻不下的难题，此时教师的讲解只是点拨一下而已。比如，对于"小鸟"折纸的难点，教师要讲解并演示，使幼儿通过观察与练习最终折出"小鸟"。实际上，讲解指导更多的是教师针对幼儿的具体情况进行个别指导。

2. 情境法

情境法是教师根据美术活动的需要为幼儿创设具有各种情绪色彩的、以形象为主体的生动具体的情节或教学情境，使幼儿产生身临其境的感觉，引起一定的情感和态度体验，从而激发幼儿乐于欣赏、乐于创作的一种教学方法。

幼儿的年龄特点决定了其活泼好动、好奇心强、喜欢模仿的特性。因此，教师在教学中需要开动脑筋，想方设法地把所学的内容融入一个特定而有效的情境中，使幼儿在无意中学得快、记得牢，从而激发幼儿主动学习的兴趣。

例如，教师在引导幼儿欣赏《大碗岛的星期天下午》（图8-7）这幅作品时，可以采用情境法，为幼儿准备好鲜花、太阳伞、遮阳帽等物品，播放一段舒缓的音乐，教师带领幼儿拿着鲜花、撑起阳伞、戴上遮阳帽，体验漫步在公园的惬意。这种情境法能很大程度上调动儿童的兴趣，提高儿童对作品的整体感受。当然，还可以采用尝试法引导幼儿讨论这幅画画面上的颜色和我们平常的水彩画有什么不一样，是用什么方法画出来的？教师可以鼓励幼儿自己尝试画一画，最后得出结论，这幅画不是用水彩或水粉涂抹上色的，而是用点彩的方式画出来的。

图 8-7　乔治·修拉的水彩画《大碗岛的星期天下午》

案例展示 8-1

中班手工活动：折纸飞机

活动目标

认知目标：了解不同飞机的外形特征，知道折纸飞机的步骤。

技能目标：根据步骤图示在教师的指导下动手折纸飞机，掌握集中折、反折的技巧。

情感目标：喜欢参加折纸飞机的活动，体验自己动手操作的喜悦。

活动重难点

活动重点：在教师的指导下动手折叠纸飞机，体会手工活动的乐趣。

活动难点：掌握集中折、反折的技巧。

活动准备

材料准备：彩色手工纸、彩笔等。

经验准备：幼儿了解飞机在实际中的形象。

活动过程

1. 活动导入——谜语导入

教师出示谜语，激发幼儿的兴趣，通过谜底引出本次活动的主题。

谜语：一只大雁两翅膀，银光闪闪爱飞翔，展翅能飞千万里，起飞就把歌儿唱。（飞机）

2. 活动展开

（1）教师出示各种飞机的图片，引导幼儿观察并说出飞机的外形特征。

①教师提问，幼儿讨论并交流自己见过的飞机的特征。

师：大家见过的飞机是什么颜色、什么样子的？动脑筋想一想，飞机长得像什么动物？

②教师出示飞机的图片，引导幼儿观察飞机的形状、颜色和结构。

③教师小结：飞机是根据小鸟演化而来的，由机翼、机身、尾翼、起落装置和动力装置五大部分组成。飞机作为现代交通工具，与人们的生活密切相关，大大节省了人们的出行时间，给人们的生活带来了极大的方便。

（2）教师出示纸飞机，请幼儿观察、探索折纸的步骤，并进行总结。

①教师出示折好的飞机，请幼儿分小组拆开并讨论、探索折叠的步骤。

师：请小朋友们4个人为一组，把拿到的小飞机拆开，看一看飞机是怎么折成的。

②教师小结，出示折纸飞机步骤图（图8-8）并进行示范。

师：我们先把这张长方形纸最长的两边对折，然后展开压平，将上面的左、右两角对着中心线向内折，折好后再向中心线对折一次。将折出的尖头向下折叠，变成一座小山的样子，将左、右两侧沿中心线背靠背折叠。最后将两边分别向外折叠折出机翼。这样，一架漂亮的飞机就折好了。

（3）教师分发材料，幼儿动手制作纸飞机。

①教师分发彩纸并巡回指导；幼儿看图，尝试动手折纸飞机。

②幼儿展示并介绍自己的作品。

3. 活动结束

（1）请幼儿4个人一组进行纸飞机的试飞比赛，2个人做试飞员，2个人做裁判员，可用彩色胶条粘出起飞线，在飞机落地时用粉笔做出记录，轮流玩儿并记录优胜者，规则和玩法由幼儿商量确定。

（2）评选出每组的优胜者，并参加试飞决赛。

活动延伸

请幼儿回家教自己的爸爸妈妈折纸飞机。

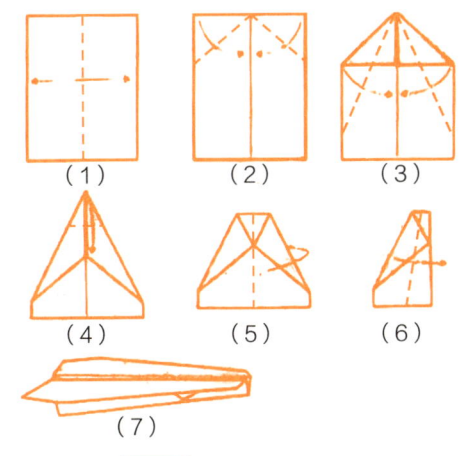

图8-8 折纸飞机步骤图

📖 拓展阅读 8-1

学前儿童美术教育的有关理论

1. 罗恩菲尔德的美术教育思想

罗恩菲尔德是美国美术教育家，代表作是1962年出版的《创造性与心理成长》。罗恩菲尔德的美术教育思想偏向于工具论，他在儿童美术发展心理与教育方面的研究，对20世纪五六十年代西方儿童美术教育（尤其是学前儿童美术教育）有着重要影响。罗恩菲尔德认为，"艺术教育对我们的教育系统和社会的主要贡献，在于强调个人和自我创造的潜能，尤其在于艺术能和谐地统整成长过程中的一切，造就出身心健康的人"。因此，他非常强调美术教育的价值，重视美术创作的过程，主张通过美术创作促进儿童健全发展。

罗恩菲尔德倡导教师不应干涉儿童美术的学习，不要试图教儿童如何画画，而应按照其发展的阶段及年龄特点，为他们提供自我表现的机会，选择能表现主题的材料，引起并维持儿童创作的动机，让他们自由自在地以自己的速度、自己的方式进行自我表现，发展美术能力。罗恩菲尔德认为这种自我表现的过程远比表现出来的结果显得重要。

在儿童美术的评价方面，罗恩菲尔德提出了自己的主张。他认为，儿童所创作出来的作品是他们身心两方面发展的结果。所以，他把儿童的感情、智能、身体动作、知觉、社会性、美感、创造七个方面的发展作为主观评价标准；把发展阶段、技巧和作品的组织三个方面作为客观评价标准。

2. 西泽克的美术教育思想

西泽克，奥地利儿童美术教育家。西泽克的教学方法是以自由联想与童话故事刺激儿童的想象力，给他们提供大量的材料，激发其表现欲望，鼓励儿童用视觉形式表达他们对生活中的事物的感受。孩子们创作的美术作品想象丰富、用色大胆、富有生气，具有儿童画特有的魅力。这表明儿童能创造独特魅力的视觉形象来表达自己的情感与认识。

在美术教育课程问题上，西泽克认为儿童美术教育的第一目的就是发展创造力，因为这对他们的终身发展极为有益。因此，美术教育要遵循儿童与生俱来的发展规律，顺应他们内在的法则，发展儿童这种创造本能和创造热情。教师的任务就是通晓并研究儿童的这些发展规律，建立创造的氛围，给儿童一个安全、充满爱心的心理环境。

3. 艾斯纳的美术教育思想

艾斯纳强调美术教育的主要价值在于对个人经验的独特贡献。他指出："美术是人类文化和实践极其特殊的一面，而且美术能为人类实践做出的最可贵的贡献是直接与其特性相关联的。美术能为人类教育做的贡献恰恰是别的学科所不能做到的。因而，任何一项将艺术首先作为为其他目的服务的工具的教育计划都会冲淡美术的意义。美术不应屈尊服务于其他目的。"美术教育不是服务于其他目的的工具，它在基础教育中有着独特的作用，使美术在学校课程中的地位得到了重视和提高。与工具论者相反，艾斯纳提出美术能力不是自然发展的结果，而是学习和教育的结果。"美术学习不是随儿童成长而成熟的自然结果，美术学习可以通过教育指导得到促进。"既然如此，可教的内容有哪些呢？艾斯纳认为，美术教学应包括三个方面：美术创作、美术批评和美术史。要使这三个方面的教学卓有成效，则需要有系统化的连续性课程设计，而不是那种感恩节画火鸡、圣诞节做节日装饰的以日历为中心的教学。而且，对教学要尽量予以评估，因为无论是有形的还是无形的评估，对师生的教与学都是大有裨益的。

4. 陈鹤琴的美术教育思想

陈鹤琴是我国著名的教育家，他一生致力于儿童教育的实践和研究。其中关于儿童美术教育的研究相当深入，并且提出了比较系统的儿童美术教育理论。

陈鹤琴认为，儿童美术教育是促进儿童身心发展的重要的教育活动。"幼稚园的教学是全面性的，包括智育、德育、体育、美育四方面。"幼儿美术教育是开展美育的途径之一，在对儿童实施全面发展教育中起着重要的作用。儿童美术教育必须依据儿童的心理特点来开展。

陈鹤琴关于儿童心理的研究在方法上具有两个明显的特点：一是注重对前人的儿童心理学理论进行比较系统的分析和总结；二是注重通过自己的观察和实验，研究总结自己关于儿童心理尤其是关于中国儿童心理的理论。1927年，陈鹤琴在《幼稚生的图画》一文中讨论了怎样引起儿童的绘画动机的问题。他认为，儿童画画是要有一定的动机来支配的，基本分为两种动机：一是外在的暗示引起的动机；二是由儿童自己内在产生的动机。

关于儿童的颜色美感问题，他认为："若我们知道儿童对于各种颜色的兴趣，我们就可以利用这种心理来实行适当的儿童教育。"

陈鹤琴对儿童绘画发展过程的问题的研究也得出了一些基本的结论：①儿童绘画发

展过程基本上呈现四个阶段，即涂鸦期、象征期、图式期和写实期。但是，陈鹤琴认为在每个阶段还可以更具体地划分为不同的发展环节。②儿童先会画线，后会画圆，然后才会画点。③儿童绘画技能的提高，落后于他的感知认识。④儿童绘画容易反映他印象最深的客观现实。⑤儿童绘画是随着他身心的发展而发展的，儿童的绘画技能与他的生活经验和教育实践密切相关。

关于儿童美术的教学方法，陈鹤琴结合自己的儿童教育实践，提出了具有可行性的儿童美术教学方法：①通过游戏的途径进行美术教育。②通过户外活动进行美术教育。③通过与其他教学活动融合的途径进行美术教育。④通过美的环境进行美术教育。

实践活动

1. 收集1~2个幼儿园美术教育活动方案，分析其采用了哪些教学方法。
2. 观摩幼儿园美术教育活动，进一步理解学前儿童美术教育活动过程，并尝试对其是否体现目标要求进行评价。
3. 任选一名幼儿的美术作品，尝试对其进行评价。

思考与练习

1. 简述学前儿童美术教育的含义、特点。
2. 学前儿童美术教育的意义、任务分别是什么？
3. 学前儿童美术教育实施应遵循哪些原则？举例说明你是如何理解这些原则的。
4. 举例说明学前儿童美术教育的方法。

第九单元 学前儿童绘画活动

① 知识目标

明确学前儿童绘画活动的含义及学前儿童绘画能力的发展阶段与特点,理解学前儿童绘画活动的目标与内容,掌握学前儿童绘画活动设计的一般环节及指导要点。

② 技能目标

能够设计和指导不同类型的学前儿童绘画活动。

③ 情感目标

激发对学前儿童绘画教育活动的热情,秉持以幼儿为本的教育理念,在设计与组织学前儿童绘画教育活动时勇于探索与创新。

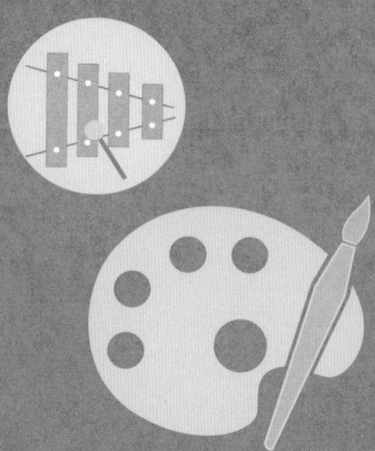

内容图解

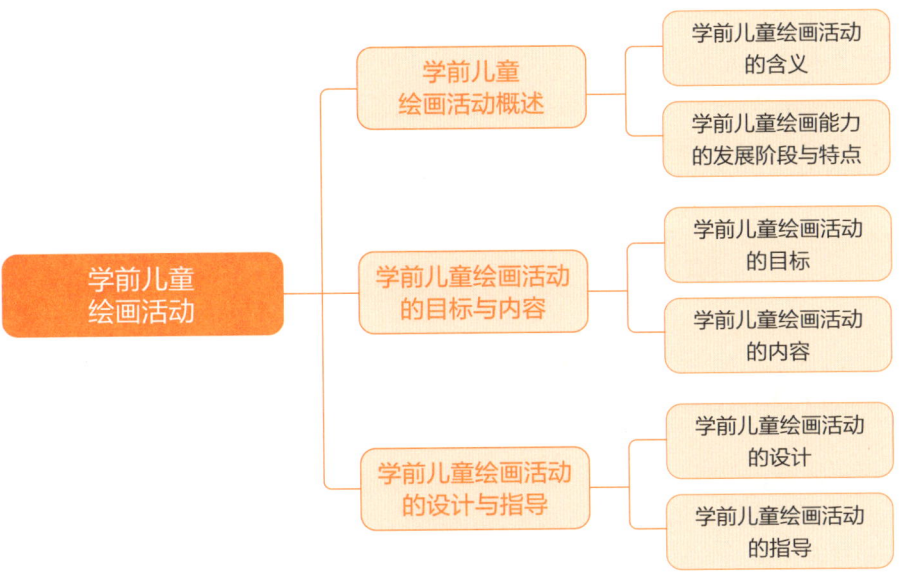

引导案例

  幼儿园的两个大班的小朋友在主题绘画活动"我的爸爸"中画了两幅作品。第一幅作品（图9-1）的小作者画的是爸爸生气的样子，将脸画得通红，眼睛里还冒着火，头上也有小火苗；第二幅作品（图9-2）的小作者把爸爸的脸画得很长，占了画面2/3的比例，而身体则画得很小，以表现爸爸的特征。

  儿童通过绘画把他们对周围人物、事物的感性特征毫无保留、生动有趣地描绘了出来，正是这样大胆的表现才使儿童的绘画充满了生命力。

图9-1 我的爸爸（一）

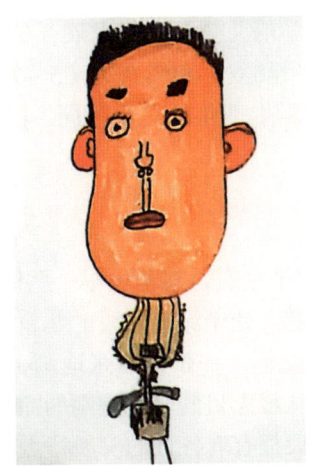
图9-2 我的爸爸（二）

绘画是儿童自我表达的一种语言。著名教育家迪特斯·韦赫指出："动手花1小时画一幅画所获得的东西，比看9小时获得的东西还多。"由此可见，儿童绘画是儿童特有的表达认识与情感的语言，是儿童逐步理解周围世界的一种过程。

那么，什么是学前儿童绘画活动？它有哪些类型？教师应如何设计与指导不同类型的学前儿童绘画活动，才能启发幼儿的思维、想象、创造，真正提高幼儿的艺术感受力和欣赏力、表达与表现力呢？这些问题将通过本单元的学习找到答案。

第一节　学前儿童绘画活动概述

一、学前儿童绘画活动的含义

学前儿童绘画活动概述

绘画是通过线条、造型、色彩、构图等美术语言来塑造艺术形象的一种艺术形式。学前儿童绘画活动是幼儿在教师的教育和引导下，学习使用各种笔、纸、颜料等绘画工具和材料，运用线条、造型、色彩、构图等美术语言创造出视觉形象，从而表达幼儿对周围生活的认识和情感的造型艺术活动。

绘画活动材料方便易得，受场地和时间限制少，因此在幼儿园开展得很频繁，它是幼儿园美术活动中最主要的活动形式。

学前儿童绘画活动可以增长幼儿的见识，发展幼儿的感知力、观察力、想象力和创造力，培养幼儿观察生活的习惯，养成热爱自然、走进自然、认识自然的兴趣，提高幼儿的动手能力，锻炼手指的灵活度，提高动作的协调性，使幼儿掌握简单的绘画技能；此外，绘画活动对幼儿形成良好的个性心理品质和审美情趣也有重要的意义。

二、学前儿童绘画能力的发展阶段与特点

绘画活动需要手、眼、脑协调一致。学前儿童的绘画行为是他们手的动作发展到一定程度后产生的。随着学前儿童的身心发展，他们的绘画能力发展一般会经历涂鸦期（1岁半至3岁半）、象征期（3岁半至5岁）和图式期（5～7岁）三个阶段。但是教师也不能把学前儿童绘画能力发展的阶段与实际生理年龄完全等同，因为个体发展存在差异，当然，也不排除某些幼儿的艺术天赋。

（一）涂鸦期（1岁半至3岁半）

儿童在1岁半左右，甚至更早一些时候，便开始在纸或其他平面上乱涂乱画，这些最初画下的东西纯属涂鸦。处于涂鸦阶段的儿童，在乱涂乱画的时候极为专心，并经常接二连三地作画。他们仅使用一支笔，一张接一张地画，并不注意颜色，也从没有想到要用一下身边其他颜色的笔。涂鸦阶段从漫无目的、无规则的涂鸦，逐渐过渡到有控制地涂鸦，再发展到圆形涂鸦、命名涂鸦，每一阶段都有着各自的发展特点和规律。

1. 无控制涂鸦期（1岁半至2岁）

当儿童刚开始握笔绘画时，其动作很不协调，笔时不时会从手中脱出，有时握住笔的下端在纸上戳、用力钻，画出的是一些随机的点和杂乱的、不规则的线条。精力集中时，儿童画的线条肯定而富有张力；精神涣散时，儿童画的线条结构松散，笔势游离。有时儿童玩笔、啃

笔，涂得满手、满脸都是颜料，甚至涂到衣服上。从空间上看，儿童这时的涂鸦不管上下、左右的方向，常常会涂出纸外（图9-3）。

2. 控制涂鸦期（2岁至2岁半）

2岁到2岁半时，随着儿童肌肉动作的发展和对笔的控制，儿童所画出的线条开始产生方向，这时他们能在纸上画出一些重复的上下、左右、倾斜的直线和一些像锯齿线又像螺旋线的一些不规则的线条。从图9-4中可以看出，这时儿童对手的控制力增强了，他们的手腕肌肉和骨骼活动能力比之前变得灵活了。

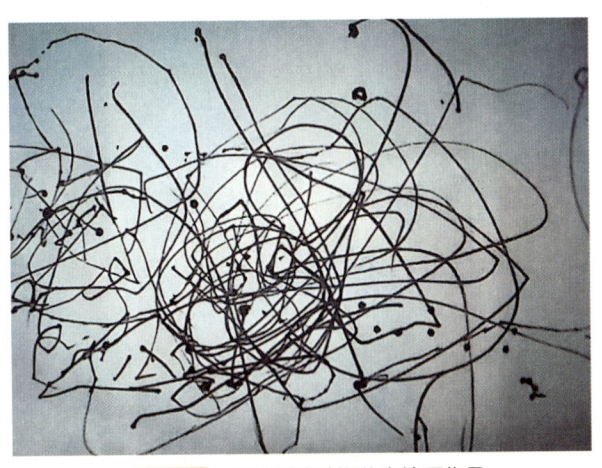

图9-3　无控制涂鸦期儿童绘画作品

3. 圆形涂鸦期（2岁半至3岁）

由于肩、肘、手腕等关节的发展，这一时期的儿童能注视涂鸦时笔的运动方向，可以在纸上反复地画圆圈，大大小小、封口或未封口的圆形、圆圈、涡形线等（图9-5）。儿童用这些大大小小的圆形来表现一切事物。虽然这时儿童手的动作还不能体现大脑与手的高度协调，但可以说明儿童的涂鸦已具有某种目的性。

4. 命名涂鸦期（3岁至3岁半）

3岁到3岁半的儿童涂鸦时一般会边画边自言自语地解释自己的画面形象，如"这是小兔子，它有长长的耳朵"。

这一阶段，儿童的动作逐渐成熟，思维、语言也在发展。所以，虽然他们所画的形象还不能反映事物的特征，但他们已经开始尝试用语言赋予所画的点、线、圈等意义或者给它们命名。在3岁之前，儿童仅满足于涂鸦时的动觉快感，而现在他们开始把视觉与外部环境联系起来，开始意识到自己所画的图形与自己周围环境之间的联系。但这时他们为自己的作品命名，一般事先都是无意图的，是受自己所画的图像启发又或者是跟随当下的心境和兴趣来给作品命名的。命名涂鸦期儿童绘画作品（图9-6）的画面上呈现不出情节和内容，但在儿童自己的描述中却蕴含着情节和内容。所以，总体来说，命名是在画出图像之后才发生的。

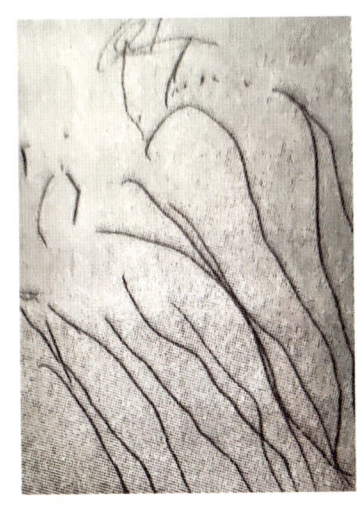

图9-4　控制涂鸦儿童绘画作品

图9-5　圆形涂鸦期儿童绘画作品

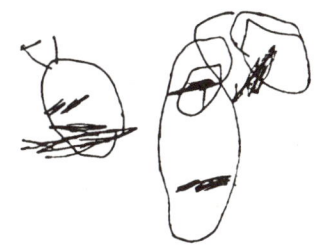

图9-6　命名涂鸦期儿童绘画作品

涂鸦是儿童绘画活动的起始阶段。涂鸦活动是一种积极的学习活动，它受幼儿身心发展的制约，一方面源于幼儿身体运动的需求，随着身体运动能力和协调性的提高逐渐发展；另一方面源于幼儿探索周围世界的欲望。首先，成人要肯定、鼓励、赞许儿童进行涂鸦，而不要忽视，更不要一看到儿童到处涂鸦就阻止、呵斥。其次，成人应该提供必要的环境、条件，如纸张和安全的、笔杆短笔尖粗的笔。当成人写字或画画时，儿童在具备纸、笔或其他条件的情况下便会进行模仿活动，进入涂鸦期。成人和儿童一起或儿童单独进行涂鸦游戏时，成人要尊重儿童的意愿，不强迫其长时间涂鸦，使其每天坚持画一会儿，养成涂鸦的习惯。最后，成人要指导、帮助儿童进行涂鸦活动。例如，在命名涂鸦期，成人要有意识地引导儿童联想，帮助他们逐步地、有意识地表现事物和自己的经验。

（二）象征期（3岁半至5岁）

3岁以后的儿童，由于有前一阶段涂鸦的练习做基础，对视觉形象的感受力有所提高，在动作发展上，他们已经能够控制手腕和手指来绘画。绘画时开始有目的、有意识地创造形象，并用自创的样式符号表现不同的具体内容，绘画能力逐渐进入了象征期。

这一阶段儿童随着对世界认知的不断增加，画面内容也开始与周围的事物产生了联系。从动作发展上来看，他们的肢体协调能力和已有的技能还是不足以让他们把自己想要表现的事物画得很"像"，只是根据自己的观察角度与知识经验来表现物体。这些象征符号的使用是儿童对自己感知到的世界的理解，表明了他们在认识上有了巨大的进步。

象征期的儿童绘画在构思、造型、构图、情节、色彩方面表现出了新的特点，具体表现在以下几个方面。

1. 构思

在构思上，由于儿童已经开始有目的、有意识地创造形象，因此在绘画时他们也开始产生构思的意图，但造型的目的性不强。由于儿童的思维特点即直觉行动思维，所以儿童在构思上通常表现为动笔后构思，也就是说，一开始他们并没有想好要画什么，而是由某种动作、线条痕迹的刺激引发的表象。基于这样的思维特点，儿童还表现为作画时喜欢边画边自言自语。此阶段的儿童情绪情感不稳定、易变，这使得他们在画面构思中表现出绘画内容不稳定、形象含义易变的特点。比如，儿童原本要画太阳，所以画出很多"光芒"，这时突然想到妈妈的头发，转而又说要画妈妈；如果突然看到别的小朋友正在画狮子，他又会想到要画狮子。最后，如果问他"你画的是什么"，儿童可能会说"我画的是大狮子"。

2. 造型

在造型上，他们能够用简单的图形和线条表现某一具体事物的基本特征，图形和具体事物之间在形状或形态上有相似之处。其中，所画形象常常只具备物体的最基本部分，且多半是粗略、不完全的，会遗漏部分特征或细节，没有整体感，结构有时不合理。其典型表现就是"蝌蚪人"（图9-7），这些人物形象只有圆圆的脑袋、单线条表现的手和脚，使人联想到蝌蚪，于是人们便称之为"蝌蚪人"。有时幼儿也会加上某些特别注意到的细节，如用两个小黑点或小圆圈表示的眼睛，短线条表示的头发，小弧线表示的眉毛，小圆圈表示的纽扣等。"蝌蚪人"造

图9-7　象征期儿童绘画作品

型是不同文化、不同地域幼儿笔下的共同造型，它反映出幼儿在此阶段对"人"的概念。

3. 构图

在构图上，这个时期儿童在画面上所画的形象较多，作品中往往不止一两个形象，有时有三四个甚至更多的形象。他们似乎是以一种很随机、很偶然的方式把物体、人物安排在纸上的。这个时期的幼儿把每个物体或每个人都画成单独的形象，而不注意形象间的大小比例，但已经开始试图表现形象的空间关系，能看出所要反映的主题（图9-8）。

图9-8　象征期儿童绘画作品《彩色汽车》

4. 情节

受儿童社会性交往能力发展的影响，小、中班的儿童与人交往的能力和主动性较弱，象征期儿童绘画作品初期表现不出人物或动物的活动，画面上都是一些独立的个体，且这些个体也无明显的动作变化。随着儿童个体社会性交往能力的发展及其绘画表现能力的增强，其作品中会慢慢出现独自活动的人物或动物。但此时的画面所表现的主体与主体之间仍没有什么联系。比如，图9-9中虽然有了很多小朋友，但每个人物的表情和动作基本一样，彼此之间关联性不强。

图9-9　象征期儿童绘画作品《好朋友手拉手》

5. 色彩

在色彩上，象征期儿童对色彩的认识程度提高，能识别红色、绿色、蓝色、黄色、黑色等颜色，他们喜欢的颜色开始增多，一般对纯度高、明度高的颜色感兴趣。这时儿童开始把自己认识的颜色和自己喜欢的颜色到处运用，画面会出现"花哨涂染"。这说明象征期儿童色彩的使用没有再现或表现的意图，主要是出于兴趣。此阶段的儿童受生理条件限制，其初期的涂色表现为不均匀、无顺序，画面涂不满，有些孩子还会涂到轮廓线以外，后期慢慢会用方向一致的线条较为均匀地涂颜色。比如，图9-10中儿童把汉堡包涂成了五颜六色。这说明这一时期儿童对色彩的使用是没有再现或表现的意图的，主要是出于兴趣，涂色上虽然有一些地方涂到了轮廓线以外，但整体上是用方向一致的线条涂得比较均匀的。

图9-10　象征期儿童绘画作品《汉堡包》

（三）图式期（5~7岁）

图式期是儿童开始真正用绘画的方法有目的、有意识地再现周围事物和表现自己经验的时期，也是儿童绘画最充满活力的时期，又称概念画期或形象期。此阶段，儿童用所掌握的图形和线条凭借着记忆把观察到的事物加以概括和重新组合，从而表现自己的经验和愿望。由于儿童表现的方式呈现出符号化、图示化的特征，这一时期被称为图式期。此阶段的儿童，画中所表现的内容通常和自己有关，有自我中心的特点。同时，这一阶段的儿童想象力十分丰富，绘画能力也有极大发展。他们脑中的形象通常是鲜明、直观、充满感情的，他们以特有的思维方式和主观生动的样式进行大胆表现，创造了自己独特的绘画方法。具体表现在以下几个方面。

1. 构思

在构思上，图式期的儿童已经能够在动笔之前想好要画的主题，独立构思画面，并按照已有的构思主题进行创作，在绘画过程中，他们也会表现出坚持原设想的内容不变，同时较少受他人的影响。例如，在儿童创作时，成人看到部分内容后，可能会断章取义地猜测内容，"你画的是游乐场吧？"甚至建议儿童"游乐场里可以画上旋转木马"，这时候儿童通常会说"我画的不是游乐场"，然后坚持自己的想法继续创作。

2. 造型

在造型上，此阶段儿童能用越来越多且难度越来越大的形状去组成形象，且所画形象也越来越容易辨认，画面中还能用一些细节来表现事物的基本特征。通常人们会说："如果不用儿童解释就能看得出画面的内容，那么这时儿童就到了图式期的发展阶段。"可以说，细节描绘是此阶段儿童绘画中造型的基本特征之一。除此之外，图式期儿童在造型方面还表现出拟人化、夸张式、透明式、装饰性等特点。

（1）拟人化

拟人化是指学前儿童把无生命的物体或有生命的动植物画得和人一样，不仅赋予它们生命，而且赋予它们一切人所具有的特征和本领的一种绘画现象，如漂亮的蝴蝶（图9-11）。

（2）夸张式

儿童受自我为中心心理的影响，他们常常不自觉地把外界给自己强烈感受的事物、自己关心的事物和认为重要的事物用夸张的手法表现出来，画得很大、很突出、很仔细，以说明其重要性，而对事物的整体或其他没有注意到的地方，则会予以忽视和遗漏，如儿童作品《捕鱼》（图9-12）中的巨大的鱼。

图9-11 图式期儿童绘画作品《漂亮的蝴蝶》

图9-12 图式期儿童绘画作品《捕鱼》

（3）透明式

"透明"画是指儿童在绘画时，总认为凡是客观存在的东西，就必须画出来，虽然物与物是重叠的，但画面上还是互不遮挡，于是，我们经常会看到《吃饭》（图9-13）这样的图画：吃饭时饭粒一粒一粒从嘴巴进入肚子里。这种透明式的画法也被称为"X光画"。儿童的这种画法不是学来的，而是这一时期儿童知觉特点的自然体现。

（4）装饰性

图式期的儿童由于其所掌握的图形、符号增多，所以在他们表现事物的细节方面，喜欢用多种图形、线条、色彩等在画面上进行装饰。比如，儿童画的画面上出现数字、字母、各种图形等（图9-14）。这是由于这一阶段的儿童对自己新掌握的符号感到好奇，于是就通过装饰画面来运用新本领。

图 9-13　图式期儿童绘画作品《吃饭》

图 9-14　图式期儿童绘画作品《漂亮的公主》

3. 构图

在构图上，图式期儿童开始具有层次感，但还不能很好地把握物体的比例和近大远小的关系。这一时期，儿童创造了多种多样的构图方式，比较典型的有展开式、多视点构图等。例如，《午休》（图9-15）这幅作品就是这一时期儿童构图水平的典型代表。

4. 情节

在情节上，图式期儿童的作品开始有了一定的主题，并且所画形象都与主题有关，画面内容丰富；画面上一些形象成为主体，另一些形象则构成背景，具有一定的情节。例如，儿童作品《过"六一"》（图9-16）中，可以很清晰地看到舞台上的小演员和舞台下的小观众们正在开开心心地过"六一"。

图 9-15　图式期儿童绘画作品《午休》

图 9-16　图式期儿童绘画作品《过"六一"》

5. 色彩

在色彩上，此阶段的儿童开始萌发表现事物客观颜色的愿望，即再现物体固有色的想法。此外，这一时期他们具有比较强烈的色彩情感体验，容易发生色彩联想。比如，用红色表现生气的脸，用暖色系表示喜悦，用绿色表达春天的生机等。儿童作品《海豚表演》（图9-17）中就体现了图式期儿童按物择色的特点，并且整个画面色调很协调，给人一种和谐的美感。

图9-17　图式期儿童绘画作品《海豚表演》

第二节　学前儿童绘画活动的目标与内容

一、学前儿童绘画活动的目标

学前儿童绘画活动的目标包括总体目标和不同年龄班目标两部分。

学前儿童绘画活动的目标与内容

（一）总体目标

学前儿童绘画活动的总体目标包括认知目标、技能目标、情感与态度目标。

1. **认知目标**
（1）初步学习多种绘画工具和材料的操作，懂得以安全、适当的方式使用材料和工具。
（2）了解绘画媒介与技巧，能够通过绘画过程与人交流思想、表达情感。
（3）能够从绘画作品中获得各种经验。

2. **技能目标**
（1）能选择材料和象征符号表达自己的思想和情感。
（2）能初步学会运用线条、形状表现力度、节奏与和谐。
（3）能掌握一定的秩序和变化规律进行绘画创作。
（4）能对自己和他人的绘画作品做简单的美学评价。

3. **情感与态度目标**
（1）喜欢用绘画语言表达自己的想法和感受。
（2）对绘画活动感兴趣并能积极投入创作欣赏和评价活动。
（3）能体验美术作品的线条、形状、色彩、质地等，并喜欢各种不同风格的绘画作品，享受到视觉艺术的美。

（二）不同年龄班目标

以下分别介绍小班、中班、大班学前儿童绘画活动的学习目标。

1. 小班

（1）认知目标
①初步认识绘画的工具和材料。
②学会辨别红、黄、蓝、绿、橙等几种基本的色彩，并能说出色彩的名称。
③学会辨别和感受直线、曲线、折线及一些常见线条的变化。

（2）技能目标
①学会使用蜡笔、水彩笔、棉签等工具进行涂染。
②能画出直线、曲线、折线，并能表现线条的方向、粗细、疏密。
③学会用圆形、正方形、长方形、三角形等简单图形表现物体的轮廓特征。
④能在涂抹过程中把画面画满。

（3）情感目标
对绘画感兴趣，能按照自己的意愿愉快、大胆地作画。

2. 中班

（1）认知目标
①能较准确地把握形状的基本结构，理解形状符号的象征意义。
②认识常见的固有色，说出它们的名称。

（2）技能目标
①学会运用图形组合的方法，表现物体的基本部分和主要特征。
②会选择与物体相似的颜色，初步进行有目的的设色、配色。
③在教师的引导下能围绕主题安排画面，能表现出物体的上下、左右位置。

（3）情感目标
①喜欢用自己特有的绘画语言表达自己的想法和感觉。
②能大胆地按意愿作画。

3. 大班

（1）认知目标
①认识物体的整体结构和各种空间关系。
②增强配色意识，提高对颜色变化的辨析能力。
③知道运用不同的绘画工具和材料表现不同效果的作品。

（2）技能目标
①能较灵活地表现各种人物、动物的动态。
②能运用对比色、相似色、同种色等多种配色方法，注意色彩的整体感与内容的联系。
③能有目的地安排画面，表现一定的情节，并变化多种安排画面的方法。
④能将图形融合，尝试用轮廓线创造多种图画，形成自己的图示。
⑤能综合运用多种绘画工具和材料进行绘画创作。

（3）情感目标
能在安排画面的过程中逐步体会均衡、对称、变化等形式美。

二、学前儿童绘画活动的内容

学前儿童绘画活动是学前儿童在接触各种绘画材料的过程中,运用色彩、线条等各种美术语言表达情绪情感的一种创造性活动。在这个过程中,学前儿童必须与绘画工具和材料进行亲密接触,还要正确运用绘画的形式语言来进行操作表现,而创作出来的作品又有不同的表现形式,这三者即学前儿童绘画活动的内容。

1. 绘画工具和材料的认识与使用

(1)各种绘画工具和材料的性质

学前儿童经常使用的绘画工具和材料有彩色水笔、小画笔、蜡笔、油画棒、记号笔、排笔、水粉颜料、毛笔、铅画纸、宣纸、卡纸等。这些工具、材料具有不同的性质,如油画棒的油性、水粉颜料的水性、宣纸的渗透性等。

(2)各种绘画工具和材料的使用方法

在绘画过程中,由于各种工具、材料的性质与形态不同,掌握工具、材料的难易程度不同,应依据幼儿的年龄特征选用绘画工具和材料。

①水彩笔画。水彩笔是儿童绘画最常见的一种绘画工具,使用方便,相对来讲,在使用过程中不受年龄的限制。

②油画棒画。油画棒质地柔软,易于着色,也是儿童绘画中常见的工具。适合于勾画、涂色,另外也可以和水墨画结合制造出"油水分离"的效果,由于此技法稍微复杂,适用于大班儿童。

③水粉画。水粉画是运用水粉颜料、水粉笔进行操作的一种绘画形式。对于年龄小的儿童,可以尝试"玩色"游戏,运用流淌、滴洒等方式开展色彩类艺术活动,还可以借助手指、印章、棉签等其他工具将颜料印在各种形状的纸上进行装饰;对于年龄较大的儿童,可以尝试用水粉笔、棉签进行创作。

④水墨画。水墨画又称"中国画",是运用毛笔和水粉颜料或墨汁进行操作的一种绘画形式。和水粉颜料相似,对于年龄较小的儿童,可以利用游戏的形式,让儿童感知墨的浓淡变化,除了毛笔,还可以借助手指、印章、棉签等其他工具将颜料印在各种形状的纸上进行装饰。对于年龄较大的儿童,可以用毛笔进行各种不同造型活动的尝试。

⑤印章画。印章画是用刻有各种图案的模具蘸上颜料印盖在纸上,或利用棉纱、纸团进行印画,也可以收集各种形状、纹理凹凸不平的物品进行拓印,如瓶盖、钥匙、硬币、树叶等。由于操作简单,装饰性强,一般在年龄较小的儿童中进行(图9-18)。

图9-18 印章画

⑥手指画。手指画是指用手指蘸上颜色直接进行点画或在此基础上组合造型,并用笔勾画出一定的图案、物体。儿童可以根据手指、手掌的不同形状进行想象组合,再运用绘画的方式进行添画。例如,以手指画形式创作孔雀、小鸡等造型,生动有趣、操作简单,深受儿童喜爱(图9-19)。

⑦吹画。吹画是将颜料滴在纸上,用嘴或吸管将颜料向四周吹散构成图案,或直接用吹画笔吹出不同的图案。在进行此类绘画时,应注意提醒儿童在进行吹画时注意安全,不能对着颜料或吸管吸气。

图9-19 手指画

⑧滚珠画。滚珠画指将不同形状的白纸放在鞋盒或其他盒子中,然后把蘸上颜料的玻璃球放在盒子里摇动构成画面。由于这种活动操作简单,装饰性强,适用于年龄较小的儿童,教师可以利用衣服、手帕等装饰主题。

⑨刷画。刷画是用牙刷蘸上颜料直接刷在纸上随意画出图案,也可将一些硬板图案放在纸上,用牙刷通过滤砂布刷在纸上,将硬板拿开,纸上呈现出图案(图9-20)。

⑩拓描画。拓描画是将较薄的纸铺在画有凹凸纹理的物品上,用笔摩擦成画,或将透明的纸铺在画有图案的纸上将图案拓描下来,也可将一些实物、模具放在纸上沿物体轮廓线画出外形(图9-21)。

2. 绘画的形式语言

绘画的形式语言是绘画表现的手段和方式,主要包括线条、形状、色彩、构图等美术要素。

(1)线条

在绘画中,线条能表现物体的形象,表达创作者的思想和情感,显示个人的创作风格。线条的运动与变化能增加造型的效果。学前儿童对线条的学习主要包括以下两种。

①线条的基本形态。分为直线与曲线。直线包括垂直线、水平线、斜线以及折线。曲线包括以圆弧度的大小、方向转换的不同而呈现的各种曲线。

②线条的变化。直线与曲线有长短、粗细的变化,线和线之间可以交叉、并列、重叠、穿插

图9-20 刷画

图9-21 拓描画

等变化无穷。线的变化可以给人一种形式美感，表现出不同物体形象的特征。

（2）形状

形状是对象的外轮廓，是唯有眼睛能把握的对象的基本特征之一。

在形状中，规则的三角形、正方形、长方形、梯形、平行四边形、菱形、多边形等都由直线构成，较为简单明确，所以称为规则几何形状，这类形状常见于人造物，如屋顶、旗帜、窗户等。

由方向不定的弧线、曲线、波状线等自由曲线组成的形状称为非规则的自由形状，这类形状常见于大自然中，如波浪、河流、海滩、花、草、枝、叶等。

圆形、半圆形、椭圆形、旋涡形、月亮形、心形等，基本上是由曲线、弧线构成的形状。这类形状可简单、可复杂，是一种特殊的形状，在自然界与人造物中均常见到，如自然界中的太阳、月亮、海星、鹅卵石、果仁、海螺等，人造物中的车轮、扇子、弹珠、皮球等。它们是自由形和规则形结合的形状。

（3）色彩

色彩有表现性、象征性和装饰性三个特点。首先，色彩表达人的真情实感，创作者从自己的表现意图出发，主观地对色彩进行搭配，这就是色彩的表现性。其次，色彩的象征性是人们在长期的社会生活中，对色彩所赋予的特殊情感和象征意义。色彩成为一种特殊的象征符号，例如，红色象征热情、喜庆，黄色象征光明、希望，白色象征神圣、纯净，黑色象征罪恶、恐怖，绿色象征和平、青春，紫色象征优雅、神秘等。最后，色彩的装饰性是指画面上各种色彩的面积、位置以及与形状之间的协调。民间画诀说："红要红得鲜，绿要绿得娇，白要白得净。"体现了追求大色块、高纯度的民间色彩装饰效果的审美倾向。

（4）构图

在儿童的绘画中，构图有着与线条、色彩同等重要的地位。构图是指在一定的空间内安排和处理人、物之间的关系和位置，把个别或局部的形象组成一个整体。构图需要儿童能把握整体并预先构思，因此他们需逐步学习如何处理绘画中的形象分布和主次关系。

①绘画中的形象分布。形象分布是形象在画面上的位置关系和形象相互之间的关系。不同的分布方式有其鲜明的直观特征，反映了幼儿空间概念的不同水平。按形象之间的关系，绘画中的形象分布由低到高分为以下几种水平。

a. 凌乱式：凌乱式构图是指幼儿对画中的形象不做空间安排，只是随机地把物体分布在画面上，画面没有上下或前后之别。

b. 并列式：并列式构图由一个"基底线"的记号表现出来。从这时起，儿童用一种普通的空间关系来包含各种事物，把所有的物体和人物都放置在"基底线"上来表现。画面中的各种形象均头脚一致地竖立着，形象之间开始有了上下一致的方向。

c. 散点式：散点式构图和并列式构图（那种只有上下高低而没有远近前后的构图方式）相比较，已摆脱了地平线，开始表现出物体的离散关系，即物体向着四面八方散开。幼儿往往将整张画纸作为地面来表现作品中的形象，构图开始具有层次感。

d. 遮挡式：这种形象分布方式是幼儿期最高水准的构图形式，但是只有很少一部分幼儿能达到这一水平。运用图形之间相互遮盖或重叠的绘画表现方式是随着幼儿空间概念的发展而出现的。遮挡式构图的出现表明幼儿开始从一个固定角度出发去表现物体的空间关系。

②形象主次关系。形象主次关系是指各种形象在画面中如何分化成主体与背景的过程。形象主次关系的处理与形象分布方式的发展密切相关，也与幼儿对事物之间关系的感知和理解以及组织形象能力的发展紧密相连。这一方面的发展大致表现为以下几种水平。

a. 罗列形象：处于该水平的幼儿，常常将事物看作独立的个体，他们表现出来的各个物体在空间关系上实际上都是孤立的，各个物体之间好像彼此没有什么联系，相互之间也不产生任何影响，因此，绘画具有"列举"的特点。

b. 以空间关系安排形象：在幼儿的空间发展中，最重要且最基本的经验是发现秩序和相关的空间概念。处于该水平的幼儿，其概念包罗了他自己、树、房子和整个环境，因此，他们在绘画时开始使一个事物与另一个事物发生相互的联系。最初，他们是以十分简单的方式来处理事物之间的关系，这种方式仅满足于空间位置中"上下"的准确性，还不能正确地掌握上下、前后、左右三度空间，如鸟与云朵在天上，人与植物、建筑物在地上等。此时，幼儿的作品中各形象都显得同等重要。

c. 形成主题与背景：儿童开始尝试用不同的方式来处理不同的环境，他们对作品中的主要形象增加细节、加以装饰等，从而使其被描绘得更加突出，成为画面的主体。此时的作品开始有了一定的主题，且所画形象都与主题有关，画面内容丰富，画面中的一些形象成为主体，另一些形象则构成背景，并有了简单的情节。

3. 绘画的基本形式

（1）物体画

物体画（图9-22）是儿童在观察的基础上表现出物体的形状、色彩、结构、特征的绘画表现形式。物体画的内容非常广泛，只要是学前儿童日常生活中能接触到的、喜爱的、感兴趣的内容，都可以作为物体画的内容。物体画活动对于发展儿童的观察力，提高儿童的绘画知识技能有着重要的意义和作用。

小班幼儿由于生活经验较少，接触事物的范围较小，因此可以画一些日常生活中经常接触的、熟悉的和感兴趣的、轮廓简单的物体，如皮球、饼干、太阳、花等。

图9-22 物体画《鱼》

中班幼儿已能将事物的基本部分归纳为图形，因此教师可以帮助他们通过观察，从较为简单的物体转到较为复杂的物体上去。除了画出正面的人，还可以画小狗、小猫等宠物及一些家禽、家畜，汽车、轮船等交通工具，以及简单的风景、建筑物等。

大班幼儿已积累了较为丰富的知识经验和绘画技能，所表现的内容日益丰富。因此，大班幼儿可以画出更为复杂的物体，描画出物体的细节部分及各种动态，如人物、动物的不同姿态；可以画多种交通工具，如洒水车、大吊车等；可以画结构更为复杂、场面较大的建筑物；可以画各种植物等。

（2）情节画

情节画是在物体画活动的基础上进行的，是儿童根据主题内容的需要把与之相关的物体形象恰当地安排在画面上的绘画表现形式。情节画主要描绘的对象是一组物体及其相互关系所反映的一定的情节，除了培养儿童的造型能力，更侧重于构图能力的培养。

中班幼儿在创作情节画时，主要是在画面上进行简单的布局，并能画出一些辅助物来表现简单的情节。为中班幼儿设计情节画主题时，可先要求幼儿在画纸上重复地画某一物体，然后在主要物体旁添加背景或辅助物以构成简单的情节，如小鸡吃米，可在纸上先画上三四只小鸡，再添画一些米粒、小虫等，构成简单的小鸡吃米的情节。以后再逐步地设计一些复杂的情节画，把几个物体联系起来，添上背景以构成一定的情节，如在马路上可以画一些人物（正面），再添画街上的房子、树木、汽车等。

在为大班幼儿设计情节画主题时，可从描绘幼儿熟悉的生活中的一些事情开始，如我的幼儿园、春游等。要求幼儿表现出熟悉的生活画面，并能表现出各物体之间的主次关系、相对位置等。经过一段时间后，教师可为幼儿设计一些连贯地表现情节发展过程的主题以及表现故事、儿歌等内容的情节画主题。例如，讲述了故事"司马光砸缸"后，可以让幼儿用情节画（图9-23）的形式来表现故事。

（3）装饰画

装饰画又称图案画（图9-24），指运用各种图案花纹、色彩在各种不同形状的纸、物体上有规律地进行装饰的一种绘画形式。装饰画属于工艺美术的一种，它突出的特点是花纹优美、色彩鲜艳、构图对称均衡。所以，创作装饰画有利于培养学前儿童的美感，培养其对形式美的审美情趣，发展手的灵活性，有助于提高儿童创造性美化生活的能力，以及认真、细致、耐心、有条理的良好习惯和心理品质。

图9-23　情节画《司马光砸缸》

图9-24　装饰画《美丽的花》

小班幼儿图案装饰活动的设计侧重于简单的、散点式的装饰，可以用身边随手可取的一些材料（如积木、蔬菜、水果、纸团等）进行拓印，体验装饰的快乐。

中班幼儿已经学习了一些比较简单的图案花纹，因此可以侧重于纹样在大小、排列、色彩上的变化。教师可以为幼儿提供生活用品的纸样，让幼儿进行装饰，如在服装、桌布、围巾等纸样上进行装饰。

大班幼儿的图案装饰可以侧重于构图的变化、色彩的和谐与变化，也可以让幼儿了解一些富有民族特色的花纹。除了平面图案装饰，也可让幼儿尝试在立体物件上进行装饰，如瓶子、碗、伞、鞋子等的装饰。

（4）想象画

想象画（图9-25）是儿童综合运用已有知识和技能，对头脑中的表象进行加工改造、重新组合，并加入自己的大胆想象，从而创造出新的艺术形象和表现形式，以表达自己的所想、所感的一种绘画形式。

图9-25 想像画《骑牛》

想象画既能满足儿童想象的欲望,又可以激发儿童画出自己想象的或喜欢的事物,使儿童的想象力在此过程中得到充分的发挥。

想象画的题材有两种:一种是无中生有、现实中不可能实现的,如没有电的世界;另一种是对现实的某种新的要求,有些是可以实现的,如机器人、未来的水上乐园等。想象画的题材很多,但要基于幼儿的想象和创造发展的基础上来进行。

幼儿可以结合自己的生活经验,画一些简单的想象画,例如,根据自己的手印进行想象,把它变成树木、公鸡、小鸟、大象等;也可以对节奏、各种味道等的体验来画自己的感受,把它变成树木、公鸡、小鸟、大象等;还可以对节奏、各种味道等的体验来画自己的感受,例如,听音乐画感受,根据旋律的舒缓或激昂,节奏的快或慢,用点和线条等来画出自己的感受。

随着年龄的增长,幼儿的创造性想象开始发展。因此,想象画的题材可以更为广泛,如画自己未来的梦想。也可以根据童谣、童话、儿童诗等内容创作想象画,充满奇幻色彩的童话,有着朗朗上口、优美韵律的童谣和儿童诗,都能带给幼儿创作想象画的空间。

第三节 学前儿童绘画活动的设计与指导

一、学前儿童绘画活动的设计

学前儿童绘画活动设计就是根据一定的美术教育目标,选择一定的绘画内容和方法,对绘画过程中的一切事先进行设计,并通过各种组织形式对学前儿童施加美术教育影响的方案。很显然,活动过程是要进行重点设计的,为不同形式的绘画活动如物体画、情节画、装饰画、想象画设计活动过程时,要灵活考虑活动的各个环节,以求让儿童在绘画活动中获得最大限度的快乐与成功的体验。通常情况下,教师带领幼儿开展一次绘画教育活动,活动过程可以分为以下几个环节。

学前儿童绘画活动过程的设计

（一）导入主题

绘画活动首先应该设计一些特别的、新奇的、能让学前儿童感兴趣的导入方式、方法，激发学前儿童想学、想画的热情。比如，采用故事、出示实物或图片、儿歌、猜谜、谈话等形式来激发儿童对绘画主题的兴趣。

例如，在开展中班绘画活动"有趣的手指印画"时，教师可采用猜谜语的方式导入，"两棵小树十个杈，不长叶来不开花，能写会算还会画，天天劳动人人夸"。幼儿猜出答案是"手"后，教师可以问幼儿小手都能干些什么？以这样的方式引出活动的主题手指印画。

（二）观察欣赏

观察是绘画的基础，学前儿童只有首先认识、把握了绘画对象的外形特征，才有可能在绘画时正确地进行表现。教师可通过谈话、观察图片、视频欣赏、表演游戏等方式激发幼儿回忆已有经验，在观察欣赏的过程中把握事物的结构和特征，为艺术性的表达奠定基础。

教师应根据不同年龄班幼儿的特点引导他们观察。对于小班幼儿，只要求他们在教师的引导下观察物体的大致轮廓外形，形成一个基本的视觉印象；对于中班幼儿，则不仅要求他们看到物体的整体轮廓，还要求他们看到物体的基本组成部分及其形状、大小、结构、颜色等；对于大班幼儿，则要求能比较全面、细致地观察物体的形状、大小、结构、颜色和物体的动态。

在引导幼儿观察某个物体时，教师要善于启发他们将观察的物体与记忆中的其他形象进行比较，促进观察与思考；善于运用形象生动的语言和比喻帮助幼儿记忆；善于运用几何图形进行概括，帮助他们获得视觉表象。如将猪的身体形象比喻成大冬瓜，将大象的鼻子比喻成水管、耳朵比喻成扇子、四条腿比喻成柱子；还可用特征对比法，如兔子的耳朵长、尾巴短，狐狸的嘴巴尖、尾巴像扫帚等特征的概括与比喻。

例如，在大班绘画活动"秋天的树"中，教师可引导幼儿观察、感知树的形象和结构："树是什么样子的？它由几部分组成？你看到的树冠是什么样子的？树干是什么样子的？"这是在按照从整体到局部、从上到下的顺序观察。提问也可以针对需要幼儿关注的方面进行，引导幼儿对某些形式要素进行有目的、有重点的观察，为后面的创作奠定基础。

（三）讲解示范

观察是帮助学前儿童明确所要表现的事物的外部特征，而示范讲解则是直接让学前儿童掌握描画该物体的技能。教师可以向儿童讲解作画顺序、用笔方向、涂色的轻重等，让儿童明白先画什么、后画什么、在哪儿起笔、该向什么方向画等。教师示范的方式也要根据不同年龄儿童的不同特点来定。如对小班可采用整体（完整）示范，对中、大班则多采用局部（重点）示范。教师还可以通过提问、谈话、对比、讨论等方式鼓励幼儿自主探索新的绘画表现经验和技巧。

在创作之前，教师要交代创作的要求，帮助幼儿进一步明确创作的主题和工具、材料的使用方法。例如，在绘画活动"有阳光的树林"中，教师可以这样引导幼儿构思："说一说你的树木是怎么画的？有阳光的树干和没有阳光的树干有什么不一样？你想怎么表现呢？"通过以上提问帮助幼儿提炼笔触、色彩等关键要素。

（四）创作表现

幼儿明白了怎么画之后，就可以大胆地进行创作表现了。在幼儿创作绘画作品时，教师应引导幼儿将临摹、模仿与独创结合起来，鼓励幼儿的个性表达。教师可以运用小组合作、个别指导的方式鼓励幼儿运用所学的技能技巧进行联想创作。在个别指导过程中，教师应因材施教，针对不同能力水平的幼儿采取不同层次的目标要求。

在幼儿自由创作时，教师应启发、引导幼儿作画，要随机应变，为幼儿绘画提供及时的技术支持。教师也要清楚，幼儿在活动中的表现是多样的，要根据幼儿的需要适时介入进行指导。比如，有的幼儿画着画着就翻面重新画或去换纸，这是幼儿不自信的表现，这时教师最好的支持就是肯定，帮助其发现作品的优点，了解不满意的地方，指导其修改补救，帮助他们建立自信；有的幼儿表现的事物过于单一，这是幼儿对事物观察不细致的表现，教师可以引导其有重点地观察，发现事物的细微差异。总之，幼儿创作时教师的指导应该是适时的、适度的。

（五）作品评议

绘画活动的最后一个环节通常是作品评议。作品评议环节是有针对性地对儿童作品的形式、创作方法等进行欣赏、讨论，交流创作经验，提高审美能力，分享审美愉悦的过程。教师可以采用幼儿互评、游戏互动、作品组合等多种形式，调动幼儿对自己作品或同伴作品进行欣赏与讨论，提高其美术创作的兴趣和成就感。教师应注意在对幼儿作品进行评价时要以正面评价为主，肯定他们在创作中的点滴进步，激励他们进行绘画创作的热情。同时，借助作品评议环节，教师还可以帮助幼儿总结经验，提升规律。例如，幼儿创作《快乐的菜市场》后，在评议环节教师根据幼儿的构图形式分组展示幼儿的作品，使幼儿一目了然地了解到构图有许多种，可以横构图，也可以竖构图，还可以用十字交叉的形式构图。最终，通过教师的梳理归类，幼儿了解到多种构图形式，为今后在作画时能有丰富的构图积累相关经验。

以上五个环节只是一个完整的绘画活动比较典型的组织实施过程，在学前儿童美术操作活动的具体教育情境中，教师还需要根据具体的活动内容和本班幼儿的经验水平进行灵活多样的设计与组织。

下面以小班绘画活动"各种各样的小草"为例，进一步说明学前儿童绘画活动过程中几个环节的开展。

📖 案例展示 9-1

小班绘画活动：各种各样的小草

一、导入环节

教师带领幼儿到幼儿园的草坪上游戏。幼儿在草坪上自由地奔跑、跳跃等。

二、观察讨论环节

教师引导幼儿在草地上走一走、爬一爬、看一看、摸一摸、闻一闻，并互相交流自己看到的小草的样子。

回到活动室后，教师和孩子们进行讨论。

师：每个小朋友找到的小草都不一样，请说一说你们的小草是什么样的。

幼1：这个是横横的，这个是竖竖的，还有这个是椭圆形的。

幼2：这个像船，还有这边是拐弯的。

幼3：这个像水，像波浪荡来荡去。

幼4：这个像苹果，这个像小圆圈，这个像"1"。

幼5：这个像小花，这个像锯齿。

三、讲解示范环节

师：（出示自己画的小草）你们说得真好，都说出了自己看到的小草的样子。现在来看看老师找到的小草吧!

幼：像花、像蝴蝶、像面条、像吸管。

师：(出示黑板上大幅棕色长条卡纸)这里有一片泥土，小草们还没有钻出来呢，请你们来帮帮它们，老师请来了颜料宝宝，它们有的是深绿色，有的是浅绿色。老师还请来了棉签宝宝，让我们帮小草宝宝钻出来吧!谁想来试一试?

(幼儿积极举手。教师指定三个幼儿分别到黑板上画小草宝宝。每个幼儿尝试后，教师都和幼儿讨论他是用什么方法让小草钻出来的，用的是哪一种颜色，并引导其他幼儿观察这三个幼儿画好后，把棉签放回哪一个颜料盒了。)

师(小结表现方法和棉签、水粉的使用常规)：有的小朋友拿起棉签让小草从下往上长，长得长长的；有的小朋友从上往下画，小草弯弯的；有的小朋友画的小草的叶子是圆圆的；有的小朋友画的小草的叶子是有锯齿的……在绘画时，我们要把深绿色的棉签宝宝送回深绿色颜料的家，把浅绿色的棉签宝宝送回浅绿色颜料的家，这样才不会把两种颜料混在一起。不然，我们就分不清楚了。

四、创作表现环节

师：(教师在活动室后面的桌子上张贴一排棕色卡纸)后面还有一大片泥土没有小草呢，你们去帮帮它们好不好?(出示幼儿在以往活动中搓好的各种颜色的小纸团)老师还请来了小花，到时候我们让小草和小花互相做朋友吧。

幼儿自由组合，在轻柔的音乐声中一边画一边小声交流："我的小草像蛇一样""我的小草都是圆圆的""我的是波浪线"等。他们画出了长条形、波浪形、圆形、椭圆形、锯齿状等各种小草。

师：(巡回观察、参与讨论，并经常鼓励幼儿)你的小草真好看!

师：(看到孩子们快画完了)如果你的小草都长出来了，就可以种小花了。

(孩子们把"小花"粘在小草上，一片片漂亮的花草地出现了。)

五、作品评议环节

师：现在这里不是泥土地了，已变成了草地和花园，是谁把它们变成这样的?

幼：是我们!

师：我们一起来看看小草宝宝和花朋友吧，你们喜欢它们吗?

(引导幼儿互相交流自己画的小草和现在的心情。)

师：你们想不想也变成小草呢?

幼：想!

师：那我们再来唱一次《小草报春》吧!(孩子们满怀喜悦地看着自己的作品，边唱歌边做小草从泥土里长出来的动作。)

以上案例比较典型地体现了幼儿园绘画教育活动中的五个基本环节。在每一个环节中，幼儿的活动有一定的空间和自由度，体现了幼儿的自主体验、探索、表现与教师引导的适当结合。孩子们通过活动，不仅能够表现丰富多样又各具特点的小草，更对小草有了从认知到情感的多方位的体验和了解。

二、学前儿童绘画活动的指导

（一）营造宽松的心理环境

心理学家罗杰斯认为："有利于创造活动的一般条件是心理的安全和心理的自由。"教师在指导幼儿绘画时，要为幼儿创设一个宽松的心理环境，让幼儿有足够的自由和信心去主动感受和表达。

教师要欣赏和回应幼儿，赞赏幼儿独特的表现方式。教师要尊重幼儿不同寻常的提问和想法，肯定其想法的价值，不因为其想法的幼稚而盲目否定，更不要以成人固定的思维模式去限制他们，应敏感捕捉其中创造思维的闪光点，加以科学的引导。同时，在幼儿自主表达创作的过程中，教师不要做过多干预或把自己的意愿强加给幼儿，在幼儿需要时再给予具体的帮助。

教师要了解并倾听幼儿艺术表达的想法或感受，领会并尊重幼儿的创作意图，不简单地用"像不像""好不好"等标准来评价幼儿的作品，应该给幼儿的绘画活动提供一段不受评价的时期，使其自由想象不受阻碍；同时，肯定幼儿作品的优点，用表达自己感受的方式引导其提高，如"你的画用了这么多红颜色，感觉就像过年一样喜庆"等。

（二）激活幼儿的生活经验

丰富的经验是从事艺术创作的原材料。为幼儿绘画提供的经验应该有助于幼儿的绘画创作。

教师可以和幼儿一起感受、发现和欣赏自然环境和人文景观中美的事物。比如，让幼儿多接触大自然，感受和欣赏美丽的景色，经常带幼儿参观园林、名胜古迹等人文景观，讲讲有关的历史故事、传说，与幼儿一起讨论和交流对美的感受。

教师也可以和幼儿一起发现美的事物的特征，感受和欣赏美。比如，让幼儿观察常见动植物以及其他物体，引导幼儿用自己的语言、动作等描述它们美的方面，如颜色、形状、形态等；支持幼儿收集喜欢的物品并和他们一起欣赏。

教师应创造条件让幼儿接触多种艺术形式和作品。比如，和幼儿一起用图画、手工制品等装饰和美化环境；带幼儿观看或共同参与传统民间艺术和地方民俗文化活动，如皮影戏、剪纸和捏面人等；有条件的情况下，带幼儿去美术馆、博物馆等欣赏艺术作品。

（三）引导幼儿有效观察

儿童天生就是艺术家，教师应引导幼儿用自己的眼睛去观察世界，用自己的心灵去感受世界，从而帮助幼儿用自己的语言去表现世界。

艺术活动中的审美感知不同于科学活动中的感知。科学活动中感知的目的在于观察客观事实，形成科学概念，强调的是"真"；而艺术活动中的审美感知是对事物的各个不同的特征——形状、色彩、光线、空间、张力等要素组成的完整形象的整体性把握，是一种区别于日常感知的、能够揭示事物的表现性（审美属性）的特殊的感知，具有非实用功利性、完整性、超越性、情感性等特点，强调的是"美"。教师在引导幼儿进行审美感知时，要把注意力集中于事物的形状、色彩、空间等形式因素及其所表现的对称、均衡、节奏、多样统一等形式美的模式，事物的主题、情节、形象等内容因素，以及这些形式和内容表现出的情感因素上。例如，对柳树和松树的审美感知，就应该引导幼儿观察柳树与松树的树冠形状的不同、树叶的形状与颜色的差异、肌理的变化；微风吹来时，观察柳树与松树不同的动态，感受柳树的婀娜多姿、松树的伟岸挺拔等情感象征性。

（四）引导幼儿想象和体验

教师引导幼儿进行审美情感的体验就是帮助他们将自己内心的情感模式与外在的生命模式达到同构，从而理解事物的情感表现性，更进一步地实现审美愉悦，激起创作的欲望。

教师应利用幼儿的情感发展特点，引导幼儿进行"移情"和"拟人"。在此基础上，引导幼儿对审美对象进行整体的想象，例如，画大羊和小羊时无须把注意力放在它们身体的精确比例上，这不符合幼儿的身心发展特征。此时，应该引导幼儿将它们想象成有生命的形象：大羊和小羊的关系就像妈妈和孩子间的亲密关系。这样，眼前的物体就会充满生命活力。幼儿经历了外在形象和内在心灵的融合，才会把知觉表象与情感体验有机地结合起来，塑造出审美意象。

（五）正确处理技能和创造力的关系

在学前儿童绘画活动中，技能和创造力其实并不矛盾。其关系如下：①技能为创造力的发挥提供了技术的基础和手段。首先，幼儿在绘画活动中的创造力是指利用绘画工具和材料将他们在头脑中形成的审美心理意象重新组合，创作出对其个人来说新颖独特的绘画作品的能力。这个过程中包含了技能的使用过程。其次，绘画熟练程度越高，操作越灵活，则重新组合出的新的事物或思想的可能性就越多。所以说，技能为创造性的发展提供了一个现实的前提，幼儿手的动作越灵活，对材料的性质和用途的了解越多，对形状、色彩、空间的认识越丰富，经过头脑加工创作出的作品就越具有创造力。②技能的形成是一种对信息进行加工的操作系统，其加工的对象是幼儿知识中已保存的信息和来自外部对象的信息。可以看出，这个技能形成的过程本身就蕴含着创造。创造性越高，技能的掌握就越快。因此，技能和创造力是相辅相成的，二者不可分割。

案例展示 9-2

小班绘画活动：爸爸的领带

活动目标

（1）了解领带的特点，欣赏各种领带的图案和颜色。
（2）尝试用简单的颜色和图案装饰领带。
（3）体验给爸爸制作礼物的愉快心情。

活动准备

（1）具有不同图案和线条的领带若干条。
（2）领带状铅画纸、棉签。
（3）丙烯颜料（红、黄、绿、蓝），拓印用材料（菜心、圆形积木、雪花片），报纸。

活动过程

1. 谈话导入

师（出示领带）：小朋友们，你们知道这是什么吗？（领带）它是干什么用的呢？这个戴领带的叔叔帅不帅？你们的家里谁喜欢戴领带？（爸爸）戴领带的爸爸看起来很精神、很帅气。

2. 欣赏领带，激发幼儿对领带的兴趣

师：领带有很多种，老师今天也收集了很多领带，我们一起来看看吧！
师：这些领带上有哪些颜色？（红、黄、绿、蓝）
师：领带上有哪些图案？（有线条、有方块、有圆圈、有格子……）

小结：领带上有各种颜色，还有好看的图案。父亲节快到了，我们一起来做好看的领带送给爸爸吧。

3. 讲解制作步骤，启发幼儿的想象力

师：先拿棉签蘸上一种颜料，从上面开始画，颜色用完蘸一蘸。一种颜色用好后，再用另一种颜色。画的时候从上面一直画到下面。

师：画的过程中也可请菜心、积木等来帮忙。用的时候要注意先选好颜色，然后用这些东西蘸上颜料印在领带上。

小结：使用棉签和积木时注意先选一种颜色，用完后再用另一种颜色，棉签和积木要还回原来的颜色盘中，不要混在一起。

4. 幼儿创作表现，教师巡回指导

①教师提醒幼儿尝试用不同的颜色进行装饰。
②教师鼓励幼儿大胆使用各种工具进行拓印。

5. 作品欣赏，交流分享

师：说说你给爸爸的领带上有哪些颜色？哪些图案？

师：你最喜欢哪条领带？为什么？

案例展示9-3

中班绘画活动：美丽的树

活动目标

（1）通过欣赏，感受不同形态树的美。
（2）尝试用圆形、三角形、半圆形等表现出树的不同形态。
（3）体验形状组合的乐趣和成功的快乐。

活动准备

（1）小朋友认识树并画过树。
（2）各种形态的树、树干、树冠。
（3）卡纸制作的各种形状的树干、树冠。
（4）背景图：山坡。
（5）PPT课件。

活动过程

1. 以"猴子搬家"情景导入，激发幼儿的兴趣

师："猴子住的树林被破坏了，想寻找一片美丽的树林，这是上次大家为小猴子画的树，我们请小猴子来看看吧。"

师："咦？树都长得一样吗？"

2. 欣赏、感受树木形态的不同

（1）欣赏图片，感受树不同形态的美。（引导幼儿感受树的完整形态）

师："我们来看看这些树，它们有什么不同？"（幼儿欣赏图片，说一说树的形态）

教师小结：不同种类的树有不同的特点，它们的树干和树冠形态是不同的。

（2）欣赏树干，观察比较，感受树干不同的形态。

师:"这些树干有什么不同?像什么?"(引导幼儿感受树干的粗、细、直、弯、高、矮。根据幼儿的回答,播放PPT课件。)

教师小结:不同种类的树的树干是不同的,有的很粗壮,有的比较细小,有的是笔直的,有的是弯弯曲曲的,有的很高,有的很矮。树干有不同的花纹:有的是一道道条纹,有的长了一个个树瘤,有的是一节一节的,从树干上长出了许多分叉的树枝。

(3)欣赏树冠,观察比较,感受树冠不同的形状。

师:"大树除了树干,还有树冠,来看看树冠都有哪些形状。"(引导幼儿用三角形、椭圆形、半圆形、云朵状、条状来说说树冠的形状。根据幼儿的回答,播放课件。)

教师小结:树的树冠形状是不一样的,有的是三角形,有的是椭圆形,有的是半圆形,有的像一朵朵云,有的是条状的,而且它们的颜色也不一样,有的是绿色的,有的是红色的,有的是黄色的。

3. 讲解、演示绘画步骤

师:"先画上树干,再画上树冠,就变成一棵美丽的树了。如果请你来画树,你想画什么样的树?有什么样的树干?什么形状的树冠?"

教师根据幼儿的描述,粘贴树干和树冠。

4. 幼儿绘画"美丽的树",教师适时给予指导

师:"现在请小朋友把你喜欢的各种形状的树画下来,画好后种到山坡上,变成一片美丽的小树林,请小猴子住进来,好吗?"

提示幼儿绘画时的注意事项:

(1)可以用圆形、三角形、半圆形等画出树的不同形态。

(2)树还有美丽的颜色,可以给树穿上漂亮的衣服。

(3)注意不要画得太挤,也不要只有一棵孤孤单单的树,要把树摆放在合适的位置上。

(4)可以给作品添上美丽的背景。

5. 展示作品,共同欣赏"美丽的树",交流分享美的感受

活动延伸

主题墙饰的布置:用你们神奇的画笔一起来绘制一片美丽的树林,让小猴子住到教室里面来陪伴我们,好吗?

📖 拓展阅读 9-1

如何评价孩子的画

作为家长或老师,评价孩子的画时,不可用成人的审美标准来衡量。孩子的画是他们内心世界的反映,应该站在孩子的角度去看待。成人的评价对孩子的影响是巨大的,如果评价不当,可能会打击孩子的绘画积极性。评价孩子的作品时应思考以下几个问题。

1. 作品是否真实反映了孩子的生活经验

孩子的画应该体现出他们对生活的认识和感受。比如,画窗户时,不一定非要画成规规矩矩的窗户。绘画中表现的内容应该体现出孩子对生活的态度。成人应该引导孩子描绘具体的生活,画自己熟知的事物,逐渐养成观察生活的好习惯,使绘画内容更加充实、饱满。

2. 作品是否较好地表达和抒发孩子的情感

绘画是孩子自我思想表现的一种方式，反映了他们情感的变化。在绘画作品中，要将孩子的内心活动与情感表达联系起来，这样的作品才是有灵魂的作品。成人应该鼓励孩子描绘自己的内心世界，使绘画成为他们心灵的一面镜子。

3. 作画材料和技法、技巧运用是否得当

绘画作品的构成因素有很多，作画材料、技法、技巧的学习对于完成作品也是比较重要的。想象力、创造力再强，没有技法、技巧的运用能力，也很难画出好的作品。不同的绘画内容要应用不同的绘画技法和技巧、不同的绘画材料。这样才能更好地表达自己的意图，达到内容和形式的统一，取得更好的绘画效果。

4. 作品是否有明确的主题或情节

儿童画表现的内容是有一定的主题和情节的。儿童在作画的过程中，不断地去描绘内心世界，绘画成为儿童心灵的一面镜子。这样的作品在过程中能使儿童在心理、情感、智力等多方面得到锻炼。有主题或情节，就需要有较强的想象力，形象思维能力和对生活的感受力，是有较高的创作水平的一种表现。

总之，评价孩子的画时，成人要多关注他们的创作过程和内心世界，而不是过分追求技巧和形式；鼓励孩子大胆创作，让他们在绘画中找到乐趣和成就感。

实践活动

1. 观摩幼儿园小、中、大班集体绘画活动，结合所学内容对整个活动进行分析。
2. 根据本单元所学内容，按照规范的格式，设计小班物体画活动"西瓜"、中班装饰画活动"美丽的花瓶"、大班情节画活动"运动会"的活动方案，并进行分组试讲，要求突出各类型画的特征。

思考与练习

1. 简述学前儿童绘画活动的含义和意义。
2. 简述学前儿童绘画能力发展的三个阶段及其特点。
3. 简述学前儿童绘画的形式语言。
4. 简述幼儿园绘画活动的基本类型。

第十单元 学前儿童手工活动

① 知识目标

明确学前儿童手工活动的含义及学前儿童手工能力的发展阶段与特点,理解学前儿童手工活动的目标与内容,掌握学前儿童手工活动设计的一般环节及指导要点。

② 技能目标

能够设计和指导不同类型的学前儿童手工活动。

③ 情感目标

激发对学前儿童手工教育活动的热情,秉持以幼儿为本的教育理念,在设计与组织学前儿童手工教育活动时勇于探索与创新。

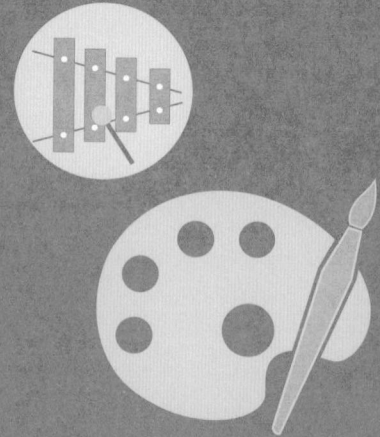

内容图解

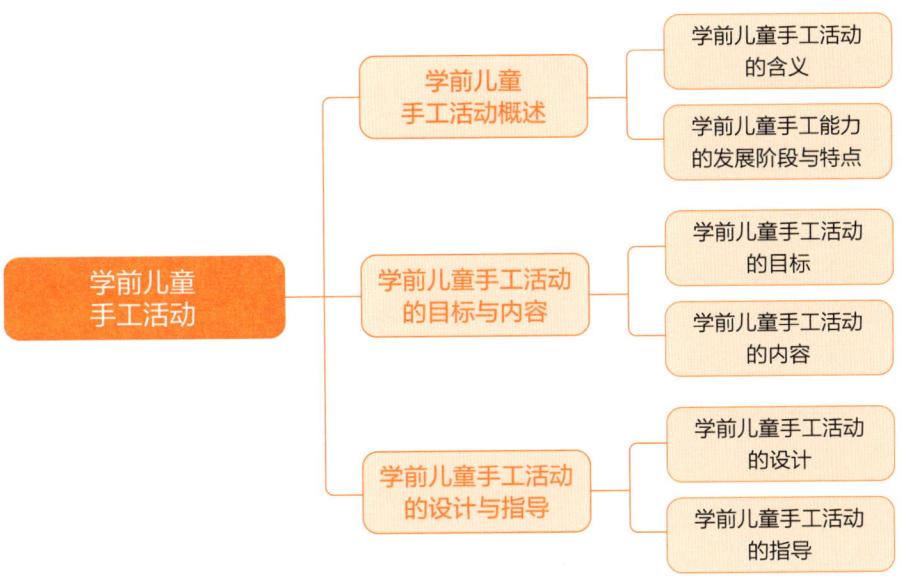

引导案例

手工活动"蜗牛的新房子"的由来

一天雨后,地面潮湿,朵朵蹲在幼儿园的花池边突然大喊:"老师,这里有会动的房子。"其他幼儿闻声跑来,发现3只蜗牛正在攀爬植物茎干,壳上沾着水珠。航航伸手触碰蜗牛,蜗牛立刻缩进壳里,引发幼儿讨论:"它是不是害怕了?"教师用手机拍摄幼儿的观察过程,并引导幼儿:"我们轻轻地把它移到树叶上观察吧。"接下来几天,教师在自然角投放了观察盒和放大镜,引导幼儿每天主动观察、探究蜗牛,幼儿发现:"蜗牛的壳是一圈圈的,像棒棒糖""蜗牛的身体黏黏的,爬过的地方有亮亮的线"。教师从中发现了教育契机,用蜗牛壳的螺旋结构作为艺术创作的原型,设计了一次以蜗牛为主题的手工活动"蜗牛的新房子",带领幼儿将长方形纸条剪成螺旋状,卷成蜗牛的壳。

案例评析:此案例充分体现了"幼儿在前,教师在后"的教育理念,将偶发的自然探索活动转化为艺术的学习活动,既满足了幼儿的好奇心,又促进了幼儿动手操作的能力。由此可见,幼儿园一日生活中时时处处都存在着教育的契机,手工活动要从生活中寻找素材,多为幼儿提供与各种材料亲密接触的机会,引导幼儿用灵巧的小手创造出各种各样的艺术形象。

第一节　学前儿童手工活动概述

一、学前儿童手工活动的含义

学前儿童手工活动概述

学前儿童手工活动是学前儿童美术教育中的重要组成部分，是幼儿在教师引导下使用各种手工工具和材料，运用剪、撕、贴、折、塑等方法制作出平面或立体的物体形象的一种造型艺术活动。因为手工活动的游戏性与操作性都很强，作品既好玩儿又好看，既可以装点环境又可以作为儿童的玩具，所以深受孩子们的喜欢，并且在手工活动中，儿童的动手能力、操作协调能力、耐心细致、有序的工作习惯都会得到锻炼。

二、学前儿童手工能力的发展阶段与特点

从目前对学前儿童手工活动的研究来看，学前儿童手工能力呈现出与绘画能力发展状况相一致的过程和表现特点。但由于手工活动是一种三维的创作，所以学前儿童手工能力的发展还有其自身的阶段表现特点，大致经历了三个发展阶段，即探索阶段、直觉表现阶段和灵活表现阶段。

（一）探索阶段（2~4岁）

2~4岁儿童的手工能力处于探索阶段。出于好奇和本能，这一阶段的儿童在手工活动中往往对手工工具和材料产生兴趣而引发成为以玩儿为主的游戏性手工活动，这是儿童手工活动的开始。

在纸工方面，初期，儿童会把手边的纸抓起来挥舞、撕破，在把纸撕破、弄碎时会得到一种快感；后期，儿童能用手指把纸撕成碎片，或是用剪刀随意剪出纸条或纸片，并给偶尔形成的造型命名。儿童手工作品《长寿面》（图10-1）就是这一阶段幼儿的撕纸作品。

在泥工方面，初期，儿童会用小手紧握黏土、拍打黏土，在玩耍的过程中享受黏土的触感和黏土造型的变化；后期，逐渐学会用手掌把黏土压平、伸展，用指尖挖等。例如，从儿童手工作品《海底的小鱼》（图10-2）可以看出，这一阶段的儿童泥工作品没有什么技巧，只是体验和黏土接触的快感。

图10-1　儿童手工作品《长寿面》

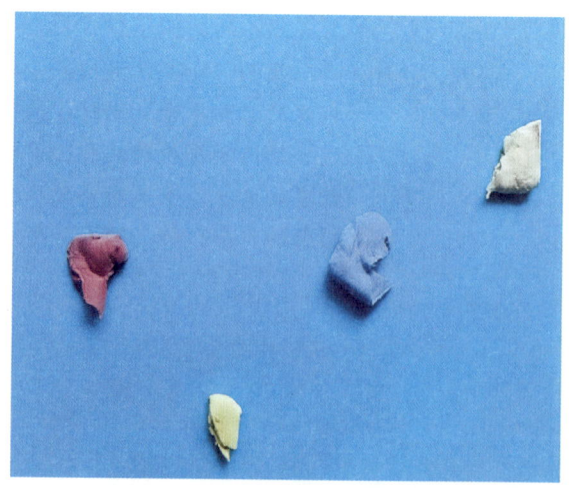

图10-2　儿童手工作品《海底的小鱼》

（二）直觉表现阶段（4~5岁）

随着年龄的增长，4~5岁儿童的手工能力进入直觉表现阶段，也称作基本形状期，他们开始由无目的的动作发展到有意图的尝试。

这一阶段，幼儿的表现欲非常强，喜欢用剪刀、固体胶等工具进行手工制作，但谈不上有什么技巧，工具使用的稚拙感很明显。他们已有一定的创作意图，在制作之前会宣称自己将要做什么，然后才开始着手制作。他们能用黏土的可塑性展开各种尝试，能用纸张折出简单的物体，也能用手、剪刀等工具撕、剪出简单的图形，进而全神贯注地实现自己的意愿。

从以下儿童手工作品（图10-3、图10-4）中，可以明显看出直觉表现阶段儿童手工能力的进步。

图10-3　儿童手工作品《郁金香》

图10-4　儿童手工作品《春天》

在纸工方面，儿童能够用实物图形、几何图形、自然物等进行粘贴，并能用单张纸进行简单的折叠，同时还会进行目测剪或撕出直线、弧线等。但是他们制作的作品往往比较粗糙，如折叠不平整，撕剪出的物体轮廓不光滑等。

在泥工方面，儿童能运用团、搓、压、捏等技能塑造物体的基本部分和主要特征，会使用一些简单的辅助材料。但是由于儿童的直觉表现特点，他们的作品中会出现一些非理性的、夸张的表现，如为了让自己制作的车子能立稳，就把四个轮子做得非常大。

在废旧材料制作中，儿童能用现成的废旧材料经过简单的加工制作出作品。但由于他们还不能熟练地运用各种手工制作技能，所以制作出的东西显得较为幼稚、粗糙。

（三）灵活表现阶段（5~7岁）

这一阶段，随着手腕动作和手眼协调能力的不断发展，幼儿已不满足于仅用一两种技能制作简单的形象，而是希望能够用各种工具和材料制作出他们喜欢的、较复杂的形象，并将这些形象组合成具有一定情节的场面。

在泥塑活动中，幼儿已能灵活运用各种泥塑技能，除掌握团、搓、压、捏等技能外，还逐步掌握了拉、雕塑等较为复杂的技能。这时，他们已经能制作出具有一定特征和细节的物体，而且还能变换人物或动物的上、下肢，从而塑造出动作、姿态各异的形象，并组成一定的情节。有时，幼儿之间还能分工合作，把制作的形象组织成有趣的故事场面或生活情景（图10-5）。

在纸工活动中，幼儿还能折叠剪出各种造型的窗花。幼儿手与纸的配合不断协调，能自如地运用剪刀，且剪出的图形边线较为光滑、整齐。幼儿不仅能用单张纸进行简单的造型活动，还能用两张甚至两张以上的纸折叠成立体的、简单的组合造型，儿童手工作品《小金鱼》（图10-6）就是这一时期幼儿的纸工作品。

在综合运用各种材料的制作活动中，幼儿能通过折、剪、粘贴、连接、弯曲和组装等技能对自然材料和废旧材料进行制作，制作出的形象较直觉表现阶段更为精细，儿童手工作品《螃蟹》（图10-7）就是这一时期幼儿毛线粘贴作品。

图10-5　儿童手工作品《荷塘月色》

图10-6　儿童手工作品《小金鱼》

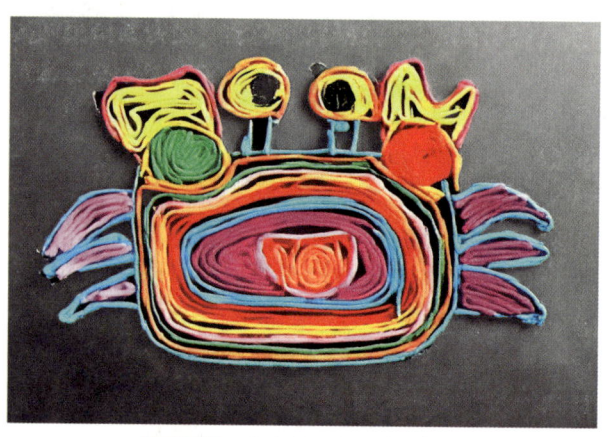

图10-7　儿童手工作品《螃蟹》

第二节　学前儿童手工活动的目标与内容

一、学前儿童手工活动的目标

学前儿童手工活动的目标包括总体目标和不同年龄班目标两部分。

（一）总体目标

学前儿童手工活动的总体目标包括认知目标、技能目标、情感与态度目标。

1. 认知目标

认识泥工、纸工等各种工具和材料的性质。

2. 技能目标
①掌握剪、撕、贴、折、塑、印等手工技能。
②会使用各种手工工具和材料制作出平面和立体物品。
③会使用自然材料（石子、豆子、树叶等）拼贴造型。
④形成良好的手工活动习惯。

3. 情感与态度目标
①体验手工活动的乐趣，能积极参与手工活动。
②喜欢手工活动，乐于用手工表达自己的想法和情感。

（二）不同年龄班目标

以下分别介绍小班、中班、大班学前儿童手工活动的学习目标。

1. 小班
（1）认知目标
①初步熟悉泥工、纸工等工具、材料；
②了解泥的可塑性；
③了解纸的性质。
（2）技能目标
①掌握泥工中团圆、搓长、压扁等基本技能；
②学习撕纸、粘贴，初步撕出简单形状并粘贴成画；
③初步学会用自然材料（石子、豆子、树叶等）拼贴造型；
④学会用印章、纸团、木块等材料，蘸上颜色在纸上敲印。
（3）情感目标
①喜欢参与手工活动，体验手工活动的快乐；
②能大胆地运用不同方法进行手工活动。

2. 中班
（1）认知目标
进一步熟悉泥工、纸工及自制玩具的工具和材料。
（2）技能目标
①能正确使用剪刀剪出方形、圆形、三角形及组合形体，并拼贴成画；
②掌握折纸的基本技能，折出简单的玩具；
③学习用泥塑造出物体的基本部分和主要特征；
④掌握撕纸的基本技能，撕出简单的物体轮廓。
（3）情感目标
①积极投入手工作品的创作，增强对手工活动的兴趣；
②能大胆地使用工具和材料，按意愿进行手工创作。

3. 大班
（1）认知目标
①了解各种手工活动材料的不同性质，知道不同性质的材料具有不同的表现效果；
②对自制玩具的材料加以分类，以获得选择、收集材料的经验。
（2）技能目标
①用泥塑造人物、动物等较复杂结构的形体，能表现出物体的主要特征和细节；
②能集体分工合作塑造群像，表现某一主题或场面；

③能用各种不同材质的纸制作立体玩具；
④能使用无毒、安全的废旧材料制作玩具并加以装饰；
⑤能综合运用剪、折、撕、粘、连接等技能，独立设计、制作玩具。
（3）情感目标
①体验综合运用不同手工材料制作作品的快乐；
②喜欢用手工表达自己的想法和情感。

二、学前儿童手工活动的内容

（一）手工工具和材料

学前儿童手工活动的内容

手工工具中适合幼儿使用的主要有剪刀、泥工板、木刻刀、牙签、胶水等。

手工材料中适合幼儿手工活动的有很多，广阔的大自然和幼儿所处的生活环境就是幼儿的课堂，归纳起来可分为以下几种。

①点状材料：有沙子、小石子、小珠子、纽扣、谷物、果核、种子、瓜子壳、贝壳、牙膏盖等。点状材料可通过串联、拼贴、粘贴、镶嵌、垒积等方法制作成平面或立体的作品。

②线状材料：有绳、棉线、毛线、包装带、火柴棒、树枝、橡皮筋等。线状材料可通过盘绕、编织、拼贴、拼接、插接等方法制作成平面或立体的作品。

③面状材料：有纸（皱纹纸、蜡光纸、彩色卡纸、即时贴、包装纸、广告单等）、布、树叶、花瓣、羽毛、塑料薄膜等。面状材料可通过剪、撕、折、染、卷、粘贴、插接等方法制作成平面或立体的作品。

④块状材料：有泥、面团、石块、萝卜、土豆、蛋壳、纸盒（包装盒、牙膏盒、牛奶盒等）、核桃、乒乓球等。可通过塑、刻、拼接、组合、串联、剪等方法制作成立体作品。

（二）手工材料的基本制作技法

1. 泥工材料的基本制作技法

幼儿园泥工活动中常用的材料有彩泥、橡皮泥、黏土以及自制面泥等。泥工的基本制作技法包括以下几种：

①将泥放在手心，两手配合，来回揉搓成球状物。可制作成苹果、皮球、珠子等。
②搓长：将泥放在手心，两手合拢，前后搓动成圆柱状。可制成面条、麻花、胡萝卜等。
③压扁：将搓长的长条或团成的球状物放在手心中用两手掌拍压。可制成饼干、花卷、车轮等。
④捏：用拇指和食指互相配合捏泥。可制成物体的细部，如动物的耳朵、嘴巴、器皿的边缘等。
⑤挖：将初步制成的物体用手指按压成小坑，或用工具将中间的泥挖去。可制成水果、碗、盆等。
⑥嵌接：将团、搓、捏、拉出的物体组合成一体的方法，有粘接（橡皮泥直接粘接）和棒接（用火柴、牙签等连接）两种。凡嵌接的物体上半部分量较重时，必须采用棒接。
⑦分泥：用目测法将大块的泥按照塑造物不同比例的需要，分成大小不同的泥块进行塑造。
⑧伸拉：从整块泥中，按照物体的结构伸拉出各部分。

2. 纸工材料的基本制作技法

纸的种类有很多，常用的纸有：铅画纸、宣纸、瓦楞纸、皱纹纸、吹塑纸、海绵纸、电光纸、即时贴、铜版纸、玻璃纸、卡纸、牛皮纸等。

纸工材料的基本制作技法有折纸、剪纸、撕纸、粘贴、染纸。除此之外，还有许多纸工活动，如编纸、卷纸、纸雕等，教师可根据实际需要灵活开展。

（1）折纸

折纸是一种传统的儿童手工游戏，深受儿童的喜爱。折纸一般选用正方形的纸，也有的需要用长方形或三角形的纸来完成，有单张折叠，也有多张纸的组合折叠。

①对边折：将纸的两边对称折叠（图10-8）。

②对角折：将纸相对的两角对齐折叠（图10-9）。

③集中一角折：先将纸的对角折出对角线，再依据对角线，将相邻两边向对角线折叠（图10-10）。

④四角向中心折：先通过两次对边折或对角折找到中心点，再将四个角分别向中心点折（图10-11）。

⑤双正方形折：将纸先对边折，再根据中线一角向前、一角向后折成三角形，然后从中间撑开、压平（图10-12）。

⑥双三角形折：将纸先对角折，再根据中线一角向前、一角向后折成正方形，然后从中间撑开、压平（图10-13）。

⑦菱形折：先将纸折成双正方形，再依据中线，将开口端的四条边向内折叠，然后向下拉成菱形（图10-14）。

⑧组合折：由数张纸经过相同或不同的折叠后，形成几部分物体形象，再把它们衔接起来，构成更复杂的造型。宝塔的做法即组合折的具体运用如图10-15所示。

（2）剪纸

剪纸也是学前儿童非常喜欢的手工活动。剪纸活动最主要的是儿童灵活使用剪刀。常用的剪纸技法有以下几种。

①目测剪：幼儿用目测法在没有任何痕迹的面状材料上剪出形象。幼儿用目测的方式剪出的形象大多是一些轮廓简洁的物体。

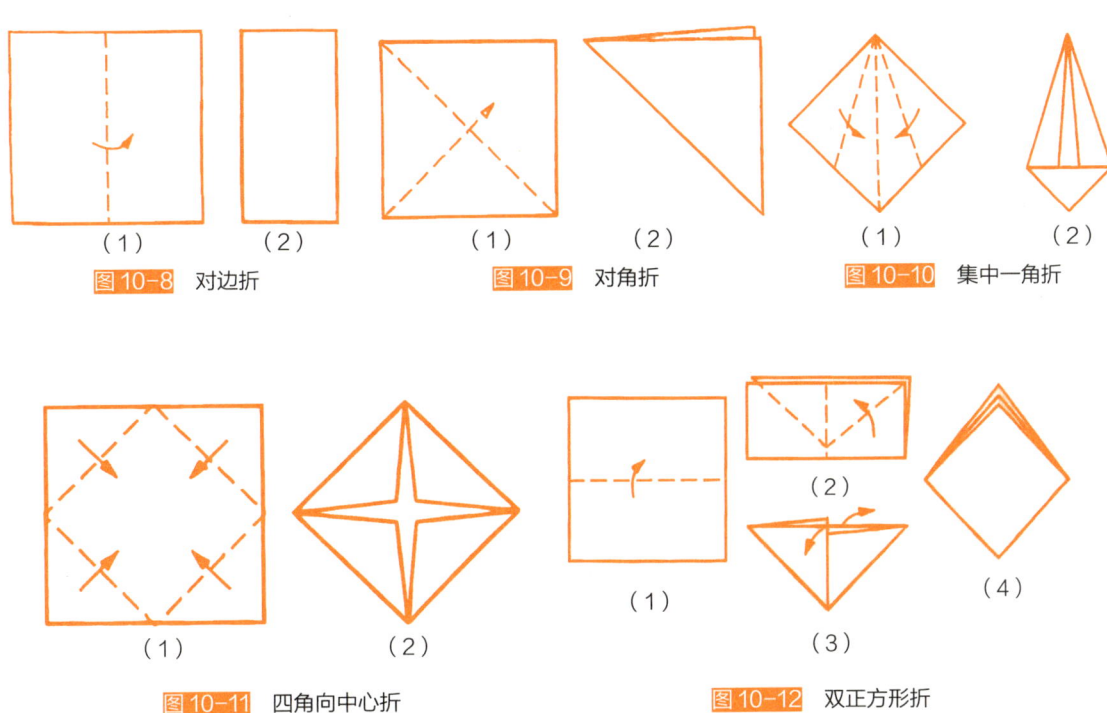

图10-8 对边折　　图10-9 对角折　　图10-10 集中一角折

图10-11 四角向中心折　　图10-12 双正方形折

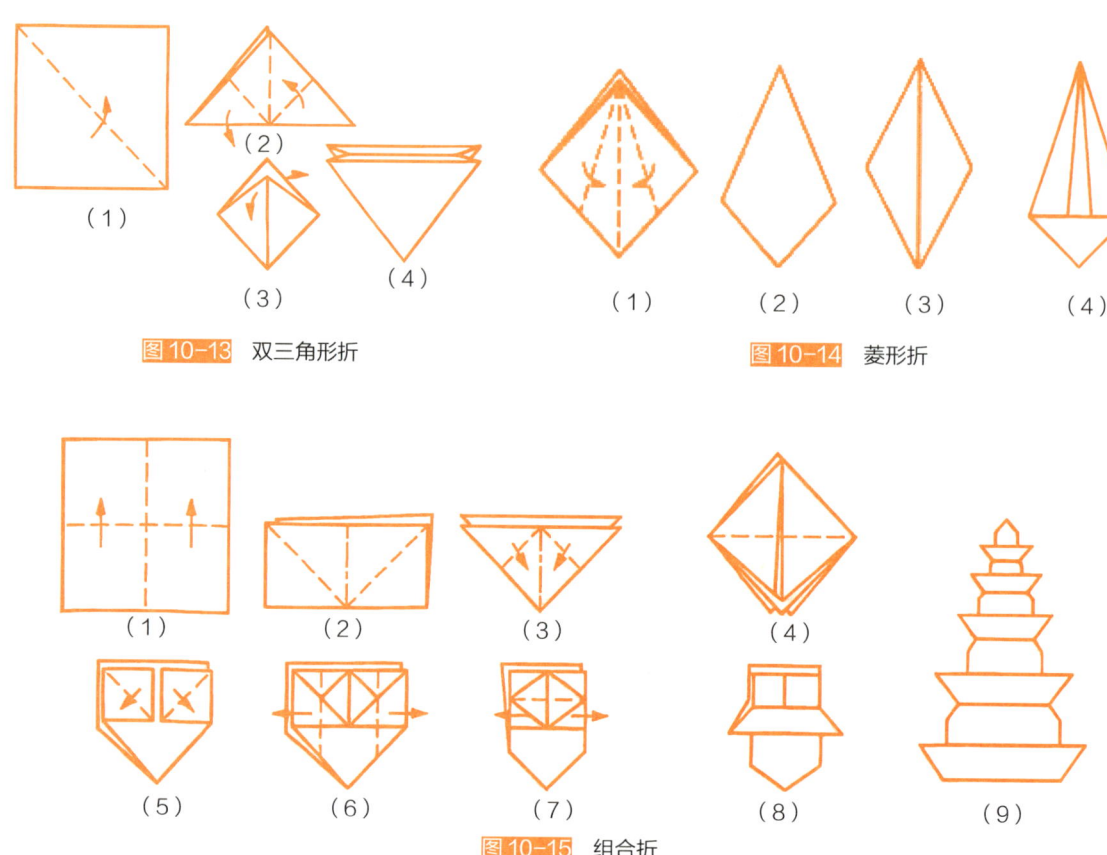

图10-13 双三角形折

图10-14 菱形折

图10-15 组合折

②沿轮廓线剪：幼儿根据已有的轮廓线来剪出所需形象。轮廓线可以是纸上已有的，也可以是教师或幼儿事先画好的。

③折叠剪：将纸经过折叠后剪出所需形象。

（3）撕纸

撕纸是用手指将纸撕出简单形状或物体轮廓。撕纸和剪纸十分类似，在技法上也可以分为目测撕、沿轮廓线撕、折叠撕三种不同的方法。

儿童撕纸内容的选择一般可按照"点—条—形"的顺序来选择。例如，小班儿童喜欢撕纸，可以让他们多练习点状材料的撕贴，如小雨点、大雨点等；慢慢地，可以让儿童练习条状材料的撕贴技能，如面条、狮子的头发等；随着儿童手指越来越灵活，手眼协调能力越来越强，可以鼓励他们沿轮廓线撕出一些不同形象进行组合粘贴，如逛公园、过大年等。

（4）粘贴

粘贴是把现成的纸形、几何图形或自然物贴在纸的适当位置，表现物体形象的造型活动。常用的粘贴技法主要有以下几种。

①图形粘贴：把从图书、杂志等上剪下来的实物图形经过重新组织，拼贴成画。实物图形一般由教师提供给幼儿。

②几何图形粘贴：用色纸剪出大小、形状不同的几何图形，拼贴出新的图像。

③自然物粘贴：把各种植物的叶子（图10-16）或其他废弃物（如蛋壳、瓜子壳等）粘贴在纸上，形成新的图像，或拼贴成画。

（5）染纸

染纸是用吸水性强、韧性较好的纸和水性染料作为材料，将纸折叠后，用浸染或点染的方法，染出色彩美丽的图案的活动。提供给儿童的纸张材料一般是生宣纸、餐巾纸、毛边纸等。染纸的技法主要分为浸染和点染两种。

①浸染：将折叠后的纸浸入颜料里，让纸自动吸入颜料的方法（图10-17）。

②点染：借助毛笔、手指或其他工具，将颜料用点的方式将纸染色的一种方法（图10-18）。有时候点染可以作为浸染的补充。

3. 废旧材料、水果蔬菜的基本制作技法

学前儿童的手工活动除了经常使用泥工材料、纸工材料，有时还会选用其他一些材料，如自然材料、生活废旧物品，只要符合卫生和安全标准，适合儿童操作，都可以纳入儿童手工活动的材料范围。常用的一些废旧材料、水果蔬菜等的基本制作技法除了上面介绍的各种技法，还有串联、弯曲和连接等方法。

①串联：将点状、面状、块状材料用线状材料和工具从中穿过，连接成串，如用针线将小珠子或纽扣等串起来（图10-19）。

图10-16　粘贴画《鸡妈妈和鸡宝宝》

图10-18　点染作品

图10-17　浸染作品《漂亮的手帕》

图10-19　《毛毛虫》

②弯曲：将纸卷曲成圆柱体、圆锥体等的方法（图10-20）。

③连接：用糨糊、胶水粘贴是连接纸的最简易的方法。用乳胶可以粘连竹、木、自然材料等。布制品可以用针线缝合。纸箱、厚纸板等可以用胶带或订书机接合。蔬菜、水果可以用牙签、竹棒等连接（图10-21）。

图10-20　《可爱的小鸡》

图10-21　《小狗》

（三）手工的基本形式

结合学前儿童手工制作的特点，学前儿童手工活动可分为平面手工活动和立体手工活动两种。

1. 平面手工活动

平面手工活动主要是指学前儿童对手工工具和材料进行操作，制作出平面手工作品的活动，主要有粘贴、剪贴、撕贴、染纸等形式。

2. 立体手工活动

立体手工活动主要是指学前儿童通过手工活动制作出立体的手工作品的活动，主要形式有泥塑、折纸、综合材料制作等。

第三节　学前儿童手工活动的设计与指导

一、学前儿童手工活动的设计

学前儿童手工活动的设计包括以下几个环节。

（一）活动准备

手工活动是通过对各种材料的加工制作出富有美感的物品的过程，所以在活动前，教师出示的范例或作品一定要激发幼儿制作的兴趣。根据活动内容，范例可以是教师的制作，也可以是实物，最主要的是能让幼儿对所要进行的操作结果产生明确的直接感受。

（二）活动导入

在学前儿童手工活动中，教师要采用生动的导入方式，如谈话法、故事法、情境法等，让幼儿在兴趣中产生创作的欲望。例如，制作"望远镜"的手工活动中，教师先引导幼儿进行"小小侦察兵"的游戏，让幼儿学侦察兵观察敌情，继而发现"望远镜"，引出主题。

（三）观察欣赏范例

在让儿童动手制作之前，应该先让儿童观察、欣赏一些范例，范例可以是教师制作的，也可以是教师收集的。通过观察欣赏可以加深儿童的直觉体验，开阔儿童的创造思路。

例如，在组织开展大班手工活动"漂亮的扇子"时，为了让幼儿在自己制作纸扇时有更清晰的创作思路，教师可以让幼儿欣赏各种类型的扇子的图片，为幼儿介绍各种不同扇子的形状、功能等特点，启发幼儿从中获得更多的想法。

（四）认识材料、讨论制作方法

幼儿的手工制作意图大多是在活动过程中产生的，因而要多为他们提供与工具及材料充分接触的机会；让幼儿在接触中了解工具的使用方法及其操作材料的特性。同时，可以让幼儿互相讨论在与工具和操作材料接触时发现了它们的哪些特点，想出了哪些有创意的想法或者遇到了哪些困惑。

教师应让幼儿自主、自愿、积极地参与手工活动，使其在活动过程中对手工活动产生兴趣。教师应对幼儿的表现进行积极的肯定，鼓励幼儿大胆地表达自己的意愿。

（五）创作表现

在了解制作方法之后，儿童就可以进行手工制作了，在这一环节，幼儿开始大胆地创作，教师要进行巡回指导，为幼儿提供必要的帮助和合理化建议。在手工活动中，教师既是活动的组织者，又是活动的参与者。教师与幼儿在手工活动中的地位应平等，要让幼儿把教师视为伙伴，在共同操作中一起发现问题、解决问题，在共同操作中掌握技能。这样可以消除幼儿在手工操作时的畏难心理，在不知不觉中帮助幼儿完成表现美和创造美的手工活动。由于绘画、工艺的最后效果并不是唯一标准，即使幼儿的作品不符合教师的想法，也不会被轻易地否定或斥责，因此他们的世界里没有条条框框。教师在和幼儿充分互动中，应让幼儿真正成为活动的小主人，发展幼儿的创造性思维。教师应耐心引导，以情感鼓励、支持幼儿坚持完成作品。

同时，在手工活动中，教师应让幼儿通过看看、想想、做做进行知识技能的自我学习；让幼儿边观察边对比边操作，自我思考、自我纠正。在这种自我学习过程中，幼儿既有探索体验的机会，又不至于因尝试失败而丧失信心。在这些探索过程中，幼儿不仅掌握了一定的技能，而且学会了如何去获得知识。在手工活动中，教师还可以让幼儿尝试采用多种形式，如涂色、粘贴、印画、泥塑、折纸、雕塑、编织等，完成同一活动目标，加强幼儿对手工活动的兴趣，不断地提高幼儿的手工创作能力。

（六）作品展示

通常情况下，教师在幼儿完成操作活动后，就认为幼儿已经完成了任务，达到了教育目标，容易忽视作品展示交流环节的重要意义。在作品展示交流环节，教师要鼓励幼儿将自己的作品充分地展示给他人，并引导幼儿个性化地表达。

（七）活动延伸

教师可以将幼儿的手工作品作为班级、幼儿园的墙饰、区角设计的一部分，甚至可以让幼儿拿回家装饰家庭环境，美化生活学习环境；或者使其参与其他的教学活动，如手工活动作品《手指木偶》，可延伸到语言活动讲故事中。手工活动的延伸可以培养幼儿大胆参与的精神，使幼儿看到自己创造的价值，从而产生成就感，大大提高他们对手工活动的兴趣。

二、学前儿童手工活动的指导

（一）提供精美多样的范例，激发学习动机及开阔思路

在手工活动前，对范例的欣赏能诱发幼儿的创作动机，加深直觉体验，开阔创作思路，提供借鉴与选择的空间，帮助幼儿从中悟出制作的方法。在选择范例时应讲究范例的精美性、多样性、灵活性。范例可以是教师的制作、幼儿的精美作品，也可以是实物如玩具等。例如，中班幼儿制作树叶贴画，就可准备"孔雀开屏""海底世界""花园里"等多幅范画，使幼儿充分感受树叶贴画的艺术魅力，并启发幼儿用不同的树叶构成不同的画面。

（二）提供环境、时间，充分体验材料的机会

手工制作技能技巧的形成需要一定的练习，幼儿手工制作的意图也是在与材料的大量接触过程中逐渐产生的，因而教师要为他们提供与材料充分接触的机会，让幼儿在撕、卷、折叠、剪、贴、染等活动中了解纸的特性；在拍打、搓、团、压、捏、挖、连接、伸拉等活动中了解泥的可塑性。让幼儿在与材料相互作用的过程中，对手工制作产生兴趣，使其愿意去操作。

（三）鼓励幼儿自主观察思考，掌握相关技能及步骤

手工活动的内容丰富多彩，有泥工、纸工、布贴、编织、刺绣、自然物剪贴、自制玩具等。很多废旧物都可以成为手工活动的材料，在每种材料的性质和作品之间，都存在着一定的联系和规律，教师应引导幼儿去观察、发现。运用这些联系和规律正是掌握相关技能及步骤、积累一定经验的途径，如在立体纸工活动中，教师事先布置幼儿去准备材料，并认真观察材料和范例的特点、学着在自己准备的挂历纸上裁剪。大部分幼儿看到范例就知道锥形的帽子要裁剪成扇形，圆筒的身体要裁剪成长方形。经过一次次的启发、思考、尝试后，幼儿就能制作出别致的房子、花、草、树、动物等。

活动过程中，教师要对活动的重难点做讲解示范。讲解的语言要简练，富有启发性，示范动作要清楚，让幼儿能够掌握活动的基本技能。在讲解示范中，教师应注意为幼儿留下宝贵的思维空间，把创造的余地留给幼儿。例如，中班撕贴画活动中，教师只讲解示范图形的撕法，其余的留给幼儿自己去发挥。

（四）提供帮助与支持

教师既要相信幼儿，鼓励幼儿独立尝试，等待幼儿的大胆探究，又要在幼儿遇到障碍、犹豫徘徊、无趣放弃时适时适度地提供支持。自信心是一切成功的开始，但它又离不开教师的欣赏、鼓励；同时手工活动涉及许多技能、方法，在活动过程中，幼儿需要教师耐心的指导与帮助。

（五）合理评价与处理作品，尊重幼儿的努力与创造

幼儿完成作品后，教师应对幼儿的创新性、独立性等方面的表现给予赞扬，同时鼓励幼儿人人参与评价，大胆向同伴介绍自己的独特构思、表现手法和制作过程，共同分享制作的快乐。此外，教师还应妥善处理幼儿的作品，可创设手工作品展览角、游戏角。教师充分尊重幼儿的作品，并鼓励幼儿珍惜自己的作品、欣赏同伴的作品，让幼儿用自己制作的作品开展游戏活动，让

幼儿把自己的成功作品都展示出来,幼儿在展示和游戏中体验成功的快乐。例如,在"六一"儿童节,组织庆祝"六一"幼儿手工作品展,为幼儿提供展示自己创作成果的机会。幼儿看到自己的手工作品受到教师、家长和其他小朋友的好评,可提高自信心和创作的积极性。

案例展示 10-1

中班手工活动:制作树叶画

活动目标

(1)了解各种树叶的颜色形状。

(2)尝试用各种颜色的树叶进行搭配,创作不同的形象。

(3)体验粘贴树叶画的快乐。

活动准备

(1)画图纸、颜料、剪刀、糨糊、抹布。

(2)教师与幼儿一起到户外收集各种树叶,回来后请幼儿将树叶用水清洗干净,擦干、压平。在幼儿清洗树叶的过程中,教师引导幼儿用各种感官观察树叶的形状、颜色、边缘等异同之处。

活动过程

1. 讨论

(1)秋天里所有树的树叶都会落吗?

(2)为什么有的树的树叶会落,有的树的树叶不会落?

幼儿互相交流与欣赏收集到的资料、图片,通过教师的介绍或查找资料了解有关落叶树与常绿树的知识。

2. 引导

教师引导幼儿联想、思考、讨论:每种树叶的形状与什么东西相似。例如,柳树叶像兔子的耳朵,杨树叶像金鱼的头,枫树叶像金鱼的尾巴,通过充分讨论,使幼儿产生联想。

3. 欣赏

请幼儿欣赏几种树叶作品,如树叶贴画、树叶印画、树叶项链等(图10-22),启发幼儿想一想树叶还能做什么。

4. 操作

为幼儿准备充足的材料,请幼儿根据自己的意愿选择小组动手操作。

5. 作品展示

请幼儿讲一讲自己的作品。

活动延伸

本次活动后,引导幼儿深入了解树叶的生长变化。

图10-22 树叶作品

📖 **案例展示 10-2**

大班手工活动：蛋壳贴画

设计思路

在人们的生活中，废旧物品随处可见。蛋壳无毒无害，又随手可得。通过蛋壳贴画手工活动，让大班幼儿充分认识废旧材料的特性，培养幼儿的手指灵活能力、独立操作能力和技能技巧，发展幼儿的创作精神和克服困难的意志品质；同时启迪幼儿，平时要做个有心人，主动收集废旧物品，变废为宝。

活动目标

（1）感受蛋壳粘贴画特殊的花纹。

（2）尝试用废弃的蛋壳进行拼贴，并且用排刷均匀涂色，学习印画的技能。

（3）操作时要保持桌面的整洁，感受手工创作的快乐。

活动重难点

活动重点：了解蛋壳贴画、印画的制作方法和过程。

活动难点：掌握贴画的拼贴技巧，能运用排刷均匀涂色、配色。

活动准备

蛋壳、水粉颜料、双面胶带、抹布，画好的各种图案（蝴蝶、乌龟等）。

活动过程

1. 出示材料，激发幼儿的兴趣

老师今天带来了一个百宝箱，猜猜里面是什么？（幼儿自由想象）哇！原来是蛋壳。蛋壳能做什么呢？（自由想象，表扬回答有创意的幼儿）

小结：蛋壳可以用来装饰画，你们看！

2. 出示范例（图10-23、图10-24），师幼一起欣赏

师：用蛋壳装饰了什么画？（恐龙）蛋壳藏在哪里？请你们来找一找。

引导语：蛋壳画还会变魔术呢！闭上你的小眼睛，变啦……（在恐龙的图上刷好颜色，把另一边白纸对印好，打开）

图10-23 《小恐龙》

图10-24 《猪小弟》

师：一只恐龙变成了两只恐龙，这只恐龙是怎么变上去的呢？（幼儿自由发挥）

师：这个蛋壳印的画和我们平时印的画一样吗？（出示平时的印画并作比较）

教师小结：蛋壳印的画花纹很特殊，是一块一块的，有空隙。

3. 引导幼儿了解蛋壳贴画的制作方法和过程

引导语：蛋壳画，真神奇，让我们一起来试一试吧。

（1）示范蛋壳画，讲解要求并配儿歌：

找到一幅画，撕去双面胶。

拿块大蛋壳，用力压一压。

一块又一块，贴满这幅画。

（2）请一位幼儿示范，老师配儿歌，并提示制作过程：

第一步：先找到一幅画，撕去上面的双面胶（或在画好的物体上贴上双面胶）。

第二步：拿多块蛋壳，将蛋壳里面的膜贴在双面胶上，用手压一压，蛋壳贴满这幅画。注意蛋壳只能贴在画的轮廓里，蛋壳不能叠在一起，画面上没有贴住的抖一抖放进箩筐里。

第三步：完成后，还可以涂刷颜料，让蛋壳画更加漂亮。

4. 引导幼儿了解蛋壳印画的制作方法和过程

师：蛋壳画做好了，我们来玩"变变变"的游戏。用排刷刷上颜料，颜料刷均匀，最后把白纸对折（角对角），用手掌抹平，这样一幅画就变成了两幅画。

师：你们想不想来试试？后面还有许多的画要你们做成蛋壳画，要记住制作方法哦，哪位小朋友说一说蛋壳画的制作要求？

5. 幼儿操作，教师巡回指导

提醒幼儿蛋壳粘贴在轮廓线里，蛋壳不能叠在一起，刷颜料要少一点且均匀。

6. 展示幼儿作品（图10-25、图10-26）

对幼儿的作品进行集中展示，促进幼儿相互交流，教师对幼儿的作品给予赞扬和鼓励。

图10-25　儿童手工作品《蝴蝶》

图10-26　儿童手工作品《小乌龟》

活动延伸

这次活动用废旧的蛋壳装饰了一幅幅漂亮的画，生活中还有很多废旧的材料，如开心果壳、瓜子壳等都可以用来装饰，请小朋友们回家去收集，尝试制作更多美丽的贴画。

> **拓展阅读 10-1**
>
> **传统文化融入剪纸教学的实践策略**
>
> 1. 挖掘传统文化资源
>
> 教师应深入挖掘剪纸艺术中的传统文化资源，选择适合幼儿认知特点的内容。例如，可以结合春节、元宵节等传统节日，开展主题剪纸活动。在春节前，可以教幼儿剪窗花、"福"字；在元宵节，可以引导幼儿剪灯笼、舞狮等图案。通过这些活动，让幼儿在剪纸中感受节日氛围，理解传统文化的内涵。
>
> 2. 创新教学方法
>
> 教师可以采用故事导入法，将剪纸教学与传统民间故事结合。例如，在教幼儿剪十二生肖时，可以先讲述相关的神话故事，激发幼儿的兴趣；还可以采用情境创设法，布置具有传统文化特色的剪纸环境，如设置"剪纸博物馆"展示区，让幼儿在潜移默化中感受传统文化的魅力。
>
> 3. 注重文化体验
>
> 组织幼儿参观民间剪纸艺人的工作室，或邀请剪纸艺人到幼儿园进行现场展示。让幼儿目睹一张红纸如何变成精美的艺术品，感受剪纸艺术的魅力。同时，可以开展"小小剪纸传承人"活动，鼓励幼儿向家人展示所学剪纸技艺，促进传统文化的家庭传承。
>
> 4. 教学案例分享
>
> 例如，在一次以"春节"为主题的剪纸活动中，教师首先向幼儿介绍了春节的来历和习俗，然后展示了传统的窗花剪纸。在教学中，教师不仅讲解了剪纸技巧，还解释了图案的寓意，如蝙蝠代表"福"，鱼代表"年年有余"。幼儿听得津津有味，创作的热情也高涨起来。小明剪出了一串红红的鞭炮，说要挂在教室门口；小红剪了一个大大的"春"字，说要贴在自己家的门上。这些作品虽然稚嫩，但充满了童趣和对传统文化的理解。

实践活动

1. 观摩幼儿园小、中、大班集体手工活动，结合所学内容对整个活动进行分析。
2. 根据本单元所学内容，按照规范的格式，设计小班泥工活动"葡萄"、中班折纸活动"长颈鹿"、大班蔬菜拼插活动"有趣的动物朋友"的活动方案，并进行分组试讲，要求突出各类型手工活动的特征。

思考与练习

1. 简述学前儿童手工活动的含义和意义。
2. 简述学前儿童手工能力发展的三个阶段及其特点。
3. 简述学前儿童手工材料的基本制作技法。
4. 教师在指导学前儿童手工活动时应注意哪些要点？

第十一单元 学前儿童美术欣赏活动

① **知识目标**

明确学前儿童美术欣赏活动的含义及学前儿童美术欣赏能力的发展阶段与特点，理解学前儿童美术欣赏活动的目标及内容，掌握学前儿童美术欣赏活动设计的一般环节及指导要点。

② **技能目标**

会选择适宜的美术作品，设计和指导不同年龄段的学前儿童美术欣赏活动。

③ **情感目标**

激发对学前儿童美术欣赏教育活动的热情，秉持以幼儿为本的教育理念，在设计与组织学前儿童美术欣赏教育活动时勇于探索与创新。

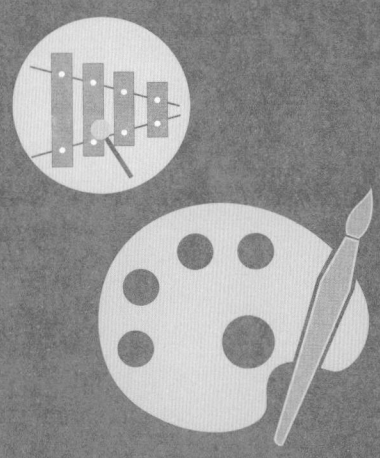

内容图解

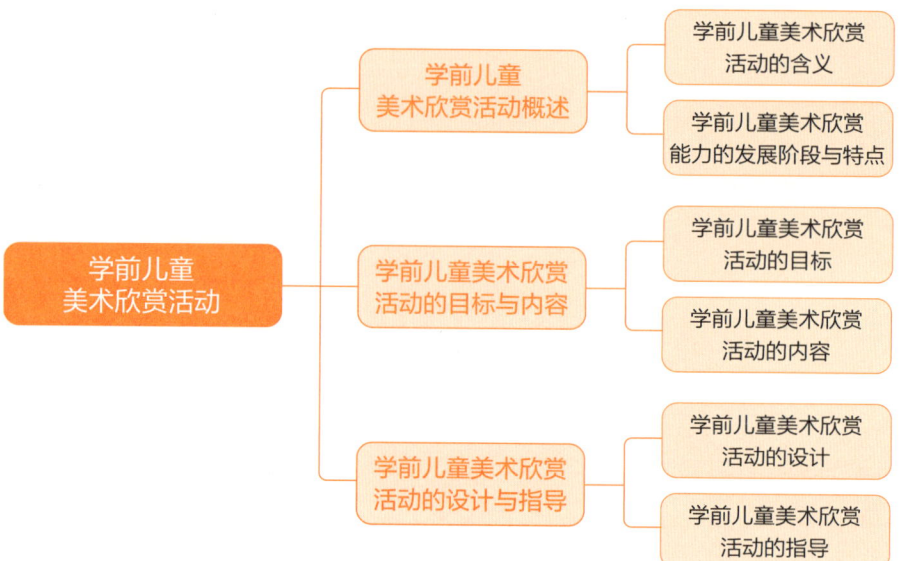

引导案例

大班美术欣赏活动：欣赏《星月夜》

《星月夜》（图11-1）是后印象派画家梵·高的代表作之一。这幅画中，大星、小星都回旋于夜空，金黄的月亮也形成巨大的旋涡，星云的短线条纠结、盘旋，仿佛让人们看见时光的流转。暗绿褐色的柏树像巨大的火焰，是星夜狂欢的响应者。整个画面充满了动感和生命力，让人感受到梵·高对大自然无比的热爱和敬畏。

活动过程中，教师通过让幼儿闭眼聆听音乐《月光曲》来导入，而后通过提问"画家用了哪些颜色？""你觉得这些颜色像什么？""天空中的线条像海浪还是龙卷风？"来引导幼儿观察画面中的色彩、线条和形状。随后，教师带领幼儿用手臂模仿画面中的旋涡线条，"手臂转起来就像星星在跳舞"，用手指在空中画弧线，"画出月亮的微笑"。接着教师又启发幼儿用情绪来体验作品："画家用强烈的色彩和旋转的线条，让你感觉星空是安静的还是热闹的？"活动的最后，教师为幼儿提供圆形画纸，指导幼儿用手指蘸取颜料点画星星，用棉签勾勒线条，并鼓励幼儿大胆进行混色，"试试蓝色和黄色碰在一起会变成什么？"这样一次美术欣赏活动就像是带领幼儿参加了一场艺术魔法秀，让每一个幼儿都能在其中充分探索与想象，创作出不一样的星空。

图11-1 梵·高《星月夜》

幼儿园的美术欣赏活动由于受到幼儿的身心发展特点的影响，具有明显的直观性与形象性、情感性与体验性、游戏性与趣味性的特点，这些特点要求教师在开展美术欣赏活动时，要为幼儿提供丰富多样的艺术体验和学习机会，引导幼儿接触和欣赏不同文化背景的美术作品，拓宽艺术视野，提高审美能力。

第一节 学前儿童美术欣赏活动概述

一、学前儿童美术欣赏活动的含义

学前儿童美术欣赏活动概述

美术欣赏是人们对美术作品的感受、理解和评价的过程。离开了美术欣赏，美术创作便失去了意义。

学前儿童美术欣赏活动是学前儿童美术教育领域的重要组成部分之一，是幼儿欣赏周围环境与生活中美好事物及美术作品，感受其形式美和内容美，从而丰富自己的审美经验，提高自己的审美情趣和审美能力的美术活动。幼儿的美术欣赏活动不仅要感知作品的内容、线条、形状、颜色等要素，也要感知这些要素表现的情感和价值。

学前儿童美术欣赏活动种类很多，范围涉及生活的方方面面。幼儿对世界本身充满着好奇和新鲜，借助美术欣赏，让他们从小与经典艺术作品、周围美好的事物直接对话，使他们接触到许多不曾涉及的广阔领域，极大地开阔了他们的眼界。好的美术作品能激发幼儿的情感，产生共鸣，使他们的心情愉悦，给他们美的享受，认识到什么是真、善、美，引发对美好事物的向往。因此，在儿童阶段开展美术欣赏活动是非常有意义的。

二、学前儿童美术欣赏能力的发展阶段与特点

美术是一种视觉艺术，儿童美术欣赏依赖其视觉的发展，只有当儿童的视觉发展到一定阶段，才会发生美术欣赏行为。学前儿童的美术欣赏能力一般经历本能直觉期和主观审美感知期两个阶段。

（一）本能直觉期（0～2岁）

0～2岁儿童的美术欣赏，其实还称不上欣赏，他们的欣赏处于本能直觉期。这一时期的"欣赏"主要表现为对形式审美要素的直觉敏感性和注意的选择性，是纯表面的和直觉的，主要通过视、听、动的协调活动进行信息的交换。该阶段幼儿对形状、颜色等美术基本要素有一定的视觉偏爱，有研究证明：出生2个月的婴儿会对鲜艳明亮的物体尤其是对人脸表现出偏爱；婴儿偏爱明暗对比鲜明或颜色对比鲜明的图像。但此时的偏爱还只是由生理机能组织决定的，是一种本能的快感，还没有真正独立的美感反应。但这也为日后更高层次的美术欣赏活动做好了心理上的准备。

（二）主观审美感知期（2～7岁）

随着认知能力的发展，2～7岁儿童在美术欣赏感知和理解方面表现出以下特点。

1. 喜欢现代艺术作品

现代艺术，是指19世纪末20世纪初兴起并发展起来的西方现代多种艺术流派作品的总称。现

代艺术家大多强调主观、个性、情感及自我的表现，创作中的表现手法不受已有技法的约束，带有较大随意性。

幼儿的绘画表现特点与现代艺术家有着很多的相似之处，概括起来，主要有以下几点。

（1）作品具有主观空间的表现

幼儿在空间的认识和表现上，常常带有主观性。例如，在儿童画里经常可以发现儿童将原来看不见的东西，按其认识和理解表现在画面中，出现"透明化"的方式；艺术大师毕加索也常将本来看不见的半张脸与看得见的半张脸组合在一起，把看不见的部分同时地展示给观者。

（2）作品具有多视点的表现

幼儿的图画具有多视点性，他们总习惯于按自己的思考在画面上处理复杂的关系。比如，在横竖交叉的马路两侧画树，那些树都以马路边为立足点，垂直于马路沿线而躺在地上。现代艺术中也有一些画家将形体分割成没有固定视点的基本形体，以求同时从不同角度观看同一物体。例如，塞尚是西方较早采用多视点来安排空间的画家。其作品中的景物都不是从一个固定视点观看的结果，而是将不同角度看到的物体组织在一个画面中，产生"静中寓动"的效果（图11-2）。

（3）作品具有恒常状表现

儿童画的一个重要特征就是表现对象的常性：他们表现的人物常常是正面、侧面的，而不去表现人物的半侧面、顶面或是底面等；所表现的动物（如鸡、鸭、马、猪等）、交通工具（如大巴士、小汽车、火车等）常常是侧面的。儿童在认识事物的过程中总是捕捉那些最有代表性的特征，这些特征就会在儿童印象中占有优势地位。

2. 强烈地注意颜色

这一时期，儿童很在乎画面的色彩，他们喜欢的作品大多数色彩非常鲜艳，如马蒂斯的《蜗牛》（图11-3）、梵·高的《向日葵》（图11-4）等。在提供选择的美术作品中，有些作品虽然表现的是儿童题材，如卡萨特的《海滩上的孩童》（图11-5），但由于作品的色彩不鲜艳，于是"脚脏脏的，脸脏脏的""穿着黑袜子，黑乎乎的不好看"等，成了幼儿不喜欢这幅画的原因。对于儿童来说，色彩的美比形式的美以及没有色彩的光和影更有吸引力。

图 11-2　塞尚《果篮》

图 11-3　马蒂斯《蜗牛》

图 11-4　梵·高《向日葵》

图 11-5　卡萨特的《海滩上的孩童》

3. 对绘画题材产生自由联想的反应

幼儿在选择过程中，常常会出现对绘画题材的自由联想，且常与自己的生活经验相联系。他们会在作品中寻找贴近生活经验的物品进行联想，从而获得心理上的满足。所有成形的艺术品，如绘画、泥塑作品和雕刻艺术品等，都会被理解为真实世界中的事物。例如，莱歇的《向大卫·路易致敬》（图11-6）描绘的是一家人在星期天去旅游时的快乐情景，儿童在欣赏时可能会评论："自行车很好看，骑着去广场玩儿肯定很有意思""有个女人坐在地上，脸色有点儿不好看"等。再如，欣赏克利的《鲁杰恩近郊的公园》（图11-7）时，幼儿会产生丰富的自由联想，"看到好看的花，有两个亮晶晶的小眼睛"，"有小树，有黑色的小人倒在树叶的旁边"，"五颜六色的，有果子树，还有两个果子从树上掉下来了""路的拼图，拼得很乱，有些拼得对，有些拼得不对""像楼房上的钉子，会戳到人，有剪刀"。这里，幼儿对作品中的一些线条、点展开了自由联想，将它们想象成树、拼图、果子、眼睛、小人、钉子、剪刀等。

4. 关注画面的局部特征

儿童在感知一幅美术作品时，往往会注意作品中表现的局部特征，喜欢或不喜欢一幅画，可能仅仅是因为画中的某些细节。例如，欣赏米罗的《哈里昆的狂欢》（图11-8）时，有些幼儿喜欢它仅仅是因为"有黑色的茶杯，我家也有这样的黑色茶杯"，不喜欢则可能是因为"很难看，冒着黑烟，乱七八糟的"。由此可以看出，这个阶段幼儿已经感觉到了单个对象的美与不美，这是幼儿对绘画的典型态度，但还没有涉及引人注目的作品的整体感。这种特征"可能是由于幼儿视知觉的分析型特征决定的，即幼儿的视知觉往往只注意事物的局部，而不注意事物的整体"。

图 11-6　莱歇《向大卫·路易致敬》

图 11-8　米罗《哈里昆的狂欢》

图 11-7　克利的《鲁杰恩近郊的公园》

第二节 学前儿童美术欣赏活动的目标与内容

一、学前儿童美术欣赏活动的目标

学前儿童美术欣赏活动的目标包括总体目标、不同年龄班目标两部分。

（一）总体目标

学前儿童美术欣赏活动的总体目标包括认知目标、技能目标、情感与态度目标。

1. 认知目标

（1）知道周围环境和具体的艺术作品中都蕴含着美，能享受到视觉艺术的美。
（2）了解作品的形状、色彩、结构等美术要素。
（3）了解美术作品的内容、主题及表现手法、艺术风格和画家的创作意图。

2. 技能目标

（1）掌握简单的美术语言，有叙述和谈论艺术作品的能力。
（2）对艺术作品有较敏锐的感受力，并具有知觉美的某些基本要素的能力。
（3）能用动作、表情等多种形式表达自己欣赏美术作品后的感受。
（4）尝试运用作品中的技巧进行美术创作。

3. 情感与态度目标

（1）对周围美好事物和艺术作品感兴趣，能积极参与美术欣赏活动。
（2）喜欢欣赏不同风格的美术作品，在欣赏中获得愉快的体验。
（3）通过欣赏产生自由表达的兴趣。

（二）不同年龄班目标

以下分别介绍小班、中班、大班学前儿童美术欣赏活动的学习目标。

1. 小班

（1）认知目标
知道从自然景物、艺术作品中享受到视觉艺术的美。
（2）技能目标
初步运用动作、表情等表达自己欣赏美术作品后的感受。
（3）情感目标
①喜欢观看、欣赏艺术作品。
②对美术作品、图书中的各种形象感兴趣。

2. 中班

（1）认知目标
体验作品中线条、形状、色彩、质地等，了解作品的主题和基本内容。
（2）技能目标
①感受作品的色彩变化及相互关系；
②感受作品中形象的鲜明性和象征性，并体验其情感；
③感受作品的构成，体验作品的对称、均衡、节奏；
④说出自己喜欢或不喜欢作品的理由，并对作品做简单评价。

（3）情感目标

通过欣赏艺术作品产生与作品相一致的感受。

3. 大班

（1）认知目标

①了解作品的形状、色彩、结构等美术要素；

②了解作品的表现手法、艺术风格和创作意图。

（2）技能目标

①能感受作品的色调、色彩之间关系的变化；

②能感受作品中形象的象征性、寓意性；

③能感受作品中的形式美；

④在欣赏和评价他人的作品时，能讲述自己独特的观点。

（3）情感目标

喜欢各种不同风格的美术作品。

二、学前儿童美术欣赏活动的内容

（一）欣赏的类型

学前儿童美术欣赏活动的欣赏类型包括艺术作品、自然景物以及周围环境中的美好事物。

1. 艺术作品

艺术作品主要包括绘画作品、雕塑作品、工艺美术、建筑艺术等。

（1）绘画作品

绘画作品是学前儿童美术欣赏作品最常见的艺术作品。从创作可用的工具材料来看，学前儿童欣赏的是那些所用工具材料和表现手法简单、清晰、明了的绘画作品。从作品的题材内容看，学前儿童可欣赏的是那些内容与学前儿童生活经验接近、表现手法能被学前儿童理解的作品，尤其是以人物为主题与情节的作品。教师可选择公认优秀的、经典的绘画作品，包括中国画和西洋画，让幼儿直接与大师对话。

中国画的优秀作品有徐悲鸿的《马》、齐白石的《虾》、吴作人的《熊猫竹石图》、吴冠中的《海棠》、李可染的《牧牛图》等。其中，李可染的《牧牛图》（图11-9），牛栩栩如生，再加上牛背上稚气的牧童，画面非常和谐。这样的作品是学前儿童比较喜欢也比较符合他们欣赏水平的作品。

西洋画既有抽象的，也有写实的。抽象作品如康定斯基的《抒情诗》、米罗的《哈里昆的狂欢》、蒙德里安的《百老汇的爵士乐》（图11-10）等。写实作品如梵·高的《向日葵》《丰收》（图11-11），卢梭的《日落的森林风光》，米勒的《拾穗者》等。

图11-9 李可染《牧牛图》

图 11-10 蒙德里安《百老汇的爵士乐》

图 11-11 梵·高《丰收》

（2）雕塑作品

雕塑是雕刻和塑造的总称，一般分为圆雕和浮雕两类。圆雕指不附着于任何背景，可四面欣赏，完全立体的一种雕塑。浮雕则是在平面上雕出凸起的形象。雕塑是三维空间艺术中最典型的样式。适合学前儿童欣赏的雕塑作品应该是形象生动的，并能给他们一定的想象空间。学前儿童生活的城市街头、公园中有很多雕塑可以欣赏，同时，教师可以选择一些著名的雕塑作品图片供幼儿欣赏，如《大阿福》（图11-12）是圆雕作品的杰出代表；《九鱼图》（图11-13）则是浮雕作品。

（3）工艺美术

工艺美术是与人们生活关系较为密切的一种美术形式。从实用性与陈设性来看，学前儿童可欣赏的工艺美术作品有日用工艺品和陈设工艺品。日用工艺品以实用为主，审美为辅，如餐具、茶具等；陈设工艺品以摆设、观赏为主，如陶瓷、刺绣等。

结合儿童的审美特点，可以选择一些民间染织工艺作品、陶艺、家具工艺等日用工艺作品供儿童欣赏，也可以选择一些民间工艺中的风筝（图11-14）、花灯、脸谱（图11-15）等富有民俗特色的艺术品进行欣赏。

图 11-12 《大阿福》

图 11-13 《九鱼图》

图 11-14　潍坊风筝

图 11-15　京剧剪纸脸谱

（4）建筑艺术

建筑艺术，是一种实用和审美相结合的艺术。学前儿童建筑艺术欣赏的作品既要考虑代表优秀文化遗产，又要照顾儿童的心理感受能力。一般来说，要从欣赏那些他们喜欢的、较为熟悉的建筑物，再由近到远地欣赏他们能理解的建筑等。

2. 自然景物

自然景物是以地理、物象、水文、天象等为主的自然造化。自然界的景物千姿百态、美不胜收。在日常生活中，可供学前儿童欣赏的自然景物有很多，教师在选择自然景物作为学前儿童美术欣赏的对象时，应注意选取学前儿童可以观察到的景物，如日月星辰、花草树木、虫鱼鸟兽等，并注意自然景物不同的美的形态和特征。孩子们通过观赏辽阔的原野、巍峨的山丘、葱郁的森林、碧绿的湖水、浩瀚的海洋等，可以增加认识、欣赏自然美的知识和能力，从而产生创造美的激情。

3. 周围环境中的美好事物

学前儿童生活的周围环境中有很多美好的事物，可作为学前儿童美术欣赏对象的周围环境大致有室内环境和室外环境两类。室内环境如幼儿园活动室、商场等；室外环境如广场、园林等。孩子们通过欣赏可以激发内心的感受，开阔视野，丰富审美经验。

（二）美术欣赏的简单知识和技能

1. 作品形式分析

形式分析，是指分析视觉对象之间的关系，也就是作品表现的美的形式，如造型、色彩、构图等形式语言，以及对称、均衡、变化、统一等构成原理的应用。教师要引导学前儿童通过对作品的形式分析，懂得艺术家使用的每一笔色彩、每一根线条都不是随意的，而是和作品的主题紧密联系在一起的，这也为进一步的欣赏活动奠定了基础。

例如，在欣赏蒙德里安的作品《红黄蓝的构成》（图11-16）时，教师可引导儿童从色彩和形状方面来欣赏这幅抽象画，感受作品方格子风格的理性和冷静的意味；引导儿童注意线条对画面的分割，感受作品中冷暖色的搭配形成的画面色彩、色块大小的对比，可以通过

图 11-16　蒙德里安《红黄蓝的构成》

对某一色块的遮盖，让儿童与原作品对比，感受作品中每一部分的不可或缺，进而体验整个画面的和谐、均衡之美。

2. 作品主题分析

美术欣赏要求学前儿童能把握作品传达的气氛、感情、心情、主题意义、观念、思想等。在对作品中的美术要素及美的原理分析的基础上，教师应引导儿童对美术作品的主题、意义进行探讨，了解艺术家在作品中表达了什么样的思想感情。当然，对作品主题的分析要结合幼儿的年龄特点，对于较小年龄的孩子来说，由于生活经验少，很难理解作品的主题，因此这部分可以省去，对于年龄大一些的孩子，教师可以在他们理解的基础上简单分析作品的主题。

3. 对作品的联想

一方面，美术欣赏的形象思维特点要求儿童欣赏时必须展开自己的联想；另一方面，美术作品是美术家的联想和想象的创造物，欣赏者要领悟其形式、内容有机统一的奥妙，就必须调动自己的联想和想象。这有助于儿童将各种视觉感受联结起来，更加深入地理解作品表达的情感，领悟美术作品表达的美感和意蕴。

例如，在欣赏卢梭的《丛林景色》（图11-17）时，教师可以先让孩子们闭上眼睛，聆听录有水声、鸟鸣的音乐，让他们想象丛林中的景象，想象画中描绘的丛林，使孩子们心中形成一种审美期待。这样，当他们第一眼看到卢梭的作品时，就会被作品中奇异的丛林景色吸引。

4. 对作品的表达

对作品的表达方式有很多，既可以用自己的语言对欣赏对象适当加以描述，也可以用其他各种"语言"表达自己对欣赏对象的感受和认识，如形体语言（动作、舞蹈、戏剧、哑剧等）、美术语言（色彩、造型、构图等），还可以运用不同的艺术形式表达自己的感受和体验，如绘画、泥塑、粘贴、剪纸、撕纸等。

例如，在欣赏修拉的《大碗岛的星期天》时，教师可以鼓励儿童用肢体动作模仿作品中人们在塞纳河畔欣赏美丽风景时的各种姿势，也可以想象自己躺在草地上时会是怎样的姿势，并用动作来表现。欣赏作品后，教师再为儿童准备各类活动，让儿童选择进入不同的小组玩儿"点彩"。活动内容有颜料点彩、撕纸点彩、手指点彩等，让儿童通过多种方式来表达对点彩的感受和认识。

图11-17 卢梭《丛林景色》

5. 作品背景知识

了解作品的背景知识有助于儿童理解艺术家是如何被周围的世界影响的。他们创作的时间、地点，他们对身边发生的各种事件的态度和评价都直接影响着他们的艺术作品。关于一个艺术家的背景、朋友、个性和对生活的憧憬等信息都有助于儿童理解艺术家为什么用那种方式进行创作。

例如，欣赏马蒂斯的《蜗牛》时，教师可以先为儿童介绍马蒂斯创作剪纸作品的背景：马蒂斯爷爷是一位很有名的画家，一生创作了很多的画作，但是在他年纪很大的时候由于一次手术严重影响了他的身体健康，使他不能持久地站立，只能坐在病榻上画些小画。他很想画画，可是坐在床上无法尽情地画。有一天，他在涂了各种颜色的纸片上剪出了一个个形状，然后把这些漂亮的剪纸任意拼贴在一起，就形成了一幅奇妙无比的画。剪刀在他的手中如同使用画笔一样轻松自如，他觉得剪纸非常有意思，以后，他便用这种方式创作了很多的作品。

第三节　学前儿童美术欣赏活动的设计与指导

一、学前儿童美术欣赏活动的设计

学前儿童美术欣赏活动的设计包括活动的准备和活动过程的设计。

（一）学前儿童美术欣赏活动的准备

学前儿童美术欣赏活动的准备包括分析作品、确立活动目标，做好材料和经验准备。

1. 分析作品、确立活动目标

在进行欣赏活动之前，教师必须提前对作品进行深入的分析，包括作品的风格，作品所表达的主题和情感，作品的构图、色彩、造型等特点，作者的创作风格及创作背景等；同时，要结合本班幼儿的实际发展水平和经验水平确定教育目标与教学的重难点。

以欣赏莫奈的《睡莲》（图11-18）为例，教师至少要了解以下内容：

图11-18　莫奈《睡莲》

莫奈，印象派代表人物和创始人之一。"印象派"这一名称就是由他的《日出·印象》一画而来。莫奈擅长光与影的实验和表现技法，善于从光与色的相互关系中发现前人从未发现的某种现象。莫奈的画作中看不到非常明确的阴影，也看不到突显或平涂式的轮廓线。莫奈晚年在巴黎南郊买了一块地，建起了美丽的花园和画室。在这个花园里，一条弯弯的小路通向水池，池塘里开满了白的、红的、黄的睡莲，岸边树木葱葱，日式小桥上爬满了绿色的常春藤，池塘的周围种植着垂柳和多种花卉。莫奈把整个身心都倾注在这个池塘和他的睡莲上了，睡莲成了他晚年描绘的主题。在此后27年里，他的作品几乎没有离开过这一主题。晚年，莫奈完成了以"睡莲"为主题的4幅巨型壁画。4幅画的背景都是水，不同的是水面上和岸上的植物。看到这4幅画，人们仿佛来到一个神奇的水上世界，水面上漂浮着红、白、黄各种色彩的睡莲，微风吹来，杨柳轻轻地摆动，画面上点缀着紫藤、绿蒲等，增加了春天的气息。这4幅画，每幅高达2米，宽达4米。

在分析画家及其作品的基础上，教师结合本班幼儿的经验水平确立本次美术欣赏活动的目标。

①作品形式要素的感知。欣赏莫奈的作品《睡莲》，感受画面丰富的色彩、活泼流畅的笔触，以及形与色的完美结合表现出的阳光、跳动、宁静、清澈的感觉。

②技能目标的感知。学习画家的作画方式，尝试用丰富的色彩、活泼自由的笔触画出自己见到的睡莲。

③美术知识目标的感知。初步了解和体验印象派绘画的特点。

2. 做好材料和经验准备

根据确立的教学目标做好活动准备，活动准备包括三个方面：①活动所需的操作材料，如画纸、水彩颜料等；②幼儿的知识经验准备，如活动前带幼儿参观、访问等；③活动所需的辅助材料，如背景音乐、其他同种类型的美术作品等。

以欣赏莫奈的《睡莲》为例，需要做好以下活动准备。

①幼儿的知识经验准备。活动前，教师带领幼儿到大自然中观赏有睡莲的风景，并写生。如果这一条件不具备，教师可以拍摄或与幼儿一起收集有关睡莲的录像、图片，供幼儿观看，使幼儿对睡莲有感性的认识。

②操作材料的准备。准备的操作材料有8开铅画纸、水粉颜料、水粉笔等。

③辅助材料的准备。准备的辅助材料有《睡莲》组画教学挂图、轻音乐《回到花园》或其他浪漫的大自然音乐。

（二）学前儿童美术欣赏活动过程的设计

一般来说，在教师用最适宜的方式导入欣赏对象后，可以按照以下流程组织教学。

1. 整体感觉，自由谈论对作品的第一印象

学前儿童的审美注意一般是先指向美术作品的内容，他们有一种"求实"的心理。

在这一环节，首先教师要给幼儿提供充分的时间去观看作品、去表达自己的感受。但是，当面对一幅新的美术作品时，幼儿通常会产生惊讶、欣喜等情绪，并且迫不及待地想要表达自己的心情。这时，教师可以给幼儿一点"混乱"时间，以表达自己的情绪，而不是强制幼儿迅速安静下来。其次，教师在让幼儿感知作品之前，要唤醒其原有经验，运用经验的迁移帮助幼儿更好地理解作品。

例如，教师在设计小班美术欣赏活动"镜前少女"（图11-19）时，可以先引导幼儿谈论对这幅作品的第一印象：

图11-19 毕加索《镜前少女》

在画面上你看到了什么？画上都有什么颜色？

你喜欢哪些颜色？为什么？

你喜欢这幅画吗？能说说你的理由吗？

2. 要素识别，分析形式关系

学前儿童欣赏美术作品，不仅要获得对作品的内容、主题、题材的认识，更要逐渐养成能够透过画面所描绘的故事、情节和具体的内容，进一步感知和体验隐藏在具象中的抽象形式的习惯和能力。

这一环节，教师可以以"你看了什么"的提问为线索，引导儿童发现作品的点、线、形、色等要素，即要素识别。要放手让儿童认真观察、讨论。在识别了线、形、色等要素之后，有时甚至在识别这些要素的过程中，这些要素与要素之间所形成的关系，他们所表现的情感和蕴含的意味，自然会成为儿童感受和谈论的主要内容，即形式关系分析。

例如，教师在带领大班幼儿欣赏梵·高的《星月夜》时，可以这样引导幼儿识别要素，分析作品的形式关系：

①引导幼儿从颜色上欣赏、讨论：画面上有哪些颜色？这些颜色是鲜艳的还是灰暗的？它们在一起对比强烈吗？你有什么感觉？幼儿讨论后教师可小结：画家用蓝色、紫色和黄色，色彩鲜明，对比非常强烈，给人一种躁动不安的感觉。

②引导幼儿从形象、笔触上欣赏、讨论：画家把星星、月亮、树木画成了什么样子？画家是怎样用笔的？你有什么样的感觉？请幼儿学一学这棵树是怎样长的，再用手来试一试梵·高短促而快速的用笔，感受笔触和线条的运动。

幼儿讨论后教师可小结：画家用波浪形、螺旋形的线条来画画，星星月亮好像都被旋涡围住了。大树像火苗一样旋转着上升，蓝颜色、紫颜色和黄颜色对比强烈，画家用这些颜色和形象表达了自己紧张、忧郁、难过的感情。

3. 回到整体，较深入地讨论作品给人的感觉

这是又一次的整体感受。它建立在幼儿对作品的各种要素及其美学意味的深切感受和讲述之上，它与第一印象相比，应该是更深刻的。这一步也可以通过给作品命名并说出为什么要这样命名的方式来进行。因为幼儿对作品的命名往往能够反映他们对作品总的感觉，而说出命名的理由则能帮助他们整理和清晰地了解自己的这些感受和思考过程，这里既有直觉的、感受的东西，也夹杂了理性的、逻辑的东西。

在这一环节，首先，教师要加强自身的艺术修养，做好相关的知识储备。其次，在幼儿给作品命名时，教师要鼓励幼儿充分表达自己的见解，在充分的讨论中加深理解，并取得一致，而不是强求一致。

从以上欣赏活动的几个环节中可以看出，通常欣赏过程都是"整体—部分—整体"的感受过程，先整体感知，再进行部分分析和感受，最后再回到整体，这是符合美术欣赏一般规律的。

在这里以欣赏作品《缠线》（图11-20）的教学片段为例，看教师是如何引导幼儿在讨论中为作品命名的。

教师：你们给这幅画起个名字，好吗？

幼儿1：荒凉的小岛。

教师：你是根据画的内容来起名字的。

幼儿2：幸福的画。因为我觉得这幅画很幸福，两个人好像在做游戏。

教师：你是根据自己的感觉来起名字的。

幼儿3：绕毛线。因为他们本来就是在绕毛线。

教师：你是根据画面的主要内容来起名字的。

图11-20 《缠线》

幼儿4：幼儿3起的名字好，这上面本来就有两个人在绕毛线，而且他们在画的中间。

幼儿5：幼儿3起的名字好，这个画家画的主题就是绕毛线。

幼儿6：画中的孩子们很快乐，幼儿2起的名字也很快乐，跟这幅画很配。

教师：看来大家还是比较喜欢"绕毛线"和"幸福的画"这两个名字。画家给这幅画起的名字是《缠线》，就是绕毛线的意思，看来画家想的和你们一样。

4. 创作与表现

创作是鼓励幼儿以欣赏的经验为基础，将自己对作品的感受表达出来，可以采用多种手段，如绘画、舞蹈、身体动作等。例如，教师引导幼儿欣赏完梵·高的作品《向日葵》后，让他们观察四朵向日葵不同的姿态、造型，用自己的身体动作表现4种不同的姿态，体会4朵向日葵所表达的不同情感。

在用绘画的形式表达之前，教师要引导幼儿回忆和构思。很多幼儿作画时总是迫不及待，可一旦铺开纸张，却不知如何下笔。所以，在绘画前，教师要有意识地留给幼儿充分思考的时间和空间，这样有利于幼儿养成画画前认真想一想、互相谈一谈、进行初步构思的习惯。在回忆时，教师可以播放背景音乐，让幼儿闭上眼睛回忆刚欣赏完的作品，加深幼儿对作品的印象和感受，引导幼儿在头脑中计划自己的创作细节。例如，画面上的景物将怎样安排，颜色怎样，光线怎样。

在幼儿创作时，教师要提供多样化的、富有表现力的工具和材料，让幼儿自由地创作。

5. 作品评议

创作完成之后的评议也是不可缺少的一环。它是活动中一个很重要的部分，是另外一种欣赏活动。传统的评价多是由教师选择和一一出示幼儿的作品进行点评，这是一种以成人为中心的评价方式，不利于幼儿主体性在活动中的充分发挥。评议应以幼儿的自我介绍及幼儿间的互相评说和欣赏为主，采取多种方式来进行。例如，先画完的幼儿可以自由地把自己的作品放在实物投影仪上或放在展览角中进行展示，并小声地互相谈论和评议；在整个创作活动结束后可以请幼儿自由走动，欣赏别人的作品，挑自己最喜欢的（而不是最好的）一件作品介绍给大家；也可以轮流向大家介绍自己的作品，这样便于幼儿把对名作的欣赏经验迁移到对同伴和自己的作品欣赏中，使幼儿有一种自豪的体验和成就感。

以上是美术欣赏活动设计的一般过程，需要注意的是，在有些欣赏活动中缺少创作与评议环节，这要根据具体的欣赏内容来确定。

二、学前儿童美术欣赏活动的指导

（一）教师要提高自身的审美素质

教师在引导儿童欣赏美术作品前，自己要先学会与美术作品进行对话，做好儿童与美术作品之间的"审美期待"中介。因此，教师要加强自身美术修养，对美术作品蕴含的意义进行合理解释，对艺术的形式有一定的理解与欣赏。欣赏西方名画之前，教师需要深入了解名画作品的历史背景和审美要素；欣赏民间艺术之前，教师需要充分了解作品的历史文化背景、制作技能和独具特色的艺术风格。例如，在欣赏毕加索的名画《格尔尼卡》（图11-21）时，不仅要了解这幅画的产生背景，对作品中的绘画内容进行分析，而且对于作品的色调、线条、构图、空间等各种形式内容也要深入了解，包括作品中某些内容的象征意义，如灯、牛、马分别象征的含义。在欣赏民间艺术剪纸之前，要了解剪纸是传统民间艺术之一，作品色彩鲜艳、形象简明夸张，构图有虚实变化，在欣赏过程中培养儿童对民间艺术的热爱之情。虽然在进行儿童美术欣赏时，不需要让儿童对作品的所有内涵都理解，但教师应做好充分的经验准备。

（二）美术欣赏内容的选择要适宜

艺术欣赏是对艺术作品的接受，这种接受不是被动的，而是主动的，包括欣赏者的感知、体验、理解、想象、再创造等心理活动。为儿童选择艺术欣赏作品时要考虑儿童的兴趣、经验和理解接受能力，选择接近于他们生活经验和年龄特点的题材，虽然许多艺术作品都具有独特的美感，但是教师欣赏内容的选择要注意适宜性。要从儿童的生活经验出发，选择与儿童年龄特点和思维发展特点相符的内容，这样才会达到事半功倍的效果。对小班儿童应侧重美术欣赏的生活化，对中、大班儿童可以选择一些形式复杂、内涵丰富的作品。

图11-21　毕加索《格尔尼卡》

（三）欣赏过程注重学前儿童的体验

体验是与个体的情感、态度、想象、直觉、理解、感悟等心理活动紧密相连的。在美学领域，审美体验有两层基本含义：①审美是非功利、直觉、想象的；②审美体验是深层的、高强度的或难以言说的瞬间性生命直觉。由于儿童经验有限，身心发育及语言系统不成熟，儿童对周围世界的认识是以直接感知体验为主的，体验是儿童重要的学习方式和认识世界的途径。学前儿童美术欣赏活动应该以儿童为主体，尊重儿童情感体验的个体性和情境性，使儿童积极参与美术欣赏活动，体会到欣赏美的愉悦。教师可以通过调动儿童的多种感官，如背景音乐的烘托、肢体动作的表演、故事情境的想象等多种方式，丰富儿童的审美体验。

(四)欣赏结束后,鼓励儿童自由创作

欣赏活动不是孤立的,而是应该与绘画、手工、音乐等其他形式相结合,这样不但可以加深儿童对作品的理解,而且有利于儿童欣赏水平的提高。教师可以在欣赏活动过后及时为儿童提供可自由选择的材料,让儿童发挥想象力进行自由创作。例如,在欣赏完蒙德里安的格子画后,可以为儿童提供各种颜色的色块、黑色线条、方巾等材料,儿童在欣赏过后,利用线条和色彩的合理搭配,可以创作出一幅幅富有个性的作品。

案例展示 11-1

中班美术欣赏活动:丰子恺爷爷的画

活动背景

丰子恺(1898—1975)是我国著名的儿童漫画家,他热爱儿童,陶醉于儿童的天真,一生画了许多精彩的儿童生活漫画。他曾说:"由儿童变成人,好比由青虫变成蝴蝶,青虫和蝴蝶的生活大不相同……成人们是在青虫身上装翅膀教他同蝴蝶一同飞翔,而我是蝴蝶敛住翅膀同青虫一同爬行,所以,我能理解儿童的心情和生活而兴奋地、认真地描绘这些画。"他的画里总能表现儿童的真实世界,引起儿童的共鸣。向学前儿童介绍丰子恺,不仅可使学前儿童了解独具特色的中国绘画风格,了解中国的漫画大师,激发学前儿童热爱中国优秀艺术的情感,而且可以在这些描述童年生活的画面中,了解我国的民间游戏,引发学习民间游戏的兴趣。

活动目标

(1)初步感受艺术大师丰子恺的中国漫画风格。

(2)乐于尝试使用中国画的工具材料进行大胆创作。

(3)体验中国画独特的绘画风格。

活动准备

(1)丰子恺漫画作品5幅。

(2)毛笔、砚台、墨、清水、宣纸和红色水笔若干。

活动过程

1. 观赏模仿、引起兴趣

师:最近我们玩儿了很多民间游戏,咦?这是什么游戏?(出示《"大"字与"中"字》)两个小朋友分别用身体来表示不同的字,你们认识这两个字吗?(请幼儿来做一做。)

师:原来这个游戏的名字是"'大'字和'中'字",两人面对,同时一人做"大"字,一人做"中"字,对方必须与该动作相反,做对了即交换,做错仍由另一方继续。

教师为一方,幼儿为一方,试玩儿一下。

2. 欣赏丰子恺儿童游戏漫画作品、了解内容

师:丰子恺爷爷是我国著名的儿童漫画大师,他最喜欢小朋友了,用毛笔画了许多精彩的儿童生活漫画。《"大"字与"中"字》就是他看了小朋友的游戏以后画的。

师:我们一起来欣赏一下他的其他作品《抬轿》《自己恐吓》《积木》《眉心》《友情世界》,了解绘画内容。(讨论画面,他们都在玩儿什么呢?用了哪些工具?怎么玩的?)

对照教师提供的材料，了解丰子恺所用的绘画工具材料，讨论磨墨、搽毛笔等绘画方法。

3. 尝试体验

师：我们也来学丰子恺爷爷，画水墨画吧。水墨画是用毛笔蘸墨汁画成的。

师：砚台上有一个凹槽，我们加一点点水，用墨蘸一点水，慢慢地磨墨，用毛笔轻轻地"舔"一下墨汁，让它"喝"一大口墨汁。如果太浓了，我们就"喝"一点点水，如果太淡了，我们就再"舔"一下墨。

师：想想今天要画什么？把自己平时画得最好的东西画出来。

师：画完了就用红色水笔画个方块，在里面签上自己的名字当印章。

活动延伸

布置丰子恺绘画作品展览，学习丰子恺用毛笔绘画和他所画的民间游戏（图11-22、图11-23）。

图11-22 丰子恺《儿戏》

图11-23 丰子恺《"爸爸回来了"》

案例展示 11-2

大班美术欣赏活动：欣赏《向日葵》

活动目标

（1）欣赏梵·高的作品《向日葵》中鲜明亮丽的色彩和极富特色的线条，感受作品的线条美。

（2）能按一定顺序观察图片并大胆用动作和语言进行表达。

（3）感受绘画带来的快乐。

活动准备

（1）PPT课件；画有花瓶的背景画1张。

（2）油画棒、绘画纸、剪刀若干。

活动过程

（一）出示向日葵实物图片

师：小朋友们，你们看这是什么？（向日葵）向日葵是什么样子的？

师：对，因为向日葵的脸总是一直向着太阳，太阳到哪里，它的脸就向哪里，所以叫向日葵。

（二）出示梵·高的作品《向日葵》，引出主题

师：今天，老师给小朋友们带来了一幅美丽的向日葵绘画，这是外国的一位画家画的，世界上许多人都喜欢他画的向日葵，我们一起来看看吧。

（三）幼儿欣赏作品

1. 让幼儿叙述对画面的第一感受

师：小朋友们，你们看到这幅画有什么感觉？

鼓励幼儿用完整、流畅的语言进行表达，充分肯定每个幼儿的感觉、感受。

2. 色彩的感受

师：小朋友们，你们看看这幅画都有什么颜色？你们最喜欢画中的哪一种颜色？为什么？哪种颜色最多？（黄色）你们喜欢这种颜色吗？你们看到黄色有什么感觉？（高兴、激动、热情……）

幼儿分别回答以上问题。教师借助这些问题引导幼儿通过自己的观察、理解、感受到画面以黄色为主、其他色彩为辅，同时关注到色彩的巧妙搭配及对比色的使用比例。

3. 构图的感受

师：小朋友们，我们再来看看，这幅画里除了向日葵，还有什么？（花瓶）

师：那么，有几朵向日葵？我们来数一数吧。（14朵）

师：这些向日葵都一样吗？（有的低下了头，有的仰着头）是不是都朝着一个方向？（不是）都朝着哪些方向呢？请小朋友用红色的箭头标志把向日葵的方向标出来，而且用身体动作表现向日葵各个方向的姿态，哪个小朋友愿意？（幼儿操作）

4. 线条的感受

师：我们来看看向日葵的花瓣。向日葵的花瓣是什么样的？它们好像在干什么？（引导幼儿感觉与体验作品中线条的夸张大胆和扭曲，感受到画面中的向日葵充满着生命的力量）

师：对了，向日葵好像在舞蹈，有的低下头，有的仰起头，有的扭动身体，它们漂亮不漂亮？你们喜欢向日葵吗？现在老师请小朋友们也像向日葵那样听音乐扭动你们的身体，想象你们自己就是一朵朵美丽的、充满活力的向日葵，好吗？（幼儿表现）

教师小结：小朋友们表现得真好，舞蹈跳得很美，你们就像一朵朵美丽的向日葵，我们给自己鼓鼓掌吧。

（四）认识梵·高

师：你们喜欢这幅画吗？为什么？这幅画是谁画的呢？我们再来一起认识一下。（出示梵·高画像）这个叔叔就是文森特·梵·高，他是荷兰的大画家。他的画受到世界上很多人的喜欢。这幅《向日葵》就是他画的。

师：老师悄悄地告诉你们一个关于梵·高的小秘密，他最喜欢的花就是向日葵。我们再来一起看看他画的《向日葵》吧。

（五）激发幼儿创作一幅向日葵作品

教师介绍绘画要求，请幼儿在画纸上画一画自己的向日葵画。

教师：小朋友们，刚才我们欣赏了大画家的作品，你们愿意把自己当成大画家，画朵向日葵吗？现在请小朋友们画一朵自己喜欢的向日葵，画的时候要大胆，色彩要亮丽，看看谁画的向日葵最好看，好不好？

播放音乐，幼儿创作作品，教师巡回指导。

（六）评价、展示作品

教师出示画有花瓶的背景画，幼儿把自己的向日葵剪贴到范画中，教师与幼儿合作完成一幅向日葵作品。

（七）小结

教师：我们的向日葵画得怎么样？小朋友们画得真好。老师真为你们高兴，也许你们以后也能成为一个像梵·高一样的大画家。

活动评析

这是引领幼儿欣赏世界名画的活动。此活动从谈论整体感受入手，引导幼儿依次感受色彩、构图和线条三方面的形式要素，完整地欣赏作品。然后，介绍画家。最后，让幼儿自己尝试画向日葵，并评价、展示作品。活动环环相扣，层次非常清楚。

拓展阅读 11-1

大师们小时候的作品

毕加索曾说："当我是一个孩子时，我可以像拉斐尔那样作画，后来我花费了很多年来学习如何像一个孩子那样画画。我毕生努力追求的，就是把我的作品画成儿童般的纯真。"

艺术大师们童年时期的创作是什么样子的，我们一起来看看吧！

1. 毕加索

毕加索的第一位老师，是曾在当地艺术学校担任绘画讲师的父亲。随着绘画技能的提高，毕加索偶尔会被要求为他父亲的画作添加最后的润色。他在那个时代的绘画确实展现了熟练的技巧，对肌肉系统有着令人印象深刻的掌握。他现存最早的绘画，是他9岁时完成的《斗牛》（图11-24），除了天赋，这幅早期作品还标志着毕加索毕生对斗牛及其所有装饰的痴迷。

2. 爱德华·霍珀

霍珀出生于纽约尼亚克的一个中产阶级家庭，5岁开始画画。他的父母在他7岁时给了他一块黑板，10岁时给了他一本画册。和

图11-24 毕加索9岁时画的《斗牛》

霍珀9岁时的素描作品（图11-25）中的小男孩一样，霍珀年轻时的大部分时间都是在河边度过，他儿时的房间可以俯瞰哈德逊河，他经常手拿素描本在岸边徘徊，捕捉停靠在那里的船只的构造和索具。

3. 米开朗基罗

米开朗基罗的才华早在12岁时就显现出来了，这幅极其细致的画作（图11-26）就证明了这一点。他最早的传记作家声称，几件早期的作品中，这幅画是这位意大利大师的第一幅绘画作品。尽管这是15世纪德国艺术家马丁·尚戈尔的一幅版画的复制品，米开朗基罗还是对原作进行了轻微的改动。某次去鱼市的旅行激发了这位年轻画家的灵感，他用闪闪发光的鳞片描绘了一个魔鬼。

图11-25 霍珀9岁时画的《男孩看海》

4. 丢勒

丢勒早在13岁时就画了一幅自画像（图11-27），这幅画现存于奥地利维也纳阿尔贝蒂娜博物馆中。画中他穿着一件毛皮大衣的长袍，长发及肩，袖子中露出纤细的右手，显然这是一只天才的手。后来，他在这幅画作上题字："我在1484年对着镜子给自己画的，我那时还是个孩子。阿尔布列希特·丢勒。"

图11-26 米开朗基罗12岁时画的《圣安东尼的折磨》

图11-27 丢勒13岁时画的《自画像》

5. 乔治亚·欧姬芙

"我10岁就已经决定当艺术家了"。乔治亚·欧姬芙14岁完成的这幅手部素描（图11-28），一如她本人，朴素而神秘。

1901年，14岁的欧姬芙离开她家田园诗般的农场，来到了圣心学院，这是一所天主教寄宿学校。在圣心学院的第一天，学生们被要求画一个婴儿手的石膏模型。老师说欧姬芙的版本太小，画得太重，让她差点儿哭出来。在接下来的几个月里，欧姬芙顽强地画个不停，以求进步。她的老师注意到了，用欧姬芙的名字给她的画贴标签，并自豪地把它们挂在教室的墙上。"看到我苍白的画上有这么大的黑黑的名字，我很震惊"，欧姬芙后来回忆说，"它看起来不像我的名字——它是一个与我完全不同的人"。

6. 达利

《菲格拉斯附近的风景》（图11-29）被认为是达利最早的现存画作，在他6～10岁时完成。

达利在西班牙的菲格拉斯长大，距离巴塞罗那不远，他的许多早期作品反映了当地的加泰罗尼亚风景。在那里，年轻的达利受到导师及家族朋友的启发，主要以印象派风格进行创作。后来，与毕加索相熟的职业艺术家终于说服达利的父亲将他的儿子送到马德里的艺术学校，这标志着这位超现实主义艺术家职业生涯的开启。

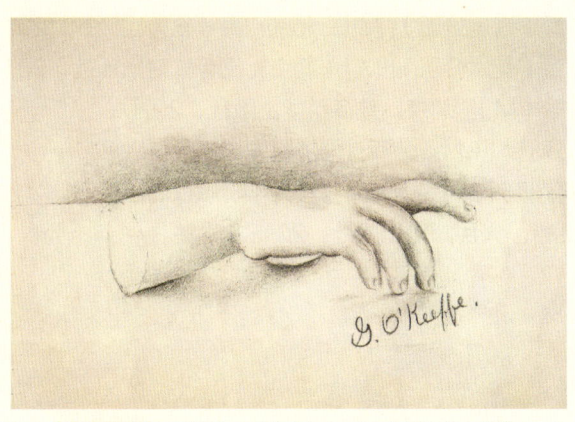

图11-28　乔治亚·欧姬芙14岁时画的《无题》

图11-29　达利6～10岁时画的《菲格拉斯附近的风景》

实践活动

1. 观摩幼儿园小、中、大班集体美术欣赏活动，结合所学内容对整个活动进行分析。
2. 结合所学知识，按规范格式，撰写小班美术欣赏活动——欣赏《美丽的大海》、中班美术欣赏活动——欣赏《风筝》、大班美术欣赏活动——欣赏《京剧脸谱》的活动方案，要求突出各年龄段幼儿的年龄特征，能充分调动幼儿的多种感官参与。
3. 以小组为单位，分别选择不同年龄阶段的美术欣赏内容，设计活动方案，并进行模拟试讲。

思考与练习

1. 简述学前儿童美术欣赏活动的含义及意义。
2. 结合实际，谈谈学前儿童美术欣赏能力的发展阶段及特点。
3. 简述学前儿童美术欣赏活动的类型。
4. 举例说明组织学前儿童美术欣赏活动时应注意哪些问题。

参考文献

［1］胡知凡. 艺术课程与教学论［M］. 杭州：浙江教育出版社，2003.
［2］印小青. 现代儿童艺术教育论［M］. 济南：山东人民出版社，2005.
［3］边霞. 儿童的艺术与艺术教育［M］. 南京：南京师范大学出版社，2000.
［4］教育部基础教育司.《幼儿园教育指导纲要（试行）》解读［M］. 南京：江苏教育出版社，2006.
［5］李季湄，冯晓霞. 3~6岁儿童学习与发展指南解读［M］. 南京：南京师范大学出版社，2013.
［6］许卓娅. 学前儿童音乐教育［M］. 北京：人民教育出版社，2011.
［7］王蕙然. 学前儿童艺术教育［M］. 北京：北京师范大学出版社，2014.
［8］杨旭，杨白. 幼儿园教育活动设计与指导（综合版）［M］. 上海：复旦大学出版社，2012.
［9］黄瑾，林琳. 幼儿艺术教育与活动指导［M］. 上海：华东师范大学出版社，2014.
［10］李桂英，许晓春. 学前儿童艺术教育（音乐分册）［M］. 北京：高等教育出版社，2014.
［11］李桂英，许晓春. 学前儿童艺术教育（美术分册）［M］. 北京：高等教育出版社，2014.
［12］刘昕. 学前儿童艺术教育与活动指导［M］. 北京：教育科学出版社，2020.
［13］王慧敏. 学前儿童艺术教育（音乐分册）［M］. 上海：同济大学出版社，2021.
［14］王慧敏. 学前儿童艺术教育（美术分册）［M］. 上海：同济大学出版社，2021.
［15］王咏. 学前儿童美术教育［M］. 北京：人民邮电出版社，2018.